|数据分析与决策技术丛书|

Python电商数据分析实战

从电商实际案例出发洞悉数据分析全流程

周志鹏 著

机械工业出版社
CHINA MACHINE PRESS

图书在版编目（CIP）数据

Python电商数据分析实战 / 周志鹏著 . —北京：机械工业出版社，2023.10
（数据分析与决策技术丛书）
ISBN 978-7-111-73784-1

I. ① P… II. ①周… III. ①电子商务 – 数据处理 IV. ① F713.36 ② TP274

中国国家版本馆 CIP 数据核字（2023）第 163628 号

机械工业出版社（北京市百万庄大街 22 号　邮政编码 100037）
策划编辑：杨福川　　　　　　责任编辑：杨福川　罗词亮
责任校对：韩佳欣　梁　静　　责任印制：单爱军
北京联兴盛业印刷股份有限公司印刷
2023 年 11 月第 1 版第 1 次印刷
186mm×240mm・15.5 印张・336 千字
标准书号：ISBN 978-7-111-73784-1
定价：89.00 元

电话服务	网络服务
客服电话：010-88361066	机 工 官 网：www.cmpbook.com
010-88379833	机 工 官 博：weibo.com/cmp1952
010-68326294	金 书 网：www.golden-book.com
封底无防伪标均为盗版	机工教育服务网：www.cmpedu.com

Preface 前　言

为什么写这本书

在多年数据分析从业经历和微信公众号创作经历中，我接触过很多对数据分析感兴趣的朋友，他们有的想要入门但还没有行动，有的跟着教程开始自学，有的已经有了一定的经验。我发现，大家在数据分析的学习与实践过程中会遇到一些共性问题。这些问题，有与数据分析技能和思维相关的，例如：

- Excel 已经无法处理现有的数据量了，我应该换什么工具？
- 我学习了一大堆 Pandas 资料，可为什么到实际处理数据时仍然无从下手？
- 我跟着公开数据分析案例练了很久，为什么当自己面对数据需求时还是没有分析思路？
- 我学了对比、细分、聚类分析，也会用 PEST、波特五力和杜邦这类分析方法，为什么面试的时候总被认为思路过于简单？

也有与业务场景相关的，例如指标波动归因分析、市场行业机会分析、用户分层研究、购物篮关联分析等。

这些问题对于我来说可谓既"痛"又"痒"："痛"在于我也曾受相关问题困扰，深知要解决它们需要投入大量的精力，也可能会走很多弯路；"痒"是因为我基于多年的实战和分享经验，经过许多个日日夜夜，总结了一套技能+思维、理论+实践的数据分析学习方法，不分享出来心痒难耐。

我希望通过本书，把我对于 Python 数据分析的所知、所思、所感，结合电商实际案例系统地分享给大家。特别要说明的是，之所以选择电商场景，主要有两个原因：

- 基于自身多年的电商从业经验，我可以从最熟悉的场景出发，提供最贴近实战的数据，让 Pandas 更加契合具体业务场景，把案例讲通讲透，解决数据分析技能与分析脱节、分析案例不够深入的问题。

❑ 电商是一个很容易理解且十分常见的商业模式，其中人、货、场分析大框架非常具有代表性，尤其是"人"的维度，追本溯源，就是解决如何选择用户，如何评估拉新、留存效果，如何对用户进行分类等常见问题。可见，电商的本质分析方法论适用的行业和场景广阔。

我相信，Python 数据分析与电商相结合一定会闪烁出更为耀眼的光芒，帮助读者在数据分析的道路上走得更远。

本书读者对象

本书适用于每一位想要提升 Python 数据分析和实战能力的读者，读完本书并跟着案例练习后，读者将能够熟练运用 Pandas 进行数据分析，大大提升数据处理和分析的效率。本书同样适用于想要了解电商行业和想进一步熟悉电商实战案例的读者，书中详尽的案例和代码可以帮助读者更好地解决实际业务问题。

本书特色

以实用为纲，聚焦重点。实际上，大部分 Excel 高手使用的高频功能不到 Excel 全部功能的 20%，Python 数据分析领域也是如此。本书基于一线实践经验，去繁就简，专注于那些能够解决绝大部分问题的重点模块。

层层递进，实战案例丰富。本书基础内容只有 6 章，旨在帮助大家快速熟悉 Pandas 操作。核心内容是 8 章实战案例，从报表自动化到行业机会分析，再到用户分层分析、用户分群分析、用户偏好分析、指标波动归因分析等，最后到一个完整的品牌分析案例。这些案例由浅入深，都是从实战中萃取的，涵盖 Pandas 数据处理和分析的大部分场景，跟着操作一遍，你的 Pandas 技能和分析思维都会大大提升。

本书主要内容

为了实现技能与思维、理论与实践相结合的目标，我选择了以 Python 数据分析中最常用的 Pandas 为切入点，围绕电商场景，用一个个详尽的案例把技能和思维抽丝剥茧般地完整呈现出来。

本书共 15 章，主要内容如下。

第 1 ~ 6 章　数据分析基础

主要帮助读者快速熟悉 Pandas，内容包括 Python 数据分析基础知识、Pandas 入门操作，以及实际分析工作中最常用的增、删、选、改操作和可视化等技巧，覆盖了 80% 以上的应用场景。

第 7 ~ 15 章　数据分析实战

聚焦于 Pandas 在电商场景中的应用。第 7 章讲解电商基础知识，包括电商的商业逻辑、常用指标体系和经典的分析模型。第 8 ~ 15 章用 8 个实战案例详细讲解报表自动化、行业机会分析、用户分层分析、用户分群分析、用户偏好分析、同期群分析、指标波动归因分析以及一份全面的品牌分析报告的产生过程。每一章都既有案例背景，也有脱敏的实战数据源，更有详细的操作代码和分析思路。

本书配套资源

关注我的微信公众号"数据不吹牛"并回复"配套资料"即可获取我为本书精心准备的以下配套资源。

- 书中所有练习和案例的相关数据集。
- 所有项目的完整案例代码。
- 拓展学习资源（Python 基础教程、分析方法论等）。
- 社群学习答疑和勘误信息。

致谢

感谢我的父母，是他们给了我生命和受教育的机会。

感谢韩冬冬在我创作过程中给了我莫大的鼓舞。

感谢朱婉文、蔡勇辉、郭琳依、陈小妹、朱小五、张俊红、黄佳、纪明轩、张小莉等朋友在我创作过程中给了我宝贵的建议。

最后，感谢我的粉丝和读者，是他们的陪伴与支持让我有了持续创作和分享的动力。

目录 Contents

前言

第1章 Python数据分析准备 ·············· 1

1.1 Python 数据分析基础 ·············· 1
- 1.1.1 数据分析的基本概念 ·········· 1
- 1.1.2 为什么选择 Python ·············· 2
- 1.1.3 Pandas 和 Python 的关系 ······ 2

1.2 如何高效学习 Pandas ·············· 3
- 1.2.1 Pandas 学习中的误区 ·········· 3
- 1.2.2 高效学习 Pandas ·············· 3

1.3 Python 所需的环境搭建 ·············· 5
- 1.3.1 Python 环境的选择 ·············· 5
- 1.3.2 Anaconda 的下载和安装 ······ 5
- 1.3.3 运行代码 ······················ 7

1.4 本章小结 ·························· 13

第2章 Pandas快速入门 ·············· 14

2.1 Pandas 的两大数据结构 ·············· 14
- 2.1.1 初识 Pandas ···················· 14
- 2.1.2 Series 和 DataFrame ·········· 15

2.2 数据读取和存储 ···················· 17
- 2.2.1 Excel 文件的读取 ·············· 17
- 2.2.2 CSV 文件的读取 ·············· 20
- 2.2.3 其他文件类型的读取 ·········· 21
- 2.2.4 存储数据 ······················ 22

2.3 快速认识数据 ······················ 22
- 2.3.1 查看数据 ······················ 22
- 2.3.2 查看数据类型 ·················· 23
- 2.3.3 统计信息概览 ·················· 23

2.4 数据处理初体验 ···················· 24
- 2.4.1 增 ···························· 24
- 2.4.2 删 ···························· 24
- 2.4.3 选 ···························· 25
- 2.4.4 改 ···························· 25

2.5 常用数据类型及操作 ················ 25
- 2.5.1 字符串 ························ 25
- 2.5.2 数值型 ························ 26
- 2.5.3 时间类型 ······················ 28

2.6 本章小结 ·························· 29

第3章 玩转索引 ························ 30

3.1 索引概述 ·························· 30
- 3.1.1 到底什么是索引 ················ 30
- 3.1.2 两种索引类型 ·················· 31

3.2	基于位置（数字）的索引 ………	31
	3.2.1　场景一：行选取 ………	32
	3.2.2　场景二：列选取 ………	32
	3.2.3　场景三：行列交叉选取 ……	33
3.3	基于名称（标签）的索引 ………	33
	3.3.1　基于 loc 的行选取 ………	34
	3.3.2　基于 loc 的列选取 ………	35
	3.3.3　基于 loc 的交叉选取 ……	35
	3.3.4　场景四：多条件索引 ……	36
3.4	本章小结 ………………………	38

第4章　数据清洗四大核心操作　39

4.1	增：拓展数据维度 ……………	39
	4.1.1　纵向合并 ………………	39
	4.1.2　横向连接 ………………	41
4.2	删：剔除噪声数据 ……………	44
	4.2.1　缺失值处理 ……………	44
	4.2.2　去除重复项 ……………	47
4.3	选：基于条件选择数据 ………	48
	4.3.1　按条件索引/筛选 ………	48
	4.3.2　排序 ……………………	49
4.4	改：改变数据形态 ……………	50
	4.4.1　转置 ……………………	50
	4.4.2　分组 ……………………	50
	4.4.3　切分 ……………………	52
4.5	本章小结 ………………………	54

第5章　Pandas两大进阶利器　55

5.1	数据透视表 ……………………	55
	5.1.1　什么是数据透视表 ……	55
	5.1.2　Pandas 数据透视表简介 ……	55
	5.1.3　Pandas 数据透视表实例 ……	56
5.2	强大又灵活的 apply ……………	58
	5.2.1　apply 初体验 ……………	59
	5.2.2　用 apply 计算最好、最差成绩 ……………………	59
	5.2.3　筛选每个分组下的第 3 名 …	61
5.3	本章小结 ………………………	64

第6章　数据可视化　65

6.1	Matplotlib 基础知识 ……………	65
	6.1.1　Matplotlib 简介 …………	65
	6.1.2　可视化的关键步骤 ……	65
6.2	Matplotlib 基础操作 ……………	66
	6.2.1　画图前的准备 …………	66
	6.2.2　创建画布 ………………	66
	6.2.3　画图 ……………………	68
	6.2.4　设置坐标轴 ……………	69
	6.2.5　润色 ……………………	71
6.3	绘制常用图形 …………………	74
	6.3.1　绘制折线图 ……………	74
	6.3.2　绘制柱状图 ……………	75
	6.3.3　绘制散点图 ……………	76
	6.3.4　绘制其他常用图形 ……	77
6.4	本章小结 ………………………	78

第7章　走近电商：商业方法论与分析体系　79

7.1	什么是电商 ……………………	79
7.2	三大关键角色 …………………	80
	7.2.1　用户 ……………………	80
	7.2.2　商家 ……………………	80

7.2.3　平台 …………………………… 81
7.3　电商基础指标 ……………………………… 82
　　　7.3.1　用户相关指标 …………………… 83
　　　7.3.2　商品相关指标 …………………… 83
7.4　电商分析方法论及应用 ………………… 84
　　　7.4.1　黄金公式 ………………………… 84
　　　7.4.2　GROW …………………………… 86
　　　7.4.3　AIPL ……………………………… 88
　　　7.4.4　抖音5A与京东4A ……………… 89
7.5　数据分析师重生之我是老板 …………… 90
　　　7.5.1　数据分析师和老板 ……………… 90
　　　7.5.2　行业趋势分析 …………………… 91
　　　7.5.3　竞争格局分析 …………………… 92
　　　7.5.4　品牌策略探究 …………………… 92
　　　7.5.5　用户分析——探索期 …………… 93
　　　7.5.6　用户分析——正式期 …………… 94
7.6　本章小结 …………………………………… 95

第8章　Python报表自动化 …………………… 97

8.1　行业数据报表自动化 …………………… 97
　　　8.1.1　案例背景 ………………………… 97
　　　8.1.2　单张表的处理 …………………… 99
　　　8.1.3　批量循环执行 ………………… 101
8.2　报表批量处理与品牌投放
　　　分析 ………………………………………… 102
　　　8.2.1　新的需求背景 ………………… 102
　　　8.2.2　数据预览 ……………………… 102
　　　8.2.3　分析思路 ……………………… 104
　　　8.2.4　数据处理 ……………………… 104
　　　8.2.5　数据分析 ……………………… 105
8.3　本章小结 ………………………………… 108

第9章　行业机会分析与权重确定 ………… 109

9.1　案例背景介绍 …………………………… 109
9.2　传统的解题方法 ………………………… 109
　　　9.2.1　之前的传统思路 ……………… 109
　　　9.2.2　数据预览和汇总 ……………… 110
　　　9.2.3　每个类目增长最快的细分
　　　　　　类目 ……………………………… 111
9.3　权重确定方法 …………………………… 113
　　　9.3.1　级别法 ………………………… 113
　　　9.3.2　权值因子判表法 ……………… 113
　　　9.3.3　变异系数法 …………………… 115
9.4　Pandas权重计算和分析 ……………… 117
　　　9.4.1　数据整合 ……………………… 117
　　　9.4.2　关键指标计算 ………………… 118
　　　9.4.3　权重的计算 …………………… 119
　　　9.4.4　数据标准化 …………………… 122
　　　9.4.5　综合发展指数 ………………… 123
9.5　本章小结 ………………………………… 124

第10章　用户分层实战 ……………………… 125

10.1　用户分层的基本概念 ………………… 125
　　　10.1.1　无处不在的用户分层 ……… 125
　　　10.1.2　用户分层的类型 …………… 126
　　　10.1.3　用户分层的特征 …………… 126
　　　10.1.4　为什么要做用户分层 ……… 127
　　　10.1.5　分层的两个问题 …………… 127
10.2　二八法则 ………………………………… 128
　　　10.2.1　二八法则在用户分层上的
　　　　　　　应用 …………………………… 128
　　　10.2.2　数据预览 …………………… 129
　　　10.2.3　数据清洗 …………………… 131

10.2.4　二八法则下的用户分层 … 134
10.3　拐点法 … 136
　　　10.3.1　什么是拐点法 … 136
　　　10.3.2　拐点法在用户分层上的应用 … 136
　　　10.3.3　基于Pandas的拐点法分层 … 137
10.4　本章小结 … 143

第11章　用户分群实战与加强版RFM模型　144

11.1　走近用户分群 … 144
　　　11.1.1　用户分群的定义及作用 … 144
　　　11.1.2　用户分群和用户分层的区别 … 144
11.2　RFM用户分群实战 … 145
　　　11.2.1　经典的RFM模型 … 145
　　　11.2.2　第一步：数据概览 … 146
　　　11.2.3　第二步：数据处理 … 147
　　　11.2.4　第三步：维度打分 … 149
　　　11.2.5　第四步：分值计算 … 150
　　　11.2.6　第五步：用户分层 … 152
　　　11.2.7　RFM模型结果分析 … 154
11.3　关于RFM模型的重要思考 … 156
　　　11.3.1　RFM模型隐藏的问题 … 156
　　　11.3.2　为什么用平均金额作为M … 157
11.4　RFM模型的加强和拓展 … 158
　　　11.4.1　模型加强和拓展的方向 … 158
　　　11.4.2　RFM加强版实战案例 … 158
11.5　本章小结 … 161

第12章　用户偏好分析　162

12.1　用户偏好分析和TGI … 162
　　　12.1.1　用户偏好分析与TGI的关系 … 162
　　　12.1.2　TGI的定义 … 162
　　　12.1.3　通过拆解指标来理解TGI … 163
12.2　用Pandas实现TGI分析 … 163
　　　12.2.1　项目背景 … 163
　　　12.2.2　用户打标 … 165
　　　12.2.3　匹配城市 … 165
　　　12.2.4　高客单价TGI计算 … 166
　　　12.2.5　TGI计算中隐藏的问题 … 168
12.3　本章小结 … 169

第13章　万能的同期群分析　170

13.1　数据分析师必知必会的同期群分析 … 170
　　　13.1.1　同期群分析的基本概念 … 170
　　　13.1.2　同期群分析的价值 … 171
　　　13.1.3　同期群分析的万能之处 … 171
13.2　Pandas同期群分析实战 … 173
　　　13.2.1　数据概览 … 173
　　　13.2.2　实现思路剖析 … 173
　　　13.2.3　单月实现 … 174
　　　13.2.4　遍历合并和分析 … 176
　　　13.2.5　回购客单价的同期群实现 … 179
13.3　本章小结 … 181

第14章 指标波动归因分析 ·········· 182
14.1 指标波动贡献率 ············ 182
- 14.1.1 什么是贡献率 ············ 182
- 14.1.2 可加型指标波动贡献率的计算 ·············· 183
- 14.1.3 乘法型指标波动贡献率的计算 ·············· 185
- 14.1.4 除法型指标波动贡献率的计算 ·············· 187

14.2 Adtributor算法 ·············· 193
- 14.2.1 Adtributor介绍 ·········· 193
- 14.2.2 单个维度的基础案例 ····· 194
- 14.2.3 多个维度的算法逻辑和Pandas实现 ············ 196

14.3 本章小结 ················ 200

第15章 一份全面的品牌分析报告 ·············· 202
15.1 探索性数据分析简介 ········ 202
- 15.1.1 常规的探索性数据分析 ··· 202
- 15.1.2 探索性数据分析的价值 ··· 202
- 15.1.3 不一样的探索性数据分析 ·················· 203

15.2 数据预处理 ················ 203
- 15.2.1 数据导入 ················ 203
- 15.2.2 数据预览 ················ 203
- 15.2.3 重复项检验 ·············· 205
- 15.2.4 缺失值处理 ·············· 205
- 15.2.5 异常值清洗 ·············· 206
- 15.2.6 字段格式规整 ············ 207
- 15.2.7 订单状态筛选 ············ 208

15.3 数据总览分析 ·············· 208
- 15.3.1 年度销售额变化 ·········· 208
- 15.3.2 年度用户数和客单价变化 ·················· 209

15.4 用户数据分析 ·············· 210
- 15.4.1 销售额和用户数月度趋势 ·················· 210
- 15.4.2 客单价月度趋势 ·········· 212
- 15.4.3 客单价细拆 ·············· 213
- 15.4.4 新老用户分析 ············ 214
- 15.4.5 复购率分析 ·············· 217
- 15.4.6 用户购买时间间隔 ········ 218

15.5 商品数据分析 ·············· 221
- 15.5.1 品类销售结构 ············ 221
- 15.5.2 价格带分析 ·············· 223
- 15.5.3 商品销售集中度分析 ····· 226

15.6 购物篮关联分析 ············ 228
- 15.6.1 什么是购物篮关联分析 ··· 228
- 15.6.2 购物篮关联分析的三大核心指标 ·················· 229
- 15.6.3 购物篮关联分析实战 ····· 230

15.7 本章小结 ················ 238

第1章 Python 数据分析准备

本章围绕 Python 数据分析相关的基础知识展开，主要回答什么是数据分析、选择 Python 的原因、Pandas 和 Python 的关系、**学习 Pandas 需要避免的误区**、**如何高效学习 Pandas** 以及 Python 数据分析环境搭建等入门阶段的重要问题。这些属于"磨刀不误砍柴工"中"磨刀"的关键内容，将为接下来的高效学习做好准备。

1.1 Python 数据分析基础

近些年来，数据分析和 Python 这两个词总是连在一起。那么，到底什么是数据分析？做数据分析为什么要选择 Python？ Pandas 之于 Python 意味着什么？本节就来回答这些问题。

1.1.1 数据分析的基本概念

首先，我们来聊聊"什么是数据分析"这个常看常新的话题。

从定义上来看，数据分析是指通过工具处理和分析，从数据中得到有价值的洞察，给出建议并持续追踪的过程。

整个过程可以分为 6 个阶段：**明确分析目标—数据获取—数据清洗—数据分析—结论输出—追踪验证**。

1）**明确分析目标**：在展开分析之前，明确分析目标非常重要，甚至决定了分析的整体走向。最原始的需求方是谁？想解决什么问题？他描述的需求能否解决本质问题？如果不能，需求应该做怎样的调整？只有先和需求方多沟通，用一系列灵魂拷问找到最本质的分析目标，才能让分析有的放矢。

2）**数据获取**：从内外部获取数据，内部可以直接从数据库或留存的文件中获取，外部一般依赖于爬虫或付费购买。

3）**数据清洗**：原始数据经常会有各种问题，例如存在缺失值、重复值、格式错误、极端异常值等。我们需要清洗数据来解决这些问题，保证数据的"干净整洁"。

4）**数据分析**：利用合适的工具对数据做进一步处理和分析，包括建立模型、进行描述性分析、进行探索性分析等。需要注意的是，一切分析都要始终围绕分析目标进行。

5）**结论输出**：整理并汇总上一步数据分析的结果，用可视化的方式来呈现，并提炼出最关键的结论和建议。在结论输出的过程中，和需求方多轮沟通，适当引入业务的视角，避免就数论数。

6）**追踪验证**：给出建议并不是最后一步，数据分析师需要追踪建议的执行结果。建议被采纳了多少？执行效果具体怎样？有哪些经验或者问题可以总结？在复盘中验证和进步。

基于数据分析，我们可以量化决策、诊断现状、挖掘原因、预测未来，真正做到点"数"成金。

正如武林中的绝世剑客都有一把绝世好剑一样，一个优秀的数据分析师要想大显身手，也需要一把趁手的"武器"。接下来，我们一起来认识下这把"武器"——Python。

1.1.2 为什么选择Python

很多读者在学习数据分析的过程中，都纠结过"到底应该学什么数据分析工具"这个问题。市面上数据处理、分析、可视化相关的工具非常多，比如Excel、R语言、SQL和Python等。这些工具各有各的优势和应用场景，而Python凭借极其丰富的、导入即用的数据分析库以及极强的拓展性，成为数据分析领域非常流行的工具之一。

基于Python，我们可以爬取数据，可以根据需求轻松地对大量数据进行处理和分析，可以绘制炫酷的图表，还可以把分析好的数据结果做成报表并自动用邮件发送给相关的同事，功能强大又便利。

1.1.3 Pandas和Python的关系

Python的强大之处在于非常灵活，而且有丰富的工具包（Python中常叫作库）。做个类比，如果把Python当作一种万能的材料，有大神已经用Python打造出很多工具，例如汽车、空调、电脑。当我们要开车的时候，不用再花时间了解汽车的构造与组装原理，更不用自己重新制造汽车，只需要明确目的地，启动后控制好方向盘、油门和制动系统就好。

Pandas就是基于Python打造的专门用来做数据处理和分析的"超级跑车"，它把数据处理的底层原理和复杂的实现过程已经封装好了，我们导入直接调用就好。所以，Pandas学习的重点在于掌握驾驶这辆"跑车"的核心技巧。

准备好，我们一起上车吧！

1.2 如何高效学习 Pandas

正确的方法对于技能的学习尤为重要，对于 Pandas 来说，逐个模块硬啃是一种学习方法，但我认为并不正确。那么，学习 Pandas 有哪些误区一定要避开，又有什么高效的学习方法呢？且听我一一道来。

1.2.1 Pandas 学习中的误区

在战场上，向敌人发起冲锋之前，把预期经过路线上的陷阱排掉，可以有效地保存实力。为了更高效地学习，在正式开始讲 Pandas 操作之前，我觉得有必要先和大家聊聊 Pandas 学习中的常见误区。

很多对 Python 数据分析感兴趣的学习者很快就熟悉了 Python 基础语法，然后下定决心，一头扎进好几百页的经典大部头中，硬着头皮啃完之后，好像自己什么都会了一点，然而实际操作起来要么无从下手，要么漏洞百出。

究其原因，**理解不够**、**实践不够**是两只经典的"拦路虎"，我们只能靠自己多想多练来克服。还有一个非常有意思且经常被忽视的因素——**陷入举三反一的糊涂状态**。

什么意思呢？假如我是只旱鸭子，想去学游泳，教练很认真地给我剖析了蛙泳的动作，扶着我的腰让我在水里划拉了 5 分钟，接着马上给我讲解了蝶泳，又让我划拉了 5 分钟，然后又硬塞给我仰泳的姿势，依然让我划拉 5 分钟。最后，教练一下子把我丢进踩不到底的泳池，给我呐喊助威。

对于我这只还没入门的旱鸭子，教练倾囊传授给我 3 种游泳技巧，并让我分别实践了 5 分钟。这样做的结果就是我哪一种游泳技巧也没学会，只学会了喝水。

如果一个初学者一开始就陷入针对单个问题的多种解决方法，而对每一种方法的实践又浅尝辄止，那么他在面对具体问题时往往会手忙脚乱。

拿 Pandas 来说，它有多种构造方式、多种索引方式以及类似效果的多种实现方法，初学者如果上来就贪大求全地去挑战"某种操作的 N 种实现方法"，很容易陷入举三反一的糊涂状态，结果学了多种实现方式，但真到用的时候连一种都用不好。

所以，为了避免大家陷入各种操作实现的细节，我会**结合数据分析工作中的实际使用情况**，提炼出高频 Pandas 知识点，一切以数据分析应用为导向，让学习更加明确。

1.2.2 高效学习 Pandas

1. 二八法则在 Pandas 中的应用

刚才我们了解了 Pandas 学习的误区，那些是不建议做的，但到底应该怎样做才能高效学习 Pandas 呢？

在二八法则的基础之上，我总结出了"二八学习法"，它适用于很多技能类的学习。拿

Pandas 学习来说：

第一步，以结果为导向，明确学习目的。很多人学习 Pandas 是为了提升数据处理和分析效率。

第二步，基于目标，花 20% 的时间，通过向更有经验的前辈请教和浏览相关实践资料，了解所学技能在实践中的常用场景和操作。比如在 Pandas 数据分析中，主要会用到 DataFrame 格式，常用到行列索引，以及增、删、选、改等数据处理操作。

第三步，花 80% 以上的时间重点啃下 Pandas 最常用的操作。啃的过程中不要迷失，对于一种实现方式只记一种常用操作方法，结合案例，边学边练，直到吃透。

一句话总结二八学习法：**花 20% 的时间明确目标和常用场景，花 80% 的时间把与目标场景相关的核心操作反复练习，直至了然于胸。**

最终，我们虽然只掌握了某个技能或工具不到 20% 的使用技巧，但却可以覆盖 80% 以上的应用场景，用 20% 撬动 80%，成为别人眼中的高手。

2. Pandas 学习路线

Pandas 学习路线应该是怎样的？为了更好地回答这个问题，以结果为导向，我带大家还原几个高频场景。

- **有数可用**。数据是一切分析的基础，要用 Pandas 来做数据分析，首先得有数据。因此，**第一个高频场景是熟悉 Pandas 的基础数据结构以及用 Pandas 打开各种常见类型的数据源**。
- **认识数据**。有了数据之后，常见的操作是先对数据做一个总览，比如数据长什么样子，包含多少行多少列，每一列的格式是怎样的，有没有缺失值等。**对数据进行快速扫描是第二个高频场景**。
- **操作数据**。对数据有了基本的认知后，我们需要结合分析目的，对数据进行一系列操作，包括在原有数据基础上创建新的列，删除某些异常的行和空缺过多的列，基于某些分析条件筛选出我们想要的数据，以及对原有数据做其他处理。**这些操作可以概括为增、删、选、改，其中最重要的是选。**
- **高效灵活地处理数据**。常规的增、删、选、改操作已经能够覆盖大部分的需求，但在有些场景下需要一定的自定义化，例如通过自定义函数和 apply 结合的方式，极其灵活地完成更复杂的数据处理。**这些场景可以概括为 Pandas 的进阶操作。**

总结一下，本书将会从数据创建和导入、数据预览、增删选改、进阶操作几个方面重点展开，以贴合实际的数据分析场景。

最后需要注意的是，Pandas 和 Excel、SQL 相比，只是调用、处理数据的方式不同，**核心也是对数据进行一系列的处理和分析**。在正式处理之前，更重要的是**谋定而后动，明确分析的意义，厘清分析思路之后再处理和分析数据，一定会事半功倍。**

1.3 Python 所需的环境搭建

Python 的使用需要配置对应的环境，本节将介绍 Python 环境的选择和相关环境的安装、配置。已经配置好 Python 编程环境的读者可以直接跳过本节。

1.3.1 Python 环境的选择

对于刚上手的新手来说，Python 的安装、环境配置和各种库的安装烦琐且容易出错。在这种情况下，Anaconda 是个不错的选择。它是一个 Python 的集成环境管理器，包含大部分数据分析中常用的库，如 NumPy、Pandas、scikit-learn 等。

简单地说，我们要用 Python 来做数据分析，Anaconda 就是一个贴心的管家，它已经准备好了绝大多数的东西，我们可以一键安装，直接"拎包入住"。

1.3.2 Anaconda 的下载和安装

1. 下载

Anaconda 是开源的，可以直接从官网 https://www.anaconda.com 下载。在如图 1-1 所示的界面中选择合适的操作系统。

图 1-1　Anaconda 官网下载页面

跳转之后，根据自己的操作系统和版本选择对应的地址，写作本书时默认是适配 Python 3.9 的版本，单击之后会自动开始下载。

2. 安装

下载好了之后，双击打开安装包，先后单击 Next 和 I Agree 按钮，如图 1-2 所示。

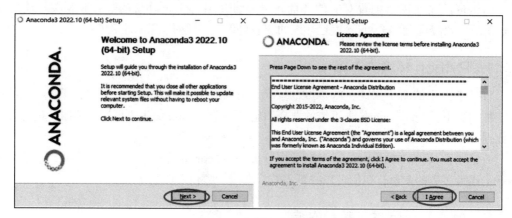

图 1-2　初始安装选择

在安装页面可以默认选择 All Users 选项，如图 1-3 所示。因为我们一般都是用自己的计算机，所以选择 Just Me 还是 All Users 差别不大。

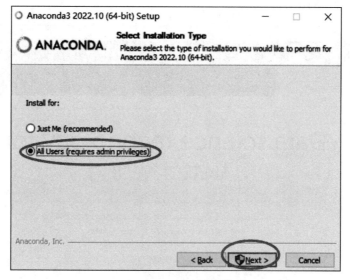

图 1-3　安装用户选择

接下来一步的选择比较重要，我们只勾选下面的那个选项，上面的不勾选，如图 1-4 所示，否则可能会出现问题。

等待安装完毕，中间几步操作单击 Next 按钮即可。

最后有两个关于帮助和资源的选项（实际没什么用），不选，然后单击 Finish 按钮，如图 1-5 所示。

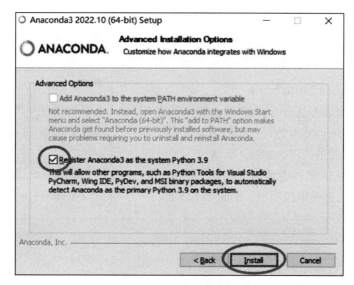

图 1-4　安装的进阶选项

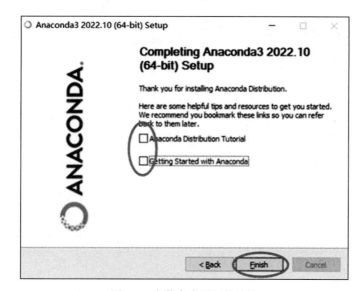

图 1-5　安装完成页面的选择

到这一步，我们已经成功安装了 Anaconda。

1.3.3　运行代码

1. 什么是 Jupyter Notebook

安装 Anaconda 的时候，安装程序默认帮我们安装了 Jupyter Notebook。Jupyter Notebook 是一个轻量级的程序（IDLE），它以网页的形式打开，让我们可以直接在网页中编写、导入及运行代码。它的交互性很强，分小模块运行代码可以马上在网页中反馈结果，非常方便。其轻便和易用的特点很好地契合了数据分析的使用场景，本书中所有的代码实践都是基于 Jupyter Notebook 进行的。

2. 启动 Jupyter Notebook

由于我们刚安装好 Anaconda，单击计算机左下角（这里以 Windows 10 为例），"最近添加"模块显示了 Anaconda 相关的内容，如图 1-6 所示。

也可以直接在搜索栏中搜索 Jupyter Notebook，打出前几个字母就会模糊匹配到，如图 1-7 所示。

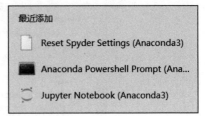

图 1-6　Windows 10 的"最近添加"模块

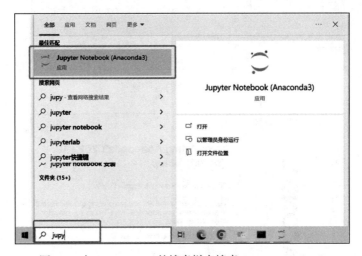

图 1-7　在 Windows 10 的搜索栏中搜索 Jupyter Notebook

单击 Jupyter Notebook 图标，正常情况下页面会自动跳转到如图 1-8 所示的页面，中间还会弹出一个小黑框的后台程序，不要管它，将其最小化即可。

图 1-8　Jupyter Notebook 初始页面

3. 创建一个文件

Jupyter Notebook 的功能和技巧有很多，我按照最主要的路径带大家熟悉一下。

在实际操作中，我们会产生很多的代码和文档，因此第一步是创建文件夹，以方便对代码进行分类。Jupyter Notebook 中创建文件夹（Folder）的按钮在右上角，如图 1-9 所示。

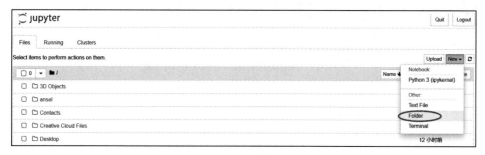

图 1-9 在 Jupyter Notebook 中创建文件夹

文件夹默认是未命名的，可以在选中文件夹之后单击 Rename 按钮来重命名，如图 1-10 所示。

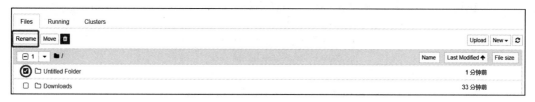

图 1-10 Jupyter Notebook 文件重命名

然后进入文件夹，创建一个 Python 文件，如图 1-11 所示。

图 1-11 在 Jupyter Notebook 中创建 Python 文件

在打开 Python 文件的界面中有几个区域：最上面是文件名，单击即可重命名；中间是文件编辑区，不太常用，因为几乎都有对应的快捷操作来替代；下面的长条框就是我们编写和运行代码的"主战场"，如图 1-12 所示。

4. 运行代码

我们可以在代码编辑区直接输入代码 print('Talk is cheap,show me the code')，然后按

<Ctrl+Enter> 组合键来运行代码，如图 1-13 所示。

图 1-12　Jupyter Notebook 代码编辑页面

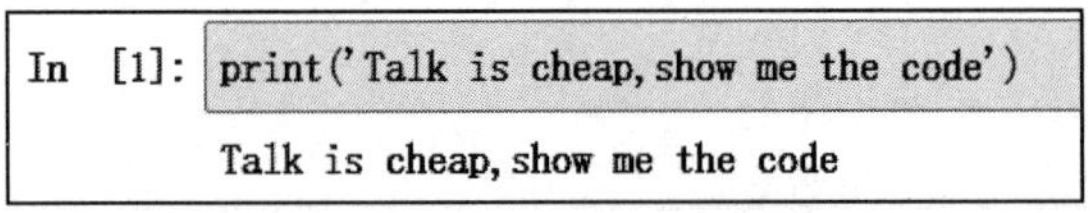

图 1-13　按 <Ctrl+Enter> 组合键运行代码的效果

代码成功运行并反馈打印结果。一般情况下，我们运行完一个小模块的代码之后，还会在新增的代码框中继续编写。如果我们编写完上面的代码，按 <Alt+Enter> 组合键来运行，则会在运行代码的同时新增代码框，方便后续代码的编写，如图 1-14 所示。

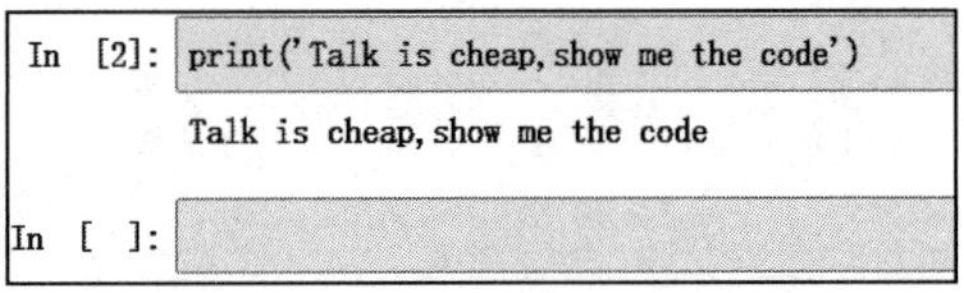

图 1-14　按 <Alt+Enter> 组合键运行代码的效果

5. 导入外部代码

除了自己编写代码，另一个常用的场景就是导入外部的代码。这本书所有的代码我已经整理并打包好了，大家可以通过前言中提供的方式直接下载。将下载后的代码导入 Jupyter Notebook 即可运行。

在 Jupyter Notebook 文件夹下，单击右上角的 Upload 按钮，如图 1-15 所示。

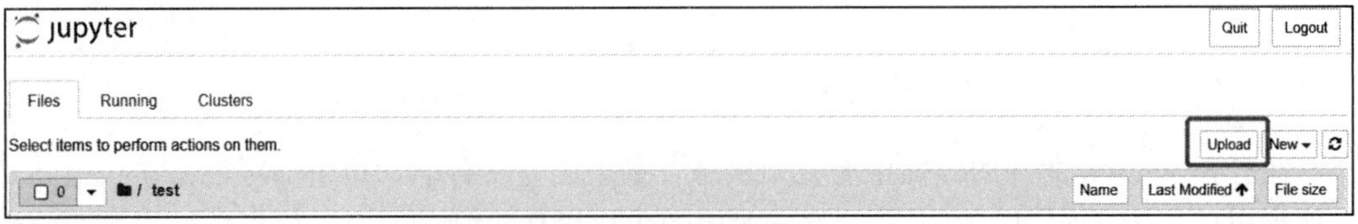

图 1-15　导入文件的入口

再选择对应的路径和代码文件，如图 1-16 所示。

图 1-16　导入路径及文件选择

之后数据清洗 .ipynb 文件被自动导入 Jupyter 中，此时只需单击"上传"按钮即可，如图 1-17 所示。

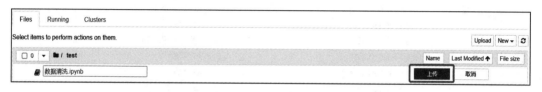

图 1-17　最终上传选项

6. 快捷操作一览

Jupyter Notebook 的快捷操作分为命令模式和编辑模式两种。

当我们单击代码区块左边的区域，或者在编辑之后按 <Esc> 键时，区块左侧边框是蓝色的，代表命令模式，如图 1-18 所示。

图 1-18　命令模式效果

编辑模式则是我们单击区块编辑代码的模式，这时左侧边框呈现绿色，代码框里有光标闪烁，如图 1-19 所示。

图 1-19　编辑模式效果

两种模式下的快捷键 Jupyter Notebook 已经整理好，分别如图 1-20 和图 1-21 所示。

F: 查找并且替换
Ctrl+Shift+F: 打开命令配置
Ctrl+Shift+P: 打开命令配置
Enter: 进入编辑模式
P: 打开命令配置
Shift+Enter: 运行代码块，选择下面的代码块
Ctrl+Enter: 运行选中的代码块
Alt+Enter: 运行代码块并且插到下面
Y: 把代码块变成代码
M: 把代码块变成标签
R: 清除代码块格式
1: 把代码块变成标题 1
2: 把代码块变成标题 2
3: 把代码块变成标题 3
4: 把代码块变成标题 4
5: 把代码块变成标题 5
6: 把代码块变成标题 6
K: 选择上面的代码块
上: 选择上面的代码块
下: 选择下面的代码块
J: 选择下面的代码块
Shift+K: 扩展上面选择的代码块
Shift+上: 扩展上面选择的代码块
Shift+下: 扩展下面选择的代码块
Shift+J: 扩展下面选择的代码块
A: 在上面插入代码块
B: 在下面插入代码块
X: 剪切选择的代码块
C: 复制选择的代码块
Shift+V: 粘贴到上面
V: 粘贴到下面
Z: 撤销删除
D, D: 删除选中单元格
Shift+M: 合并选中单元格，如果只有一个单元格被选中，则将其与下一个单元格合并
Ctrl+S: 保存并检查
S: 保存并检查
L: 切换行号
O: 选择单元格的输出
Shift+O: 切换选定单元的输出滚动
H: 显示快捷键
I, I: 中断服务
0, 0: 重启服务(带窗口)
Esc: 关闭页面
Q: 关闭页面
Shift+L: 在所有单元格中切换行号，并保持设置

图 1-20 命令模式快捷键

Tab: 代码完成或缩进
Shift+Tab: 工具提示
Ctrl+]: 缩进
Ctrl+[: 取消缩进
Ctrl+A: 全选
Ctrl+Z: 撤销
Ctrl+/: 评论
Ctrl+D: 删除整行
Ctrl+U: 撤销选择
Insert: 切换重写标志
Ctrl+Home: 跳到单元格起始处
Ctrl+上: 跳到单元格起始处
Ctrl+End: 跳到单元格最后
Ctrl+下: 跳到单元格最后
Ctrl+左: 跳到单词左边
Ctrl+右: 跳到单词右边
Ctrl+删除: 删除前面的单词
Ctrl+Delete: 删除后面的单词
Ctrl+Y: 重做
Alt+U: 重新选择
Ctrl+M: 进入命令行模式
Ctrl+Shift+F: 打开命令配置
Ctrl+Shift+P: 打开命令配置
Esc: 进入命令行模式
Shift+Enter: 运行代码块，选择下面的代码块
Ctrl+Enter: 运行选中的代码块
Alt+Enter: 运行代码块并且插到下面
Ctrl+Shift+Minus: 在鼠标处分割代码块
Ctrl+S: 保存并检查
下: 光标下移

图 1-21 编辑模式快捷键

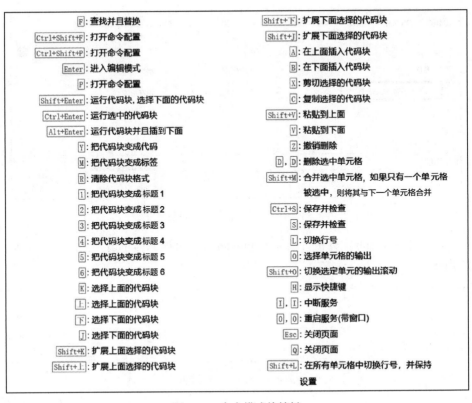

大家可以把这里的快捷操作一览看作字典，当在实践过程中遇到问题时，再来查阅。

为了更好地学习本书内容，读者最好具备一定的 Python 基础知识。不过别担心，学习本书所需的 Python 基础知识并不多，你只要了解 Python 中的基础变量、常见数据类型、判断与循环语句、函数就足够了。当然，就算你不熟悉这些也没关系，我特意写了一个 Python 极简教程，以帮助有需要的读者快速入门。由于 Python 基础不是本书的重点，因此不在这里展开，在我的微信公众号"数据不吹牛"后台回复关键字"Python 教程"即可获取该教程。

1.4　本章小结

数据分析流程分为 6 个阶段，分别是明确分析目标、数据获取、数据清洗、数据分析、结论输出和追踪验证。Python 凭借其丰富而强大的库和便捷、灵活的特性，成为数据分析领域的热门语言，而 Pandas 则是 Python 数据分析领域的"超级跑车"。

初学者在学习 Pandas 时很容易陷入细节而迷失方向，依据二八法则，花 20% 的时间明确学习目标和常用场景，再花 80% 的时间把目标场景相关的核心操作反复练习，能够让 Pandas 的学习事半功倍。

Pandas 的学习可遵循有数可用、认识数据、操作数据以及高效灵活地处理数据这一主线，再结合实战案例，不断巩固和强化知识。

Anaconda 为我们免去了 Python 环境的配置问题，其配套的 Jupyter Notebook 则是编写和运行代码的"主战场"。

第 2 章

Pandas 快速入门

本章主要围绕 Pandas 入门基础知识展开,包括 Pandas 的两类重要数据结构、外部数据读取和存储、预览数据以及常用的数据类型与操作。本章从实际运用的角度,带大家对 Pandas 进行快速扫描,建立起对 Pandas 的基础认知,为后续学习进阶技巧和实践打好基础。

2.1 Pandas 的两大数据结构

2.1.1 初识 Pandas

首先,我们从 Pandas 的核心数据结构讲起。Pandas 主要有两种类型的数据结构,分别是 Series 和 DataFrame。这两种数据结构像两个可塑性极强的容器,能把遇到的各类数据都装进去,并按照容器的规则对数据进行高效处理。

为了便于理解,这里拿 Excel 表格来做类比,如表 2-1 所示。

表 2-1　Excel 类比样例表

姓名	语文	数学	英语
李雷	80	100	92
韩梅梅	98	91	90
阿粥	90	99	90

Series 可以看作表中的某一列,这里的语文、数学、英语成绩对应的列都是一个 Series。DataFrame 则是整张数据表,由多列构成。Pandas 的几乎所有操作都是基于这些列和表进行的。下面分别认识一下 Series 和 DataFrame。

2.1.2 Series 和 DataFrame

1. 表格的三要素

Series 和 DataFrame 的存在是为了更有效率地容纳和处理数据。实际应用中，我们遇到的大部分数据是以表格形式存在的，而在处理的时候往往以列的方式来进行。

在介绍如何创建数据之前，先明确表格的基本要素，能够帮助我们更好地理解 Series 和 DataFrame 的特征与原理，知其然并知其所以然，更快地抓住重点。

想象一下，现在有一张数据表，我们需要知道哪些基本信息才能随心所欲地操作它？

1）想要自由地操作任意一列数据，首先要知道每一列数据叫什么，即列名。

2）知道数据的总行数及每一行对应的序号也很重要，毕竟处理 10 条数据与处理 100 万条数据需要的资源和工具是不一样的。

3）知道表格里的每个值具体是多少，这对于我们的统计分析结果来说至关重要。

总结一下，表格的三要素如下。

❑ 列名（column）：对应着列名，指定操作哪列数据。
❑ 索引（index）：代表索引，告诉我们有多少行数据，索引默认从 0 开始。
❑ 值（value）：指代具体的数据值。

这 3 个基本要素贯穿 Pandas 数据分析的始终，作用是让我们更加灵活地处理和分析数据。接下来我们动手在 Pandas 中尝试创建数据。

2. 创建 DataFrame 和 Series

如果想在 Pandas 中创建一张如表 2-2 所示的表，应该如何操作？

表 2-2 创建表样例

	工资	绩效分	备注
阿粥	15000	95	优秀
老六	7000	59	不及格
老王	12000	82	良好
老龚	23000	100	最佳

Pandas 操作的第一步一定是导入库，命令为：import pandas as pd。

创建 DataFrame 最常用的方式是字典+列表，语句很简单，先用花括号 {} 创建一个字典，然后在其中依次输入每一列的列名及其对应的列值（此处一定要用列表）。这里对应关系重要，列的顺序并不重要。代码示例如下：

```
import pandas as pd
df1 = pd.DataFrame({'工资':[15000,7000,12000,23000],
                    '绩效分':[95,59,82,100],
                    '备注':['优秀','不及格','良好','最佳']},
                   index = ['阿粥','老六','老王','老龚'])
print(df1)
```

运行结果如下：

```
        工资    绩效分   备注
阿粥    15000    95     优秀
老六     7000    59     不及格
老王    12000    82     良好
老龚    23000   100     最佳
```

上面代码的结果对应到 Excel 表格中，如图 2-1 所示。值得注意的是，如果我们在创建时不指定 index 参数，系统会自动生成从 0 开始的索引。

图 2-1　表格三要素样例

还可以通过改变索引、列名和值来控制数据，这和前文讲的表格三要素——列名、索引、值是对应的。

对于 Series 的创建，在创建好 DataFrame 之后选择对应的列即可。在上述实例中，选择刚创建好的 df1 中的工资列作为新的 Series：

```python
# 把df1里的工资列作为新的Series创建
s1 = df1['工资']
# 查看s1的类型
print(type(s1))
s1
```

运行结果如下：

```
<class 'pandas.core.series.Series'>
阿粥    15000
老六     7000
老王    12000
老龚    23000
Name: 工资, dtype: int64
```

也可以通过指定值和索引的方式来单独创建一列：

```python
s1 = pd.Series([1,2,3,4,5,6],index = ['A','B','C','D','E','F'])
s1
```

运行结果如下：

```
A    1
B    2
```

```
C    3
D    4
E    5
F    6
dtype: int64
```

DataFrame 和 Series 的创建非常便捷，不过在实际运用中，单独创建数据的场景较少，更多是直接读取现有数据源。

2.2 数据读取和存储

2.2.1 Excel 文件的读取

1. 文件路径的切换

要读取某一个文件中的数据，必须先告诉 Python 这个文件所在的位置，即输入文件路径。

现有一个名为 data1 的 Excel 文件，存放在如图 2-2 所示的位置。

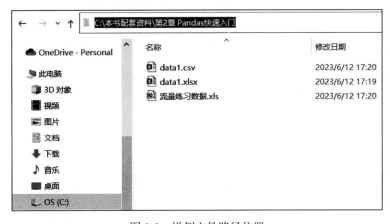

图 2-2　样例文件路径位置

通过导入 os 系统模块，把 Python 切换到这个文件路径下：

```
import os
os.chdir(r'C:\本书配套资料\第 2 章 Pandas 快速入门')
```

os.chdir() 是实现系统文件路径切换的方法，可在其括号中输入我们从系统中复制的文件地址。

需要注意的是，路径前面加了一个 r。文件路径一般都包含斜杠，而斜杠在 Python 中会有其他含义（如转义），在路径前加 r 相当于告诉 Python 路径里的内容没有其他意思，从而保证路径被程序完整、准确地理解。

2. read_excel() 的用法

切换完路径之后，用 Pandas 的 pd.read_excel(' 具体文件名 ')（这里为 data1.xlsx）来读取 Excel 文件：

```
data1 = pd.read_excel('data1.xlsx')
data1
```

运行结果如下：

```
   姓名  语文  数学  英语
0  小明   80   90   95
1  小王   90  100   66
2  小张  100   68   67
```

上面只赋予 Excel 名称的读取方式，默认打开的是第一个工作表（sheet）。当一个 Excel 文件包含多个工作表时，通过指定具体 sheet_name 的方式实现更精准的读取：

```
data1 = pd.read_excel('data1.xlsx',sheet_name = 'Sheet1')
data1
```

读取结果如下：

```
   姓名  语文  数学  英语
0  小明   80   90   95
1  小王   90  100   66
2  小张  100   68   67
```

3. header 和 names

data1.xlsx 中 sheet1 的数据源如表 2-3 所示。

表 2-3　data1.xlsx 中 sheet1 的数据源

姓名	语文	数学	英语
小明	80	90	95
小王	90	100	66
小张	100	68	67

Pandas 在读取的时候很智能地把第一行当作了表头来处理，数据则从第二行开始。

假如我们遇到了 sheet2 中的数据，当时在 Excel 文件中只保存了数据，而没有保存表头，如表 2-4 所示。

表 2-4　data1.xlsx 中 sheet2 的数据源

小明	80	90	95
小王	90	100	66
小张	100	68	67

如果用 Pandas 直接读取，默认将第一行当作表头的规则就显得不那么智能了，读取和展示结果如图 2-3 所示。

```
data1 = pd.read_excel('data1.xlsx',sheet_name = 'Sheet2')
data1
```

	小明	80	90	95
0	小王	90	100	66
1	小张	100	68	67

图 2-3　读取没有表头的数据

这个时候可以把 header 参数设置成 None，来告诉 Pandas 源数据中没有表头，效果如图 2-4 所示。

```
data1 = pd.read_excel('data1.xlsx',sheet_name = 'Sheet2',header = None)
data1
```

	0	1	2	3
0	小明	80	90	95
1	小王	90	100	66
2	小张	100	68	67

图 2-4　设置 header 读取无表头数据

如果将 header 设置成 None，默认的表头是从 0 ～ 3 的几个数字，很不美观。我们可以在读取的时候通过 names 参数，把表头设置成我们期望的内容，如图 2-5 所示。

```
data1 = pd.read_excel('data1.xlsx',sheet_name = 'Sheet2',
            header = None,names = ['姓名','语文','数学','英语'])
data1
```

	姓名	语文	数学	英语
0	小明	80	90	95
1	小王	90	100	66
2	小张	100	68	67

图 2-5　读取时设置表头

当然，header 除了设置成 None，还可以设置成数字，代表在读取时把第几行数据作为表头。假如我们想要把 Sheet1 中的小明所在的第二行作为表头，只需把 header 设置成 1（Python 中计数从 0 开始）即可，如图 2-6 所示。

这样一来，小明对应的数据行就成了表头。

4. 其他参数

除了默认或指定 Sheet 读取、设置数据表头，Pandas 读取数据还有很多灵活操作的参数，例如：
- index_col 指定索引列；
- usecols 指定读取部分列；
- nrows 指定读取部分行；
- prefix 给表头设置前缀；
- dtype 和字典结合，读取时为每一列数据设置格式。

参数非常丰富，不过我们的 Pandas 学习之旅有一个重要原则是"**抓大放小**"，为了避免陷入细节的泥沼无法自拔，比较琐碎且不常用的参数不展开介绍，只是告诉大家有相关的参数，读者在需要的时候可以自行查阅。

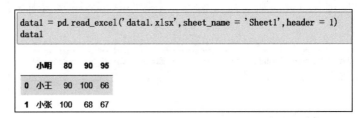

图 2-6　用 header 指定表头

2.2.2　CSV 文件的读取

Pandas 读取 CSV 文件用的是 pd.read_csv(' 具体文件名 ') 方法。不过 Pandas 在 Excel 和 CSV 文件的读取上有很高的相似性，上一小节讲的大多数规则和参数也适用于 CSV 文件的读取。

需要注意的是，在实际操作中 Excel 文件的读取一般不会有什么问题，但由于中文路径和编码等问题，CSV 的读取是报错的高发区。接下来，重点看看 CSV 文件的 3 个注意点以及如何避免错误。

1. 中文路径

当文件路径是中文时，如果直接读取，在一些 Python 版本里会报错。因为 Python 默认的读取引擎是 C 语言，它在处理中文时容易出问题。这个时候把读取引擎参数 engine 设置为 Python 就可以解决：

```
data = pd.read_csv('data1.csv',engine = 'python')
```

2. 编码设置

CSV 文件有不同的编码形式，utf-8 和 gbk 是两种最常见的编码形式。类似于一把钥匙对一个锁，如果文件是 gbk 编码，那么用 utf-8 就打不开。Pandas 在读取文件时默认采用 utf-8 的编码格式。

用默认的方式打开我们 CSV 的案例数据，可能会报错，如图 2-7 所示。

```
data_csv = pd.read_csv('data1.csv',engine = 'python')
data_csv
```

```
UnicodeDecodeError                        Traceback (most recent call last)
~\AppData\Local\Temp\ipykernel_32764\714820702.py in <module>
----> 1 data_csv = pd.read_csv('data1.csv',engine = 'python')
      2 data_csv

C:\ProgramData\Anaconda3\lib\site-packages\pandas\util\_decorators.py in wrapper(*args, **kwargs)
    309                 stacklevel=stacklevel,
    310             )
--> 311         return func(*args, **kwargs)
    312
    313     return wrapper
```

图 2-7　读取数据报错

通过设置 encoding 参数来指定文件编码格式，在读取 gbk 和其他编码文件的时候设置成对应编码即可解决问题：

```
data_csv = pd.read_csv('data1.csv',engine = 'python',encoding = 'gbk')
data_csv
```

结果如下：

```
   姓名  语文  数学  英语
0  小明   80   90  95
1  小王   90  100  66
2  小张  100   68  67
```

3. 分隔符的处理

pd.read_csv() 方法在读取 CSV 文件时，默认是以逗号作为分隔符来打开的（这也是绝大部分 CSV 文件使用的分隔方式），但如果文件在存储时使用的是其他分隔符，那么就需要在读取时设置好 sep 参数：

```
# 这个文件使用的 '\t' 分隔符，因此需要设定
data_csv = pd.read_csv('data_sep_t.csv',sep = '\t')
```

以上代码打开的文件是以 \t 为分隔符的。

2.2.3　其他文件类型的读取

1. TXT 文件的读取

Pandas 读取 TXT 文件用的是 pd.read_table() 方法，需要在读取时输入 TXT 文件的名称和分隔符（这里必须指定）：

```
# 假设这里的 TXT 文件使用的是 '\t' 分隔符
data.txt = pd.read_table('具体文件名',sep = '\t')
```

2. JSON 文件的读取

JSON 文件是一种类字典形式的文件，在读取时用 pd.read_json() 方法。

Excel 和 CSV 是两种最为常见的文件类型，其他文件类型的读取这里只简单提及，因为它们只有打开的方法有所差异，大部分参数对它们也是通用的。

2.2.4 存储数据

当对数据进行读取、处理和分析之后，往往需要把结果数据存储起来。

在 Pandas 中存储数据非常方便，用的是 data.to_×××() 方法（××× 是你期望存储的文件类型）：

```
data.to_excel('data1_excel.xlsx')
data.to_csv('data1_csv.csv')
```

默认的存储方式会把索引也作为一列存储，如果不希望存储索引，设置 index=False 即可：

```
data.to_excel('xxx.xlsx',index = False)
```

2.3 快速认识数据

用 Pandas 读取数据之后，对数据做一个快速的全局扫描以掌握关键信息，会让后续的处理和分析工作更有的放矢。

这里以流量案例数据为例，学习查看 N 行、数据格式概览以及基础统计数据等常用的扫描数据操作。案例数据是一份结构清晰的流量数据，包括流量来源、来源明细、访客数、支付转化率和客单价 5 个字段。

2.3.1 查看数据

很多时候，我们想要查看数据的某个片段以确认读取或者处理之后的数据是否符合预期，应该如何操作？

用 df.head() 可以查看前 5 行。与之对应，用 df.tail() 可以查看数据尾部的 5 行数据。这两个方法都可以传入一个数值来自定义查看的行数，例如 df.head(6) 表示查看前 6 行数据，df.tail(4) 表示查看后 4 行数据，结果如图 2-8 所示。

```
df = pd.read_excel('流量练习数据.xls')
df.head(6)
```

	流量来源	来源明细	访客数	支付转化率	客单价
0	一级	-A	35188	9.98%	54.30
1	一级	-B	28467	11.27%	99.93
2	一级	-C	13747	2.54%	0.08
3	一级	-D	5183	2.47%	37.15
4	一级	-E	4361	4.31%	91.73
5	一级	-F	4063	11.57%	65.09

```
df.tail(4)
```

	流量来源	来源明细	访客数	支付转化率	客单价
18	四级	-A	216	1.85%	94.25
19	四级	-B	31	0%	NaN
20	四级	-C	17	0%	NaN
21	四级	-D	3	0%	NaN

图 2-8 查看前 6 行和后 4 行数据

2.3.2 查看数据类型

数据的行数、列数、每一列是否有空缺值，各列的数据类型分别是什么，这些信息对于数据分析师来说至关重要。用 df.info() 方法可以一步摸清各列数据的类型及缺失情况，如图 2-9 所示。

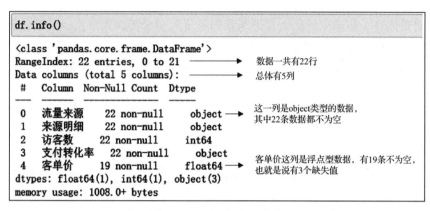

图 2-9　查看数据类型信息

上面的信息全面描述了数据集的行列数、对应名称、每一列的数据类型、有多少条非空数据以及数据集的大小，查看起来非常方便。

2.3.3 统计信息概览

在查看了数据样例，了解数据类型和空缺值情况后，我们经常还会对数据某些列做统计层面的分析。这项工作用 Pandas 依然可以轻松完成，它的 df.describe() 方法可以快速计算数值型数据的关键统计指标，如平均数、分位数、标准差等。

```
df.describe()
```

运行结果如下：

```
              访客数          客单价
count     22.00000    19.000000
mean    8498.00000    72.860000
std    12015.23756    26.888032
min        3.00000     0.080000
25%     1824.50000    59.695000
50%     2082.50000    82.970000
75%    11606.00000    91.820000
max    39048.00000   104.570000
```

但是，我们本来有 5 列数据，为什么返回结果只有访客数和客单价这两列？那是因为这个操作只针对数值型的列，非数值型的列本身无法得出完整的统计信息。其中，count 统计每一列有多少个非空数值,mean、std、min、max 对应的分别是该列的均值、标准差、最小值和最大值,25%、50%、75% 对应的则是具体分位数大小。

2.4 数据处理初体验

对数据整体有了初步了解后,接下来我们采用数据分析四大法宝——**增、删、选、改**的逻辑来梳理数据的基本处理方式。这四个字涵盖了我们会遇到的绝大部分 Pandas 操作。不过,为了帮助读者快速理解这四大法宝,本节中的案例都采用了极简的风格。

需要强调的是,使用 Pandas 时,要尽量避免用行或者 Excel 操作单元格的思维来处理数据,要逐渐养成一种列向思维,每一列都同宗同源,处理起来简洁高效。

2.4.1 增

最常见的增就是在原始数据上增加新的列。增加列用的是 df[' 新列名 ']= 新列值的方式,在原数据基础上赋值即可:

```
df[' 新增的列 '] = range(1,len(df) + 1)
df.head()
```

预览结果如下:

	流量来源	来源明细	访客数	支付转化率	客单价	新增的列
0	一级	-A	35188	9.98%	54.30	1
1	一级	-B	28467	11.27%	99.93	2
2	一级	-C	13747	2.54%	0.08	3
3	一级	-D	5183	2.47%	37.15	4
4	一级	-E	4361	4.31%	91.73	5

2.4.2 删

如果想要删除一些列,可以用 drop() 方法指定要删除的列。参数 axis = 1 表示针对列的操作,inplace 为 True,则直接在源数据上进行修改,否则源数据会保持原样。

```
df.drop(' 新增的列 ',axis = 1,inplace = True)
df.head()
```

运行结果如下:

	流量来源	来源明细	访客数	支付转化率	客单价
0	一级	-A	35188	9.98%	54.30
1	一级	-B	28467	11.27%	99.93
2	一级	-C	13747	2.54%	0.08
3	一级	-D	5183	2.47%	37.15
4	一级	-E	4361	4.31%	91.73

2.4.3 选

在 Pandas 操作中，更多的情况是从原始数据中选择我们需要的数据。如果想要选取某一列数据，应该怎么操作？用 df['列名'] 即可：

```
df['客单价']
```

代码前 5 行结果如下：

```
0    54.30
1    99.93
2     0.08
3    37.15
4    91.73
```

如果要选取多列呢？需要用括号内的列表来传递，即 df[['第一列','第二列','第三列'...]]：

```
df[['流量来源','访客数','支付转化率']]
```

前 5 行结果如下：

```
   流量来源  访客数   支付转化率
0    一级  35188    9.98%
1    一级  28467   11.27%
2    一级  13747    2.54%
3    一级   5183    2.47%
4    一级   4361    4.31%
```

2.4.4 改

数据的更改和新增操作很相近，用 df['旧列名']= 某个值或者某列值（列值的数量必须和原数据行数相等），就完成了对原列数值的修改。

本节用极为简洁的方式介绍了 Pandas 中的增删选改操作。增删选改是一个大筐，几乎所有的数据操作都可以往里装。针对特定应用场景行列的筛选、修改等复杂操作将在后续章节中结合案例展开讲解。

2.5 常用数据类型及操作

2.5.1 字符串

字符串类型是最常用的格式之一，Pandas 中字符串的操作和 Python 原生字符串操作几乎一模一样，唯一不同的是需要在操作前加上".str"。

值得注意的是，在上一节我们用 df.info() 查看数据类型时，非数值型的列都显示的是 object 类型。object 类型和 str 类型在深层机制上的区别这里就不展开了，在常规的实际应用中，我们可以暂且这样理解：object 对应的就是 str 类型，int64 对应的就是 int 类型，float64 对应的就是 float 类型。

在案例数据中，我们发现来源明细那一列，可能是因为系统导出的历史遗留问题，每一个字符串前面都有一个"-"符号，既不美观又无用处，所以把它拿掉：

```
df['来源明细'].str.replace('-','')
```

运行结果如下：

```
0     A
1     B
2     C
3     D
4     E
5     F
6     G
7     H
8     I
9     J
10    K
```

需要注意的是，上面的操作只是显示了处理完之后的结果，并未更改源数据，要更改源数据，必须用清洗之后的列替换掉原来的列：

```
df['来源明细'] = df['来源明细'].str.replace('-','')
df.head()
```

显示结果如下：

	流量来源	来源明细	访客数	支付转化率	客单价
0	一级	A	35188	9.98%	54.30
1	一级	B	28467	11.27%	99.93
2	一级	C	13747	2.54%	0.08
3	一级	D	5183	2.47%	37.15
4	一级	E	4361	4.31%	91.73

2.5.2 数值型

对于数值型数据，常见的操作是计算，分为与单个值的运算、长度相等列的运算。以上述案例数据为例，源数据访客数我们是知道的，现在想把所有渠道的访客都加上 10000，如何操作？

```
df['访客数'] + 10000
```

Jupyter Notebook 自动反馈如下结果：

```
0    45188
1    38467
2    23747
3    15183
4    14361
5    14063
...
```

只需要选中访客数所在列，然后加上 10000 即可，Pandas 自动将 10000 和每一行数值相加。针对单个值的其他运算（减、乘、除）也是如此。

列之间的运算语句也非常简洁。源数据包含访客数、转化率和客单价，而实际工作中我们对每个渠道贡献的销售额（销售额=访客数 × 转化率 × 客单价）更感兴趣。

对应操作语句为 df[' 销售额 '] = df[' 访客数 '] * df[' 转化率 '] * df[' 客单价 ']，如图 2-10 所示。

```
df['销售额'] = df['访客数'] * df['转化率'] * df['客单价']
-------------------------------------------------------
KeyError                          Traceback (most recent call last)
C:\ProgramData\Anaconda3\lib\site-packages\pandas\core\indexes\base.py in get_loc(self, key, method, tolerance)
    3628                 try:
->  3629                     return self._engine.get_loc(casted_key)
    3630                 except KeyError as err:

C:\ProgramData\Anaconda3\lib\site-packages\pandas\_libs\index.pyx in pandas._libs.index.IndexEngine.get_loc()

C:\ProgramData\Anaconda3\lib\site-packages\pandas\_libs\index.pyx in pandas._libs.index.IndexEngine.get_loc()
```

图 2-10 直接计算销售额报错反馈

为什么会报错？报错是数值型数据和非数值型数据相互计算导致的。Pandas 把带 % 符号的转化率识别成字符串类型，我们需要先拿掉 % 符号，再将这一列转化为浮点型数据：

```
df[' 支付转化率 '] = df[' 支付转化率 '].str.replace('%','').astype(float)
df.head()
```

运行结果如下：

```
   流量来源  来源明细  访客数  支付转化率  客单价
0   一级     A   35188   9.98   54.30
1   一级     B   28467  11.27   99.93
2   一级     C   13747   2.54    0.08
3   一级     D    5183   2.47   37.15
4   一级     E    4361   4.31   91.73
```

需要注意的是，这样操作把 9.98% 变成了 9.98，所以我们还需要将支付转化率除以100，以还原百分数的真实数值：

```
df[' 支付转化率 '] = df[' 支付转化率 '] / 100
df.head()
```

运行结果如下：

	流量来源	来源明细	访客数	支付转化率	客单价
0	一级	A	35188	0.0998	54.30
1	一级	B	28467	0.1127	99.93
2	一级	C	13747	0.0254	0.08
3	一级	D	5183	0.0247	37.15
4	一级	E	4361	0.0431	91.73

然后，再用3个指标相乘计算销售额：

```
df['销售额'] = df['访客数'] * df['支付转化率'] * df['客单价']
df.head()
```

运行结果如下：

	流量来源	来源明细	访客数	支付转化率	客单价	销售额
0	一级	A	35188	0.0998	54.30	190688.698320
1	一级	B	28467	0.1127	99.93	320598.513837
2	一级	C	13747	0.0254	0.08	27.933904
3	一级	D	5183	0.0247	37.15	4755.946715
4	一级	E	4361	0.0431	91.73	17241.488243

2.5.3 时间类型

Pandas中与时间序列相关的内容非常复杂，这里先对日常用到的基础时间格式进行讲解，对时间序列感兴趣的读者可以自行查阅相关资料，深入了解。

以上述案例数据为例，这些渠道数据是在2022年12月24日提取的，后面可能涉及其他日期的渠道数据，所以需要加一列时间予以区分。在Excel中常用的时间格式是2022-12-24或者2022/12/24，我们用Pandas来实现一下：

```
df['日期列'] = '2022-12-24'
df.head()
```

运行结果如下：

	流量来源	来源明细	访客数	支付转化率	客单价	销售额	日期列
0	一级	A	35188	0.0998	54.30	190688.698320	2022-12-24
1	一级	B	28467	0.1127	99.93	320598.513837	2022-12-24
2	一级	C	13747	0.0254	0.08	27.933904	2022-12-24
3	一级	D	5183	0.0247	37.15	4755.946715	2022-12-24
4	一级	E	4361	0.0431	91.73	17241.488243	2022-12-24

在实际业务中，有时Pandas会把文件中日期格式的字段读取为字符串格式，这里我们先将字符串'2022-12-24'赋值给新增的日期列，然后用to_datetime()方法将字符串类型转换成时间格式：

```
df['日期'] = pd.to_datetime(df['日期列'])
df['日期'].head()
```

运行结果如下：

```
0    2022-12-24
1    2022-12-24
2    2022-12-24
3    2022-12-24
4    2022-12-24
Name: 日期, dtype: datetime64[ns]
```

转换成时间格式（这里是datetime64）之后，我们可以用处理时间的思路高效处理这些数据。比如，我现在想知道提取数据这一天离年末还有多少天（'2022-12-31'），直接做减法（该方法既接受时间格式的字符串序列，也接受单个字符串）：

```
pd.to_datetime('2022-12-31') - df['日期']
```

运行结果前几行如下：

```
0    7 days
1    7 days
2    7 days
3    7 days
4    7 days
```

2.6 本章小结

本章用极简的方式介绍了 Pandas 数据结构和常用操作。最后，我们一起来回顾一下本章的重点内容。

1）认识了 Pandas 核心的数据结构 DataFrame 和 Series，也知道了最关键的三要素以及三要素为什么存在。

2）学习如何读取、存储数据，以及读取数据中可能遇到的问题。

3）拿到数据之后，知道怎样快速查看数据的关键信息。

4）对数据有了基础认知，开始熟悉最简单的增删选改操作。（接下来的章节会提取其中高频操作并结合案例展开讲解。）

5）在了解基础操作之后，和 Pandas 中常用的基础数据类型打了个招呼。

每个内容都先从还原实践流程的角度出发，带大家认识这些模块，然后通过案例实践检验、巩固、沉淀相关操作与分析思路。

Chapter 3 第 3 章

玩转索引

在上一章中,我们对 Pandas 的各方面做了一个全面、简洁的扫描,不过对其中涉及选取数据的部分只讲了最基础的列向索引。而在实际运用时,灵活选取数据是 Pandas 中非常高频的操作。所以本章我们单独把索引拎出来,结合具体场景详细介绍两种常用的索引方式,实现数据灵活选取。

3.1 索引概述

不少读者可能对于"到底什么是索引?""索引有哪些类型?"这几个问题仍有疑惑,本节将一一解答。

3.1.1 到底什么是索引

1. 为什么需要索引

上一章提到过,几乎所有的数据操作都在增、删、选、改的范围之内进行。

拿到一份数据后,我们可能想要增加某些列,删除一些冗余数据,根据需求选择某一部分数据,或者改变和调整部分数据。所有这些操作都是针对原始数据中的特定部分进行的。也就是说,数据处理的第一步是找到想要调整的对应部分,然后才是进行相关的操作。而 Pandas 索引的存在,就是为了帮助我们从原始数据中快速、灵活地选取所需要的部分,更好地满足数据处理的第一步。

2. 索引的概念

索引的概念可以用快递的编号来类比。如果没有编号,附近所有人的快递都杂乱地堆在快递站点，当我们想要取一个快递时，需要自己一个个查看，非常耗时费力，还不一定找得到。

正常情况下，小区的快递站点会有很多货架，每个货架都有对应的货架号。货架又会分成不同的层，每一层对应着层号。每一层存放着不同的快递包裹，包裹则有一个包裹号以便区分。我们取快递时，按照短信提示的"站点位置—货架号—层号—包裹号"来按"号"索骥，可以很快取到自己的包裹。

Pandas 索引本质上就相当于快递站点的"站点位置—货架号—层号—包裹号"。通过索引，我们快速定位并选择需要的数据。

3.1.2 两种索引类型

Pandas 索引操作有以下两种常见的类型。
- 基于位置（数字）的索引：通过指定要选哪几行和哪几列来筛选出目标数据。
- 基于名称（标签）的索引：既可以指定列具体的名称，又可以加上复杂的条件判断，筛选更加灵活。

在实际运用中，第一种索引只是偶尔会用到，应用范围远不如第二种广泛，只需要粗略了解一下，以方便我们阅读相关场景的代码。第二种索引则是我们学习的重点，因为它是后面进行数据清洗和分析的基石。

3.2 基于位置（数字）的索引

对于索引的练习，我们会用几个具体的案例场景来贯穿。首先通过以下代码导入案例数据集，预览结果如表 3-1 所示。

```
# 导入案例数据集
import pandas as pd
import os

# 记得切换自己的文件目录
os.chdir(r'C:\ 本书配套资料 \ 第 3 章 玩转索引 ')

df= pd.read_excel(' 流量练习数据 .xls')
# 和第 2 章中一样，把转化率从字符串变成可以处理的小数
df[' 支付转化率 '] = df[' 支付转化率 '].str.replace('%','').astype(float)
df[' 支付转化率 '] = df[' 支付转化率 '] / 100
```

表 3-1 案例流量表预览

流量来源	来源明细	访客数	支付转化率	客单价
一级	−A	35188	0.0998	54.3
一级	−B	28467	0.1127	99.93

(续)

流量来源	来源明细	访客数	支付转化率	客单价
一级	-C	13747	0.0254	0.08
一级	-D	5183	0.0247	37.15
一级	-E	4361	0.0431	91.73

这里用的是与 2.3 节中一样的案例数据集，记录着不同流量来源、来源明细、访客数、支付转化率和客单价。案例数据集虽然简短，但有足够的代表性。

基于位置（数字）索引的操作用的是 iloc，其具体用法和参数如下。

```
df.iloc[行参数,列参数]
```

- 第一个位置是行参数，输入我们想要选取哪几行的位置参数；
- 第二个位置是列参数，输入我们想要选取哪几列的位置参数；
- Python 中，索引是从 0 开始的，含首不含尾。

我们需要根据实际情况填入对应的行参数和列参数。

3.2.1 场景一：行选取

目标：选择"流量来源"等于"一级"的所有行。

思路：数一数原始数据，"流量来源"等于"一级"的渠道包含第 1～13 行，对应行索引是 0～12（从 0 开始计数），但 Python 切片默认是含首不含尾的，因此要想选取 0～12 的索引行，需要输入"0:13"。对于列，如果要选取所有的列，则可以只输入冒号":"。

```
df.iloc[0:13,:]
```

运行结果如下：

```
    流量来源  来源明细   访客数  支付转化率   客单价
0    一级    -A   35188   0.0998   54.30
1    一级    -B   28467   0.1127   99.93
2    一级    -C   13747   0.0254    0.08
3    一级    -D    5183   0.0247   37.15
4    一级    -E    4361   0.0431   91.73
5    一级    -F    4063   0.1157   65.09
6    一级    -G    2122   0.1027   86.45
7    一级    -H    2041   0.0706   44.07
8    一级    -I    1991   0.1652  104.57
9    一级    -J    1981   0.0575   75.93
10   一级    -K    1958   0.1471   85.03
11   一级    -L    1780   0.1315   98.87
12   一级    -M    1447   0.0104   80.07
```

3.2.2 场景二：列选取

目标：筛选出所有渠道的流量来源和客单价。

思路：所有流量渠道，也就是所有行，因此在行参数的位置输入"："；再看列，流量来源是第 1 列，客单价是第 5 列，对应的列索引分别是 0 和 4：

```
df.iloc[:,[0,4]]
```

运行结果如下：

```
    流量来源   客单价
0    一级    54.30
1    一级    99.93
2    一级     0.08
3    一级    37.15
4    一级    91.73
..   ...    ...
17   三级    82.97
18   四级    94.25
19   四级     NaN
20   四级     NaN
21   四级     NaN
```

值得注意的是：如果要跨列选取，则必须先把位置参数构造成列表形式，这里就是 [0,4]；如果要连续选取，则无须构造成列表，直接输入 "0:5"（选取索引为 0 到 4 的列）即可。

3.2.3 场景三：行列交叉选取

目标：看一看二级和三级流量来源、来源明细、对应的访客数和支付转化率。

思路：先看行，二级和三级渠道对应的行索引是 13:17，再次强调索引含首不含尾的原则，我们需要传入的行参数是 13:18。再看列，我们需要流量来源、来源明细、访客数和支付转化率，也就是前 4 列，因此传入列参数 0:4。

```
df.iloc[13:18,0:4]
```

运行效果如下：

```
    流量来源   来源明细   访客数   支付转化率
13   二级      -A    39048   0.1160
14   二级      -B     3316   0.0709
15   二级      -C     2043   0.0504
16   三级      -A    23140   0.0969
17   三级      -B    14813   0.2014
```

3.3 基于名称（标签）的索引

为了与基于位置的索引进行横向对比，我们先沿用上面的 3 个场景，然后在此基础上拓展出场景四。

3.3.1 基于 loc 的行选取

目标：选择"流量来源"等于"一级"的所有行。

思路：这次我们不用一个个数位置了,要筛选"流量来源"等于"一级"的所有行,只需做一个判断,判断"流量来源"这一列,哪些值等于"一级"。

首先,看看哪些行的"流量来源"等于"一级":

```
df['流量来源'] == '一级'
```

运行结果如下:

```
0     True
1     True
2     True
3     True
4     True
..    ...
17    False
18    False
19    False
20    False
21    False
Name: 流量来源, dtype: bool
```

返回的结果由 True 和 False(布尔型)构成,在这个例子中分别代表结果等于一级和不等于一级。在 loc 中,我们可以把这一列判断得到的值传入行参数位置,Pandas 会默认返回结果为 True 的行(这里是索引从 0 到 12 的行),而丢掉结果为 False 的行:

```
df.loc[df['流量来源'] == '一级',:]
```

结果和 iloc 实现的一样:

	流量来源	来源明细	访客数	支付转化率	客单价
0	一级	-A	35188	0.0998	54.30
1	一级	-B	28467	0.1127	99.93
2	一级	-C	13747	0.0254	0.08
3	一级	-D	5183	0.0247	37.15
4	一级	-E	4361	0.0431	91.73
5	一级	-F	4063	0.1157	65.09
6	一级	-G	2122	0.1027	86.45
7	一级	-H	2041	0.0706	44.07
8	一级	-I	1991	0.1652	104.57
9	一级	-J	1981	0.0575	75.93
10	一级	-K	1958	0.1471	85.03
11	一级	-L	1780	0.1315	98.87
12	一级	-M	1447	0.0104	80.07

3.3.2 基于 loc 的列选取

目标：筛选出所有渠道的流量来源和客单价。

思路：所有渠道对应所有行，我们在行参数位置直接输入":"。要提取"流量来源"和"客单价"列，直接在列参数位置输入列名称，由于这里涉及两列，所以要用中括号将名称包起来（作为列表）：

```
df.loc[:,['流量来源','客单价']]
```

运行结果依然和 iloc 相同：

```
    流量来源    客单价
0   一级       54.30
1   一级       99.93
2   一级        0.08
3   一级       37.15
4   一级       91.73
...  ...       ...
17  三级       82.97
18  四级       94.25
19  四级        NaN
20  四级        NaN
21  四级        NaN
```

3.3.3 基于 loc 的交叉选取

目标：看一看二级和三级流量来源、来源明细、对应的访客数和支付转化率。

思路：行提取用判断方法，列提取输入具体名称参数。

```
df.loc[df['流量来源'].isin(['二级','三级']),['流量来源','来源明细','访客数',
    '支付转化率']]
```

运行结果如下：

```
    流量来源   来源明细   访客数    支付转化率
13  二级      -A      39048    0.1160
14  二级      -B       3316    0.0709
15  二级      -C       2043    0.0504
16  三级      -A      23140    0.0969
17  三级      -B      14813    0.2014
```

这里顺便介绍一下，isin() 方法能够帮助我们快速判断源数据中某一列的值是否等于列表中的值。

在以上代码中，df['流量来源'].isin(['二级','三级']) 判断的是"流量来源"这一列的值是否等于"二级"或者"三级"，如果等于就返回 True，否则返回 False。再把这个布尔型判断结果传入行参数，就能够得到流量来源为二级或者三级的渠道。

loc 的应用场景十分广泛，下面再来看一个接地气的场景。

在进入场景之前,我们先花 30s 的时间捋一捋 Pandas 中列向求值的用法,具体操作如下:

```
df['访客数'].mean()      # 计算均值
df['访客数'].std()       # 计算标准差
df['访客数'].median()    # 计算中位数
df['访客数'].max()       # 计算最大值
df['访客数'].min()       # 计算最小值
```

只需要加个尾巴,均值、标准差等统计数值就都出来了。了解完这个,下面正式进入场景四。

3.3.4 场景四:多条件索引

目标:对于流量渠道的数据,我们真正应该关注的是优质渠道。这里定义访客数、支付转化率、客单价都高于均值的渠道是优质渠道,我们的目标是找到这些渠道。

思路:优质渠道必须同时满足访客数高于均值、支付转化率高于均值、客单价高于均值这 3 个条件,这是解题的关键。

先看看这 3 项指标的均值各是多少:

```
print('访客数均值:',df['访客数'].mean())
print('支付转化率均值:',df['支付转化率'].mean())
print('客单价均值:',df['客单价'].mean())
```

运行结果如下:

```
访客数均值: 8498.0
支付转化率均值: 0.0754772727273
客单价均值: 72.86
```

再判断各指标是否大于均值,整体如图 3-1 所示。

df['访客数'] > df['访客数'].mean()	df['支付转化率'] > df['支付转化率'].mean()	df['客单价'] > df['客单价'].mean()
0 True	0 True	0 False
1 True	1 True	1 True
2 True	2 False	2 False
3 False	3 False	3 False
4 False	4 False	4 True
5 False	5 True	5 False
6 False	6 True	6 True
7 False	7 False	7 False
8 False	8 True	8 True
9 False	9 False	9 False
10 False	10 True	10 True
11 False	11 True	11 True
12 False	12 False	12 True
13 True	13 True	13 True
14 False	14 False	14 False
15 False	15 False	15 False
16 True	16 True	16 True
17 True	17 True	17 True
18 False	18 False	18 True
19 False	19 False	19 False
20 False	20 False	20 False
21 False	21 False	21 False

图 3-1 各指标是否大于均值的判断

这 3 个条件需要同时满足，因此它们之间是"且"的关系。在 Pandas 中，要表示同时满足，各条件之间要用"&"符号连接，每个条件最好用括号包裹起来。（如果是"或"的关系，即满足任意一个条件即可，则用"|"符号连接。）

```
(df['访客数'] > df['访客数'].mean()) & (df['支付转化率'] > df['支付转化率'].mean())
    & (df['客单价'] > df['客单价'].mean())
```

运行结果如下：

```
0     False
1     True
2     False
3     False
4     False
5     False
6     False
7     False
8     False
9     False
10    False
11    False
12    False
13    True
14    False
15    False
16    True
17    True
18    False
19    False
20    False
21    False
dtype: bool
```

这样连接之后，返回 True 则表示渠道满足访客数、支付转化率、客单价都高于均值的条件，接下来我们只需要把对应的值传入行参数的位置。

```
df.loc[(df['访客数'] > df['访客数'].mean()) &
    (df['支付转化率'] > df['支付转化率'].mean()) &
    (df['客单价'] > df['客单价'].mean()),:]
```

最终结果如下：

	流量来源	来源明细	访客数	支付转化率	客单价
1	一级	-B	28467	0.1127	99.93
13	二级	-A	39048	0.1160	91.91
16	三级	-A	23140	0.0969	83.75
17	三级	-B	14813	0.2014	82.97

这样，我们就筛选出了 3 项关键指标都高于均值的优质渠道。

3.4 本章小结

在本章中，我们学习了两种索引方式：一是基于位置（数字）的索引，二是基于名称（标签）的索引。对于前者，我们只需理解其使用原理，以便于今后阅读相关的代码；而后者则是我们频繁使用的有力工具。

用好索引的关键在于，将我们要选取的行和列准确地映射到对应的行参数和列参数中去。只要多加练习，我们就能够使用 Pandas 随心所欲地选取自己想要的数据。

第 4 章 Chapter 4

数据清洗四大核心操作

数据清洗是数据分析工作中非常重要的一个环节,清洗的效果一定程度上决定了数据分析的质量。

如果用做辣椒炒肉这道菜来类比,原始数据就像我们刚从菜市场买回来的辣椒和肉,在炒之前,需要把辣椒洗净切好,把肉洗净切丝,再备好葱姜蒜等辅料,才算准备完毕。

数据清洗要做的,就是对原始数据进行"清洗、切丝、备料"等处理,为后续高质量的分析做好准备。

Pandas 提供了强大、丰富、高效的数据清洗方法,为了方便大家理解,我把实际数据清洗场景下常用但零散的方法按增、删、选、改四板斧的逻辑进行归类,结合案例精讲 Pandas 数据清洗所用到的核心高频操作。

4.1 增:拓展数据维度

很多时候,我们获取到的源数据是多张数据表。在处理之前,需要先把相关的数据纵向合并或横向连接。

4.1.1 纵向合并

首先,导入我们的案例数据集。因为案例数据存放在同一个 Excel 工作簿的不同工作表 (Sheet) 下,所以需要指定 sheet_name 分别进行读取:

```
import pandas as pd
import os
```

```
os.chdir(r'C:\ 本书配套资料 \ 第 4 章 数据清洗四大核心操作 ')
d1 = pd.read_excel('Pandas 数据清洗原始数据 .xlsx',sheet_name = ' 一级流量 ')
d2 = pd.read_excel('Pandas 数据清洗原始数据 .xlsx',sheet_name = ' 二级流量 ')
d3 = pd.read_excel('Pandas 数据清洗原始数据 .xlsx',sheet_name = ' 三级流量 ')

print(d1.head(2))
print(d2.head(2))
print(d3.head(2))
```

运行结果如下：

```
            d1.head(2)
   流量级别  投放地区  访客数  支付转化率  客单价   支付金额
0   一级    A 区  44300  0.1178  58.79  306887.83
1   一级    B 区  30612  0.1385  86.64  367338.10

            d2.head(2)
   流量级别  投放地区  访客数  支付转化率  客单价   支付金额
0   二级    A 区  29111  0.1066  87.40  271189.23
1   二级    B 区  17165  0.2271  91.22  355662.39

            d3.head(2)
   流量级别  投放地区  访客数  支付转化率  客单价   支付金额
0   三级    A 区  45059  0.1366  90.11  554561.22
1   三级    B 区   2133    NaN   74.48   17204.50
```

这 3 个工作表的数据维度完全一致，表头都是"流量级别、投放地区、访客数、支付转化率、客单价、支付金额"的结构，纵向合并起来分析十分方便。

说到纵向合并，就不得不提 concat() 方法，它的用法简单明了——pd.concat([表 1, 表 2, 表 3])。对于列字段统一的数据，我们只需把表依次传入参数：

```
df = pd.concat([d1,d2,d3])
df
```

合并效果如下：

```
   流量级别  投放地区  访客数  支付转化率  客单价   支付金额
0   一级    A 区  44300  0.1178  58.79  306887.83
1   一级    B 区  30612  0.1385  86.64  367338.10
2   一级    C 区  18389  0.0250   0.28     129.58
3   一级    D 区   4509  0.1073  64.12   31035.14
4   一级    E 区   3769  0.0573  92.91   20068.20
5   一级    F 区   2424  0.2207  89.33   47791.60
6   一级    G 区   2412  0.0821  56.04   11096.42
0   二级    A 区  29111  0.1066  87.40  271189.23
1   二级    B 区  17165  0.2271  91.22  355662.39
2   二级    C 区   8870  0.0078  44.52    3072.00
0   三级    A 区  45059  0.1366  90.11  554561.22
1   三级    B 区   2133    NaN   74.48   17204.50
```

2	三级	C区	899	0.0990	92.99	8276.50	
3	三级	D区	31	0.0000	NaN	NaN	
4	三级	E区	17	0.0000	NaN	NaN	

对于 concat() 方法,其实将其参数 axis 设置成 1,它就可以进行横向连接了,但横向连接有更好的方法——merge()。Pandas 的很多方法十分强大,能够实现多种功能,但对于初学者来说,过多甚至交叉的功能往往会造成混乱,所以这里对于一种功能先只用一种方式来实现。

4.1.2 横向连接

横向连接是 Pandas 数据处理中的高频操作,为了方便理解,我们构造一些更有代表性的数据集来练手:

```
h1 = pd.DataFrame({'姓名':['韩梅梅','李雷','李华','王明','铁蛋'],'语文':[93,
    80,85,76,58],'数学':[87,99,95,85,70],'英语':[80,85,97,65,88]})
h2 = pd.DataFrame({'姓名':['李华','王明','铁蛋','刘强'],'篮球':[93,80,85,76],
    '舞蹈':[87,99,95,85]})

print(h1.head())
print(h2.head())
```

构造的数据如下:

```
        h1.head()
姓名    语文   数学   英语
韩梅梅   93    87    80
李雷    80    99    85
李华    85    95    97
王明    76    85    65
铁蛋    58    70    88


        h2.head()
姓名   篮球   舞蹈
李华   93    87
王明   80    99
铁蛋   85    95
刘强   76    85
```

两个 DataFrame 是两张成绩表,表 h1 是 5 位同学的语文、数学、英语成绩,表 h2 是 4 位同学的篮球和舞蹈成绩。

如果想找到并合并在两张表中同时出现的同学及其成绩,可以用 merge() 方法:

```
pd.merge(left = h1,right = h2,left_on = '姓名',right_on = '姓名',how = 'inner')
```

运行结果如下:

姓名	语文	数学	英语	篮球	舞蹈
李华	85	95	97	93	87
王明	76	85	65	80	99
铁蛋	58	70	88	85	95

我们来详解一下 merge() 的参数，left 和 right 分别对应着需要连接的左表和右表，这里语文、数学、英语成绩表是左表，篮球、舞蹈成绩表是右表。

left_on 与 right_on 参数指定左表和右表中用于匹配的列，left_on='姓名' 表示左表用"姓名"列作为连接的条件或者说桥梁。right_on='姓名' 也是一样的道理，表示右表也用"姓名"列作为匹配列。

how 用于指定连接方式，现在我们基于姓名来匹配，这里用的 inner，即只返回两个表中共同出现的姓名所对应的数据。连接操作中，连接方式的选择至关重要，下面我们来图解以下几种连接方式：inner、left、right、outer。

1. 内连接：inner

表 h1 和表 h2 是根据姓名来匹配的，使用内连接时，返回两张表中同时存在的姓名及所对应的数据。李华、王明、铁蛋这三位同学的姓名同时在两张表中出现，最终会返回他们的成绩连接结果，如图 4-1 所示。

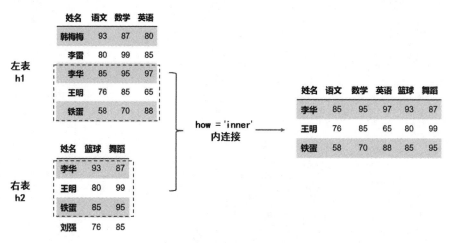

图 4-1 内连接 inner 的效果

2. 左连接：left

对于左连接（left）和右连接（right），我们可以直观地理解为以哪边的表为大，以谁为大就听谁的（所有行全部保留）。先看左连接，左表 h1 原封不动，右表根据左表进行合并：如果存在相关的名字，就正常返回数据；如果不存在（韩梅梅、李雷），就返回空值。

代码只需要调整 how 的值：

```
pd.merge(left = h1,right = h2,left_on = '姓名',right_on = '姓名',how = 'left')
```

左连接的效果如图 4-2 所示。

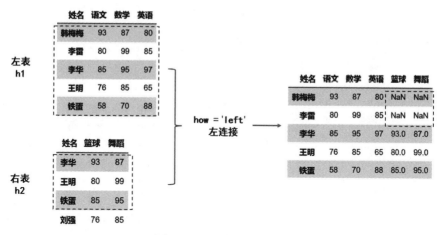

图 4-2　左连接 left 的效果

3. 右连接：right

右连接就是听右表的，完整保留右表的数据，左表能匹配上则返回对应的数据，如果匹配不上则为空，代码如下：

```
pd.merge(left = h1,right = h2,left_on = '姓名',right_on = '姓名',how = 'right')
```

匹配逻辑和结果如图 4-3 所示。

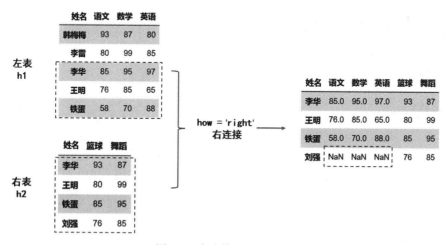

图 4-3　右连接 right 的效果

4. 外连接：outer

对于外连接，只需将 how 的值设置为 outer 即可：

```
pd.merge(left = h1,right = h2,left_on = ' 姓名 ',right_on = ' 姓名 ',how = 'outer')
```

外连接是两张表妥协的产物,我的数据全保留,你的也全保留,你有我无的就空着,你无我有的也空着,如图 4-4 所示。

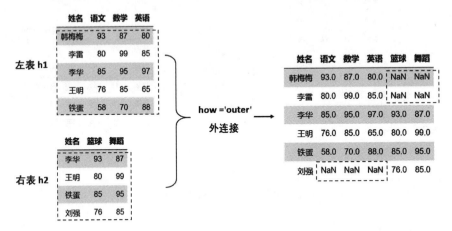

图 4-4　外连接 outer 的效果

关于横向连接,重点是要确定左、右表根据什么字段来匹配(left_on 和 right_on)以及按照什么方式连接(how)。在有些情况下,也会用数据的索引作为匹配列,这个时候只需要把 left_on = ' 姓名 '、right_on = ' 姓名 ',分别替代成 left_index 和 right_index 即可。

4.2　删:剔除噪声数据

4.2.1　缺失值处理

1. 删除缺失值

在很多业务和商业分析场景下,缺失值的存在对分析来说是很大的干扰,而且很多时候不能通过均值、中位数等来补全,因为一旦用统计或机器学习的方法补全,反而影响了数据本身的结构,所以需要统一删除缺失值。

在 4.1.1 节中,合并后的 df 数据集倒数第 4 行和最后两行是有缺失数据的:

	流量级别	投放地区	访客数	支付转化率	客单价	支付金额
0	一级	A 区	44300	0.1178	58.79	306887.83
1	一级	B 区	30612	0.1385	86.64	367338.10
2	一级	C 区	18389	0.0250	0.28	129.58
3	一级	D 区	4509	0.1073	64.12	31035.14
4	一级	E 区	3769	0.0573	92.91	20068.20
5	一级	F 区	2424	0.2207	89.33	47791.60
6	一级	G 区	2412	0.0821	56.04	11096.42

```
   流量级别  投放地区  访客数   支付转化率  客单价   支付金额
0    二级      A区    29111   0.1066   87.40   271189.23
1    二级      B区    17165   0.2271   91.22   355662.39
2    二级      C区     8870   0.0078   44.52     3072.00
0    三级      A区    45059   0.1366   90.11   554561.22
1    三级      B区     2133      NaN   74.48    17204.50
2    三级      C区      899   0.0990   92.99     8276.50
3    三级      D区       31   0.0000     NaN        NaN
4    三级      E区       17   0.0000     NaN        NaN
```

要删除缺失值，使用 dropna() 方法即可：

```
df.dropna()
```

运行结果如下：

```
   流量级别  投放地区  访客数   支付转化率  客单价   支付金额
0    一级      A区    44300   0.1178   58.79   306887.83
1    一级      B区    30612   0.1385   86.64   367338.10
2    一级      C区    18389   0.0250    0.28      129.58
3    一级      D区     4509   0.1073   64.12    31035.14
4    一级      E区     3769   0.0573   92.91    20068.20
5    一级      F区     2424   0.2207   89.33    47791.60
6    一级      G区     2412   0.0821   56.04    11096.42
0    二级      A区    29111   0.1066   87.40   271189.23
1    二级      B区    17165   0.2271   91.22   355662.39
2    二级      C区     8870   0.0078   44.52     3072.00
0    三级      A区    45059   0.1366   90.11   554561.22
2    三级      C区      899   0.0990   92.99     8276.50
```

对比上面的数据可以发现，三级流量有 3 行数据存在缺失值，都被删掉了。

需要注意的是，dropna() 方法默认删除所有存在缺失值的行，即只要一行中任意一个字段为空，就会被删除。我们可以设置 subset 参数，例如 dropna(subset = ['支付金额'])，来指定当一行中的某一个字段（如"支付金额"）为空时，才会被删除，其他字段为空则不受影响。

```
df.dropna(subset = ['支付金额'])
```

运行效果如下：

```
   流量级别  投放地区  访客数   支付转化率  客单价   支付金额
0    一级      A区    44300   0.1178   58.79   306887.83
1    一级      B区    30612   0.1385   86.64   367338.10
2    一级      C区    18389   0.0250    0.28      129.58
3    一级      D区     4509   0.1073   64.12    31035.14
4    一级      E区     3769   0.0573   92.91    20068.20
5    一级      F区     2424   0.2207   89.33    47791.60
6    一级      G区     2412   0.0821   56.04    11096.42
0    二级      A区    29111   0.1066   87.40   271189.23
1    二级      B区    17165   0.2271   91.22   355662.39
2    二级      C区     8870   0.0078   44.52     3072.00
```

```
    0    三级    A 区    45059    0.1366    90.11    554561.22
    1    三级    B 区     2133      NaN    74.48     17204.50
    2    三级    C 区      899    0.0990    92.99      8276.50
```

可以发现，当指定 subset = ['支付金额'] 时，三级流量 B 区虽然支付转化率为空，但是满足支付金额不为空的条件，因而被保留。

2. 缺失值的补全

缺失值的处理主要有删除和补全两种方式，这里介绍缺失值的补全操作。

fillna() 方法常用来补全缺失值，在括号内输入想要补全的值即可：

```
df.fillna(0)
```

运行结果如下：

```
       流量级别    投放地区    访客数    支付转化率    客单价      支付金额
    0    一级      A 区    44300    0.1178    58.79    306887.83
    1    一级      B 区    30612    0.1385    86.64    367338.10
    2    一级      C 区    18389    0.0250     0.28       129.58
    3    一级      D 区     4509    0.1073    64.12     31035.14
                              ...
    0    三级      A 区    45059    0.1366    90.11    554561.22
    1    三级      B 区     2133    0.0000    74.48     17204.50
    2    三级      C 区      899    0.0990    92.99      8276.50
    3    三级      D 区       31    0.0000     0.00         0.00
    4    三级      E 区       17    0.0000     0.00         0.00
```

三级流量中支付转化率、客单价、支付金额为空的值都被替换成了 0。fillna() 方法还可以通过 {} 来指定列填充：

```
df.fillna({'客单价':666,'支付金额':df['支付金额'].min()})
```

运行结果如下：

```
       流量级别    投放地区    访客数    支付转化率    客单价      支付金额
    0    一级      A 区    44300    0.1178    58.79    306887.83
    1    一级      B 区    30612    0.1385    86.64    367338.10
    2    一级      C 区    18389    0.0250     0.28       129.58
    3    一级      D 区     4509    0.1073    64.12     31035.14
    4    一级      E 区     3769    0.0573    92.91     20068.20
    5    一级      F 区     2424    0.2207    89.33     47791.60
    6    一级      G 区     2412    0.0821    56.04     11096.42
    0    二级      A 区    29111    0.1066    87.40    271189.23
    1    二级      B 区    17165    0.2271    91.22    355662.39
    2    二级      C 区     8870    0.0078    44.52      3072.00
    0    三级      A 区    45059    0.1366    90.11    554561.22
    1    三级      B 区     2133      NaN    74.48     17204.50
    2    三级      C 区      899    0.0990    92.99      8276.50
    3    三级      D 区       31    0.0000   666.00       129.58
    4    三级      E 区       17    0.0000   666.00       129.58
```

三级流量中客单价的缺失值已经用指定的 666 补全，支付金额则用支付金额最小值填充。由于没有指定支付转化率的填充，支付转化率的缺失值依然为 NaN。

4.2.2 去除重复项

案例数据比较干净，没有两行数据是完全一样的，不过这里我们要制造点困难，增加几行重复值：

```
repeat = pd.concat([df,df])
print('有重复项的数据集一共有多少行: ',len(repeat))
```

运行结果如下：

```
有重复项的数据集一共有多少行: 30
```

把源数据与其自身进行纵向拼接，相当于将源数据再重复了一遍，然后赋值给 repeat，这样每一行数据就都有了重复的数据。

要把重复数据删掉，可以用 duplicated() 方法：

```
repeat.duplicated()
```

运行之后，返回了一列与源数据等长的布尔值：

```
False
False
False
False
False
...
True
True
True
True
True

dtype: bool
```

duplicated() 方法执行时，Pandas 会从上至下扫描数据，判断每一行数据是否与前面的重复，如果不重复返回 False，重复则返回 True。剔除重复数据，本质上是筛选出不重复的数据，即布尔值结果为 False 的行：

```
# 把 duplicated()==False 的结果当作索引，筛选出不重复的值
unique = repeat.loc[repeat.duplicated() == False,:]
print('去重后的数据集一共有多少行: ',len(unique))
```

运行结果如下：

去重后的数据集一共有多少行: 15

duplicated() 方法默认会删掉完全重复即每个值都一样的行。如果要删除指定列重复的数据，可以通过 subset 参数指定列名来实现。假如我们有个奇怪的想法，要基于"流量级别"这列进行去重，则可以使用以下代码：

```
repeat.loc[repeat.duplicated(subset = '流量级别')==False,:]
```

代码运行结果如下：

	流量级别	投放地区	访客数	支付转化率	客单价	支付金额
0	一级	A区	44300	0.1178	58.79	306887.83
0	二级	A区	29111	0.1066	87.40	271189.23
0	三级	A区	45059	0.1366	90.11	554561.22

我们会发现，流量有 3 个级别，通过指定列名，我们删除了"流量级别"这个字段重复的行，保留了各自不重复的第 1 行。

继续展开讲，在源数据中，流量级别为"一级"的有 7 行数据，每行数据的其他字段都不相同。这里我们删除了后 6 行，只保留了第 1 行，但如果我们想在去重的过程中删除前 6 行，保留最后一行数据，怎么操作呢？答案很简单，指定 keep 参数即可：

```
# 在 duplicated() 中，传入的第一个参数默认就是 subset 参数指定的列名
repeat.loc[repeat.duplicated(subset = '流量级别',keep = 'last')==False,:]
```

运行结果如下：

	流量级别	投放地区	访客数	支付转化率	客单价	支付金额
6	一级	G区	2412	0.0821	56.04	11096.42
2	二级	C区	8870	0.0078	44.52	3072.00
4	三级	E区	17	0.0000	NaN	NaN

keep 值等于 'last'，即当数据重复时会保留最后一行数据。不输入 keep 值时，系统默认会给 keep 赋值为 'first'，即保留第 1 行数据而删掉其他行。

4.3 选：基于条件选择数据

第 3 章我们对索引进行了详细讲解，这里除了对索引进行简单回顾外，还会介绍排序的用法。

4.3.1 按条件索引 / 筛选

这次的需求是筛选出访客数大于 10000 的一级渠道，用 loc 筛选很方便：

```
df.loc[(df['访客数'] > 10000) & (df['流量级别'] == '一级'),:]
```

运行结果如下：

	流量级别	投放地区	访客数	支付转化率	客单价	支付金额
0	一级	A区	44300	0.1178	58.79	306887.83
1	一级	B区	30612	0.1385	86.64	367338.10
2	一级	C区	18389	0.0250	0.28	129.58

在行参数的位置设置好满足访客数大于10000且流量级别为一级这两个条件，将每一个条件写在小括号内，然后用 & 符号连接即可。

4.3.2 排序

很多情况下，我们查询的时候需要通过排序来观察数据规律，以及快速筛选出前 N 个数据项。对于案例数据，怎样按支付金额进行排序并筛选出前三的渠道呢？解决问题的关键就在于排序，这个时候 sort_values() 方法就派上用场了：

```
sort_df = df.sort_values('支付金额',ascending = False)
print(sort_df)
```

运行结果如下：

	流量级别	投放地区	访客数	支付转化率	客单价	支付金额
0	三级	A区	45059	0.1366	90.11	554561.22
1	一级	B区	30612	0.1385	86.64	367338.10
1	二级	B区	17165	0.2271	91.22	355662.39
0	一级	A区	44300	0.1178	58.79	306887.83
0	二级	A区	29111	0.1066	87.40	271189.23
5	一级	F区	2424	0.2207	89.33	47791.60
3	一级	D区	4509	0.1073	64.12	31035.14
4	一级	E区	3769	0.0573	92.91	20068.20
1	三级	B区	2133	NaN	74.48	17204.50
6	一级	G区	2412	0.0821	56.04	11096.42
2	三级	C区	899	0.0990	92.99	8276.50
2	二级	C区	8870	0.0078	44.52	3072.00
2	一级	C区	18389	0.0250	0.28	129.58
3	三级	D区	31	0.0000	NaN	NaN
4	三级	E区	17	0.0000	NaN	NaN

顾名思义，sort_values() 是按照数值进行排序。首先要传入的参数是列参数，即根据哪一列的数值来进行排序；如果是多列排序的话，需要用 [] 括起来。ascending 参数决定了排序顺序，值为 False 表示降序，值为 True 则表示升序。

排序完之后，筛选出前三的渠道，可以直接用 head() 方法：

```
sort_df.head(3)
```

运行结果如下：

	流量级别	投放地区	访客数	支付转化率	客单价	支付金额
0	三级	A区	45059	0.1366	90.11	554561.22
1	一级	B区	30612	0.1385	86.64	367338.10
1	二级	B区	17165	0.2271	91.22	355662.39

这里补充一个知识点，大家会发现，无论删空的 dropna() 还是排序的 sort_values()，在对源数据进行操作后，源数据并未改变，这是因为我们没有对这几个方法的 inplace 值进行设置，如果设置 inplace = True，删空和排序都会在源数据上生效。

但为了避免出现不必要的错误而无法更改，这里更建议大家把操作后的源数据赋值给新的变量，如 new_value = df.dropna()，而不是直接将源数据的 inplace 参数设置为 True。

4.4 改：改变数据形态

前 3 节的操作其实在某种程度上已经对原始数据做了修改，而这一节的改，并不是传统意义上改变数据的值，而是改变数据的形态。转置、分组和切分是 Pandas 中常见的 3 个改变数据形态的操作。

4.4.1 转置

转置，就是把数据表的行列进行互换，即将原来的行数据变成列数据，将原来的列数据变成行数据。转置常用 df.T 方法来实现，非常简单：

```
# 以 d2 流量表为例
print(d2)
print(d2.T)
```

运行结果如图 4-5 所示。

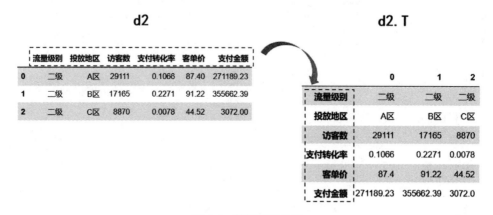

图 4-5　数据转置结果

4.4.2 分组

1. groupby()

关于分组，我们重点介绍 groupby() 和 agg() 方法。

在案例数据中，流量级别有三级，每一级下又有多个投放地区，如果我们想汇总看看每个级别流量所对应的总访客数和支付金额，就需要用到分组了。

groupby() 是分组方法，其最主要的参数是列参数，即按照哪一列或者哪几列（多列要用 [] 括起来）进行汇总。这里按照流量级别进行汇总：

```
df.groupby('流量级别')
```

运行结果如下：

```
<pandas.core.groupby.generic.DataFrameGroupBy object at 0x00000213F8734160>
```

可以看到，直接分组之后，没有返回任何我们期望的数据，返回的是一个分组对象。要进一步得到数据，需要在分组的时候对相关字段进行计算（常用的计算方法有 sum、max、min、mean、std、count）：

```
df.groupby('流量级别').sum()
```

运行结果如下：

流量级别	访客数	支付转化率	客单价	支付金额
一级	106415	0.7487	448.11	784346.87
三级	48139	0.2356	257.58	580042.22
二级	55146	0.3415	223.14	629923.62

groupby() 后面加上了 sum()，代表我们先按照流量级别进行分组，再对分组内的字段进行求和。由于没有指定求和的列，所以对所有数值型字段进行了求和。此处我们只想汇总各级别流量下的访客数和支付金额，因此需要指明具体的列名：

```
df.groupby('流量级别')['访客数','支付金额'].sum()
```

运行结果如下：

流量级别	访客数	支付金额
一级	106415	784346.87
三级	48139	580042.22
二级	55146	629923.62

流量级别作为汇总的依据列，会被默认转换为索引列。在实践中依据列变成索引列处理起来不够方便，如果我们不希望它变成索引列，在分组处理后加上 reset_index() 即可：

```
df.groupby('流量级别')['访客数','支付金额'].sum().reset_index()
```

运行结果如下：

	流量级别	访客数	支付金额
0	一级	106415	784346.87
1	三级	48139	580042.22
2	二级	55146	629923.62

2. agg()

agg() 方法能够让 groupby() 分组变得更加灵活，实现分组后的多种汇总计算，例如：

```
df.groupby('流量级别')[['支付转化率','客单价']].agg({'mean','sum'})
```

运行结果如下：

```
              支付转化率              客单价
              mean     sum      mean       sum
流量级别
一级           0.106957  0.7487   64.015714  448.11
三级           0.058900  0.2356   85.860000  257.58
二级           0.113833  0.3415   74.380000  223.14
```

agg() 中指定了 mean 和 sum 两种统计方式，数据在按流量级别分组之后，分别计算了支付转化率、客单价的均值与汇总值。

agg() 还可以对不同字段采用不同的汇总方式。例如，想要计算每种流量级别分组下访客数的最大值、支付金额的中位数，也可以用一行代码实现：

```
df.groupby('流量级别').agg({'访客数':'max','支付金额':'median'})
```

运行结果如下：

```
流量级别   访客数    支付金额
一级       44300    31035.14
三级       45059    17204.50
二级       29111    271189.23
```

agg() 使用起来十分灵活、精准且高效。

4.4.3 切分

切分操作常用于一维数组的分类和打标，cut() 方法能够高效完成任务。它的用法和主要参数如下。

```
pd.cut(x, bins, right, labels)
```

- x：代表要传入用于切分的一维数组，可以是列表，也可以是 DataFrame 的一列。
- bins：表示切分的方式，可以传入数值，如传入 5 表示整个数据会按照取值范围切分为 5 组；也可以自定义传入列表，如传入 [0, 100, 200, 300]，方法会自动按照（0, 100]、（100, 200]、（200, 300] 的区间来切分。
- right：值可以是 True 或 False。当值为 True 时，表示分组区间为左开右闭（不含左含右）；当值为 False 时，则分组区间为左闭右开。
- labels：标签参数，把数据切分成 N 组，可以为每一组设置一个标签，如低、中、高。不要被复杂的解释所迷惑，我们通过一个例子来理解。

以案例数据为例,每个渠道都有对应的访客数,我们现在希望对各渠道的访客级别进行评估,按照访客数大小,分成忽略级(访客数少于100)、百级、千级和万级的渠道:

```
pd.cut(x = df['访客数'],bins = [0,100,1000,10000,100000])
```

运行结果如下:

```
0     (10000, 100000]
1     (10000, 100000]
2     (10000, 100000]
3       (1000, 10000]
4       (1000, 10000]
5       (1000, 10000]
6       (1000, 10000]
0     (10000, 100000]
1     (10000, 100000]
2       (1000, 10000]
0     (10000, 100000]
1       (1000, 10000]
2         (100, 1000]
3            (0, 100]
4            (0, 100]
Name: 访客数 , dtype: category
Categories (4, interval[int64, right]):
[(0, 100] < (100, 1000] < (1000, 10000] < (10000, 100000]]
```

因为我们想对流量级别按照百、千、万进行归类,所以把分组数值标准传入 bins 参数。从结果可以看到,在不设置 right 值的情况下,分组区间默认是左开右闭的,而我们希望的是左闭右开,所以需要将 right 值设置为 False。

下面我们对分组后的数据进行打标,访客数在 0 ~ 99 设置为忽略级,100 ~ 999 设置为百级,千级和万级以此类推,同时将打好标签的数据作为新列提供给源数据:

```
df['分类打标'] = pd.cut(x = df['访客数'],bins = [0,100,1000,10000,100000],
    right = False,labels = ['忽略级','百级','千级','万级'])
df
```

返回结果如下:

	流量级别	投放地区	访客数	支付转化率	客单价	支付金额	分类打标
0	一级	A区	44300	0.1178	58.79	306887.83	万级
1	一级	B区	30612	0.1385	86.64	367338.10	万级
2	一级	C区	18389	0.0250	0.28	129.58	万级
3	一级	D区	4509	0.1073	64.12	31035.14	千级
4	一级	E区	3769	0.0573	92.91	20068.20	千级
5	一级	F区	2424	0.2207	89.33	47791.60	千级
6	一级	G区	2412	0.0821	56.04	11096.42	千级
0	二级	A区	29111	0.1066	87.40	271189.23	万级
1	二级	B区	17165	0.2271	91.22	355662.39	万级
2	二级	C区	8870	0.0078	44.52	3072.00	千级

0	三级	A区	45059	0.1366	90.11	554561.22	万级
1	三级	B区	2133	NaN	74.48	17204.50	千级
2	三级	C区	899	0.0990	92.99	8276.50	百级
3	三级	D区	31	0.0000	NaN	NaN	忽略级
4	三级	E区	17	0.0000	NaN	NaN	忽略级

只用一行代码就完成了分组、判断和打标的过程。

4.5 本章小结

回顾一下，本章我们学习了 Pandas 数据清洗的核心操作，分别如下。

- 增：拓展数据维度。纵向合并用 concat()，横向连接用 merge()，也学习了 inner、left、right 和 outer 几种不同的横向连接方式。
- 删：dropna() 可以快速删掉缺失值，fillna() 则能够高效填补缺失值，重复值的处理用的是 duplicated()。
- 选：基于标签的 loc 索引是我们完成数据筛选的基本操作。sort_values() 能够对数据进行排序。
- 改：改变数据形态。df.T 转置是最简单的方式；分组用的是 groupby()，结合 agg()，分组聚合汇总变得十分灵活；cut() 则可以把数据切分成不同的组，并快速打上标签。

第 5 章

Pandas 两大进阶利器

前几章介绍的 Pandas 高频操作已经能够应对大部分使用场景,不过在实际工作中,我们一定会遇到个性化和自定义的需求。为了让大家更好地应对这些灵活的需求,本章给大家带来了数据透视表和 apply 操作这两道硬菜。学好这两大 Pandas 进阶利器,我们就可以"以万变应万变",处理和分析数据起来将更加游刃有余。

5.1 数据透视表

5.1.1 什么是数据透视表

数据透视表(Pivot Table)是一种交互式的表,可以进行某些计算,如求和、求最大值和最小值、计数等。它能很方便地对原始数据进行分类、汇总和计算。与 groupby 的分组统计相比,数据透视表不仅能够单维度聚合,还能在行和列上同时拆分计算。

让数据透视表声名大噪的是 Excel,其内嵌的数据透视表功能(见图 5-1)可谓是无人不知无人不晓,通过简单的拖曳就能实现复杂的数据处理分析,极大提升效率。

Pandas 也有对应的方法来实现数据透视表功能,而且在处理效率和性能上更胜一等。

5.1.2 Pandas 数据透视表简介

Pandas 中实现数据透视表功能的是 pivot_table(),它的使用方法和参数如下:

```
pd.pivot_table(data,index = None,columns = None,values = None,aggfunc = 'mean',
    fill_value = None,drop_na = True,margins = False,margins_name = ALL,observed
    = False)
```

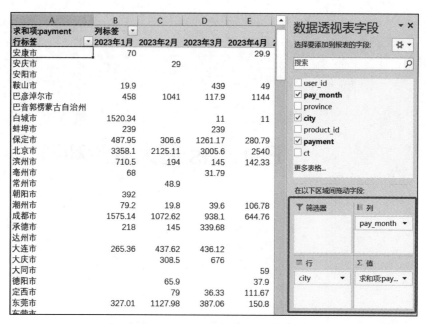

图 5-1　Excel 数据透视表样例

下面是 pivot_table() 的几个常用参数的介绍，后面会有实例来帮助理解。

- data：传入要进行透视的原始数据。
- index：行分组字段，用什么字段作为索引，可以是一个或多个字段，对应 Excel 数据透视表中行的位置。
- columns：列分组字段，用什么字段作为分类，也可以是一个或多个，对应 Excel 数据透视表中列的位置。
- values：值字段，传入哪个字段的值参与计算，对应 Excel 数据透视表中值的位置。
- aggfunc：用什么方式计算，默认用均值。

它还有几个不太常用的参数，大家了解其作用即可。

- fill_value：用什么填充缺失值。
- dropna：是否删除缺失值，值为 True 则删除。
- margins：是否显示合计的列。
- margins_name：如果显示合计列，对应的名称设置。

接下来，我们通过实例来感受一下 Pandas 数据透视表的实力。

5.1.3　Pandas 数据透视表实例

先导入案例数据。案例数据是平行时空里一个电商平台中不同行业的关键数据：

```
import pandas as pd
import numpy as np
```

```
# 当数值过大时，Jupyter Notebook 会默认显示科学记数法，这行代码设置不显示科学记数法
pd.set_option('display.float_format',lambda x:'%.2f' % x)

data = pd.read_excel('第5章 数据透视表案例数据.xlsx')
print(data.info())
data.head(6)
```

运行结果如下：

```
<class 'pandas.core.frame.DataFrame'>
RangeIndex: 1944 entries, 0 to 1943
Data columns (total 7 columns):
 #   Column      Non-Null Count  Dtype
---  ------      --------------  -----
 0   user_id     1944 non-null   object
 1   pay_month   1944 non-null   object
 2   province    1944 non-null   object
 3   city        1944 non-null   object
 4   product_id  1944 non-null   object
 5   payment     1944 non-null   float64
 6   ct          1944 non-null   int64
dtypes: float64(1), int64(1), object(5)
memory usage: 106.4+ KB

   user_id  pay_month province city  product_id  payment  ct
0  u000027  2023年1月    浙江省    金华市   PD00054      10.01   1
1  u000027  2023年1月    浙江省    温州市   PD00008      89.79   1
2  u000056  2023年1月    浙江省    绍兴市   PD00176     211.08   1
3  u000209  2023年1月    江苏省    南京市   PD00476      48.92   2
4  u000231  2023年1月    江苏省    徐州市   PD00237      14.90   1
```

总共 1944 条交易数据，整体很规整，没有缺失值，每条数据包含用户 ID、支付月份、省份、城市、产品 ID、销售金额和购买商品件数等字段。

下面我们用几个需求来练习一下。

1. 计算各省份的总销售金额（payment）和总购买商品件数（ct）

```
t1 = pd.pivot_table(data,index = 'province',values = ['payment','ct'],
    aggfunc = 'sum')

t1.sort_values('payment',ascending = False).head()
```

运行结果如下：

```
province    ct    payment
上海市       233   85436.48
浙江省       395   59970.63
福建省       155   24312.67
山东省       130   19757.25
安徽省       200   18359.88
```

设置 index 指定按省份聚合，values 确认销售金额和购买商品件数参与计算，aggfunc 指定求和，很快得到了预期结果。

数据透视表返回的结果默认是不排序的，这里为了美观，对结果排了个序。

2. 计算各省份、城市平均销售金额

只需按照需求调整对应参数即可：

```
t2 = pd.pivot_table(data,index = ['province','city'],values = 'payment',
    aggfunc = 'mean')

t2.head(4)
```

分组参数加入了城市，求值参数只有销售金额，代码运行结果如下：

province	city	payment
上海市	上海市	540.74
云南省	昆明市	194.78
云南省	普洱市	69.00
云南省	曲靖市	72.27

3. 计算各省份、城市不同月份的销售金额

如果数据格式按照省份、城市、月份、销售金额来展示，数据会很长，显得臃肿；而如果把月份作为列，整体会直观很多：

```
t3 = pd.pivot_table(data,index = ['province','city'],columns = 'pay_month',
    values = 'payment',aggfunc = 'sum',fill_value = 0)

t3.head(4)
```

运行结果如下：

pay_month		2023年1月	2023年2月	2023年3月	2023年4月	2023年5月	2023年6月
province	city						
上海市	上海市	20372.08	12855.85	12309.89	17910.81	12421.65	9566.20
云南省	昆明市	415.0	239.00	0.00	125.11	0.00	0.00
云南省	普洱市	0.00	0.00	0.00	69.00	0.00	0.00
云南省	曲靖市	161.50	214.70	195.10	168.00	128.00	0.00

当指定 columns = 'pay_month' 时，支付月份会横向展开，和省份、城市做交叉，根据 aggfunc 计算对应的汇总值。案例中云南省有些城市的销售金额为空，我们设置了 fill_value 参数，把空值替换为 0。

5.2 强大又灵活的 apply

我们在这里单独用一节来讲 apply，有两个重要原因。

1）apply 概念相对晦涩，需要结合具体的案例反复咀嚼和实践。

2）apply 极其灵活、高效，甚至可以说它重新定义了 Pandas 的灵活。一旦熟练运用，我们在进行数据清洗和分析时可谓如鱼得水。

一些图书和网上资料会结合 lambda 语法来讲 apply 案例，这样虽格式优雅，但有理解门槛。为了让大家更好地吸收，这里我都采用最质朴的方式。

5.2.1 apply 初体验

apply() 方法因为总是和 groupby() 方法一起出现，所以得了个"groupby 伴侣"的称号。它的主要作用是做聚合运算，以及在分组基础上根据实际情况来自定义一些规则，常见用法和参数如下：

```
data.groupby(['列名']).apply(func,args)
```

- func：核心参数，它接收一个函数，会把分组后的数据根据函数定义进行处理。
- args：向函数传入的参数，这个参数仅作了解，使用频率较低。

总体来看，如果把源数据比作面粉，用 groupby 进行分组就是把面粉揉成一个个面团的过程，apply 起到的作用是根据数据需求来调馅，并且把每一个面团包成我们喜欢的包子。接下来，我们通过两个场景更深入地感受 apply 的优雅迷人之处。

5.2.2 用 apply 计算最好、最差成绩

1. 背景和思路

背景：我们拿到了一份 4 位同学 3 次模拟考试的成绩，想知道每位同学历次模拟中最好成绩和最差成绩分别是多少。

思路：最好和最差分别对应着 max 与 min，我们先按姓名分组，再用 apply() 方法返回对应的最大值和最小值，最后将结果合并。

2. 导入和处理

先导入源数据：

```
score = pd.read_excel('第5章 apply案例数据.xlsx',sheet_name = '成绩表')
score.head(6)
```

运行结果如下：

	姓名	科目	综合成绩
0	李华	一模	651
1	李华	二模	579
2	李华	三模	580
3	王雷	一模	475
4	王雷	二模	455
5	王雷	三模	432

看一看每位同学的最高成绩：

```
max_score = score.groupby('姓名')['综合成绩'].apply(max).reset_index()
max_score
```

运行结果如下：

```
     姓名  综合成绩
0   张建国    691
1    李华    651
2   李子明    577
3    王雷    475
```

我们指定"综合成绩"列，然后将 max 函数直接传入 apply() 方法，返回了对应分组内成绩的最大值。max、min、len 等常见函数可以直接传入 apply() 方法。

groupby() 方法默认会把分组依据列（姓名）变成索引，这里用 reset_index() 方法重置（取消）姓名索引，将它保留在列的位置，维持 DataFrame 格式，方便后续匹配。

再筛选出每位同学的最低成绩：

```
min_score = score.groupby('姓名')['综合成绩'].apply(min).reset_index()
min_score
```

运行结果如下：

```
     姓名  综合成绩
0   张建国    553
1    李华    579
2   李子明    490
3    王雷    432
```

将两张表按姓名合并：

```
score_comb = pd.merge(max_score,min_score,left_on = '姓名',right_on = '姓名',
    how = 'inner')
score_comb.columns = ['姓名','最好成绩','最差成绩']
score_comb
```

运行结果如下：

```
     姓名  最好成绩  最差成绩
0   张建国    691    553
1    李华    651    579
2   李子明    577    490
3    王雷    475    432
```

得到了我们预期的结果，只是列名略丑，可以通过更改 columns 来实现。这个场景比较死板和严肃，下面的场景我们换个更接地气的风格。

5.2.3 筛选每个分组下的第 3 名

1. 背景和思路

背景：老板发过来一份省份、城市销售表，里面包含省份、城市、近 1 个月销售额 3 个字段，没等你开口问需求，老板就开腔了："我最近对 3 这个数字有执念，我想看看近 1 个月**每个省份销售额排名第 3 的分别是哪些城市，以及它们的销售额情况**。对了，这个需求要尽快实现！"

思路：问题的关键是找到近 1 个月每个省份销售排名第 3 的城市。首先应该对省份、城市按销售额进行降序排列，然后找到对应排名第 3 的城市。如果是找排名第 1 的城市，我们可以通过排序后去重实现，但是要找排名第 3 的城市，有点难度。

正在疯狂挠头、一筹莫展之际，你想起了一句诗，"假如数据清洗难住了你，不要悲伤，不要心急，忧郁的日子里需要 apply"，瞬间豁然开朗。

2. 导入数据

先导入数据源，对数据做个初步了解：

```
order = pd.read_excel('第 5 章 apply 案例数据 .xlsx',sheet_name = '省、市销售数据')
print(order.info())
order.head()
```

运行结果如下：

```
<class 'pandas.core.frame.DataFrame'>
RangeIndex: 210 entries, 0 to 209
Data columns (total 3 columns):
 #   Column      Non-Null Count  Dtype
---  ------      --------------  -----
 0   省份           210 non-null    object
 1   城市           210 non-null    object
 2   近 1 个月销售额    210 non-null    int64
dtypes: int64(1), object(2)
memory usage: 5.0+ KB
      省份     城市    近 1 个月销售额
 0    重庆     重庆市        255343
 1    浙江省    金华市        302624
 2    浙江省    台州市        147853
 3    浙江省    舟山市        136547
 4    浙江省    杭州市        109073
```

数据源有省份、城市、近 1 个月销售额 3 个字段，一共 210 行数据，乱序排列，且都没有缺失值，整体比较规整。

3. apply 操作详解

要获取销售额排名第 3 的城市，必须先进行排序，这里我们用省份、近 1 个月销售额两个关键字段进行降序排列，得到我们期望的顺序：

```
order_rank = order.sort_values(['省份','近1个月销售额'],ascending = False)
order_rank.head()
```

运行结果如下：

```
      省份    城市   近1个月销售额
37    陕西省  西安市    450490
38    陕西省  延安市    120161
39    陕西省  安康市     60456
40    陕西省  汉中市     59391
41    陕西省  咸阳市     47411
```

接着，在 apply 登场前，我们先详细剖析一下整个过程，如图 5-2 所示。

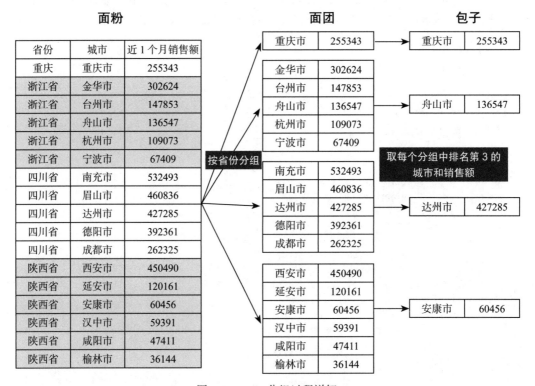

图 5-2 apply 分组过程详解

apply 的精髓在于 groupby 分组以及 apply 自定义函数并应用。为了便于理解，这里以做包子来类比。在做包子时，我们需要先把面粉揉成一个个面团，再调馅，把一个个面团包成我们想要口味的包子。对应到 apply 的使用中，面粉就是源数据，揉面成团的过程就是 groupby 分组，而调馅做包子就是 apply 自定义函数并应用。

结合我们的目标，揉面是按省份进行分组，得到每个省份各个城市及其对应销售额这些"面团";调馅做包子是在每个"面团"中取每个省份销售额排名第 3 的城市及其销售额字段。

分组非常简单,按省份分组即可。而取第 3 名的城市及其销售额表明我们需要城市和销售额两个字段,所以在分组后指明这两列:

```
order_rank.groupby('省份')[['城市','近1个月销售额']]
```

这一步,我们已经揉好了面,原始的"面团"(分组)也初步成形,虽然返回的结果有点晦涩(是一个分组对象),但是我们可以在脑海中构建一下这些"面团",图 5-3 展示了部分"面团"。

面团

x1

重庆市	255343

x2

金华市	302624
台州市	147853
舟山市	136547
杭州市	109073
宁波市	67409

x3

南充市	532493
眉山市	460836
达州市	427285
德阳市	392361
成都市	262325

x4

西安市	450490
延安市	120161
安康市	60456
汉中市	59391
咸阳市	47411
榆林市	36144

图 5-3 "面团"(分组)样例

要把这些"面团"包成"包子",就要取出每个"面团"(省份销售额)中排名第 3 的城市。有个问题需要注意,直辖市是和省同级的,而其下的城市只有一行数据,对于这样的城市,我们就默认返回其本身的数据。对于非直辖市省份来说,就需要定位和筛选。

拿 x2 来举例,要找到这个"面团"中排名第 3 的城市及其销售额,应该怎么做呢?答案是直接用索引,把它看作一个 DataFrame 格式的表,要选取第 3 行的所有值,包括城市和销售额。这里用 iloc 索引,代码如下:

```
x2.iloc[2,:]
```

下面把直辖市的判断逻辑和非直辖市的筛选逻辑整合成一个函数:

```
def get_third(x):
    # 如果分组长度小于或等于1,意味着该省份为直辖市
    if len(x) <= 1:
        # 返回第 0 行的所有值,即直辖市本身
        return x.iloc[0,:]
    
    # 针对非直辖市
    else:
```

```
# 返回第 3 行（排名第 3，索引是 2）的所有值（城市，近 1 个月销售额）
return x.iloc[2,:]
```

这个函数将会在 apply 的作用下对每一个分组进行批量化处理，抽取出排名第 3 的城市及其销售额，应用起来很简单：

```
order_rank.groupby('省份')[['城市','近1个月销售额']].apply(get_third)
```

运行结果如下：

省份	城市	近1个月销售额
上海	上海市	139261
云南省	昆明市	203210
内蒙古自治区	兴安盟	258106
北京	北京市	154682
四川省	达州市	427285
天津	天津市	510720
安徽省	合肥市	179518
山东省	菏泽市	187375
...	...	...
浙江省	舟山市	136547
湖北省	襄阳市	194910
湖南省	长沙市	163263
甘肃省	天水市	119378
福建省	莆田市	209084
辽宁省	葫芦岛市	392363
重庆	重庆市	255343
陕西省	安康市	60456

通过上述代码，每个省份销售额排名第 3 的城市已经筛选出来。回顾整个操作流程，先排序，后分组，最后通过定义函数传入 apply() 方法，提取出我们的目标值。分组后数据的抽象形态以及如何判断和取出我们需要的值，是解决问题的关键与难点。

5.3 本章小结

本章我们学习了数据透视表和 apply 两大进阶利器。
- 数据透视表帮助我们对数据进行分组、交叉等处理，进行灵活的计算。index、columns、values、aggfunc 是它的几个常用的参数。
- apply 则以一种十分优雅的方式，让我们可以根据需求自定义函数并应用，给了数据处理极大的自由度和想象空间。

熟练运用这两大进阶利器，就能够让看似不可能实现的数据处理需求成为现实，让你在 Pandas 数据处理的路上难觅敌手。

第 6 章 Chapter 6

数据可视化

可视化是数据分析中非常重要的一环，也是数据分析师必备的基础技能之一。我们处理好数据之后，用合适的可视化方式来展示它，可以起到四两拨千斤的作用，帮助我们快速捕捉到数据中所蕴含的信息，发现潜在的趋势和规律。

Python 有很多功能强大的可视化库，如 Matplotlib、seaborn、Plotly、Bokeh 等，它们有各自的特点和应用场景。在本章中，我们从 Matplotlib 库入手，**结合"手工画一幅折线图有哪些关键步骤"的实用视角**，帮助大家熟悉 Python 可视化中的重点。Matplotlib 细节较多，大家加快阅读速度，只需抓住画图的重点逻辑即可。

6.1 Matplotlib 基础知识

6.1.1 Matplotlib 简介

Python 的可视化库众多，这里之所以选择 Matplotlib，是因为它是 Python 中最基础、应用最广泛的可视化库，而且自由度非常高，可以轻松绘制各种图，从简单的折线图到复杂的热力图都不在话下，还能够灵活地设置图的任何元素，包括颜色、样式、标签、网格线等。

6.1.2 可视化的关键步骤

Matplotlib 自由度极高，这无疑是它的一大优点。然而，高自由度也意味着参数非常复杂，以至于一种结果有多种实现方式，导致很多初学者一个个知识点啃得很痛苦，还总是学完就忘。

所以，我带大家用一种新的方式来学习 Matplotlib，知其然并探其所以然。在正式画图之前，我们先来思考一个问题：**手工画一幅折线图**有哪些关键步骤？

1）**创建画布**。既然要画图，首先要确定在哪里作图，例如一张白纸，也就是画布。

2）**设置坐标轴**。常见图表以二维为主，其坐标轴为 x 轴和 y 轴，根据数据确定好对应坐标轴的刻度，并标注清楚 x 和 y 轴的名称，同时可以给图起个标题。

3）**画图**。在确定好的坐标轴基础上，把源数据画成折线的形式。同时可以设置折线的样式、颜色、图例，也可以在图上标注每个点具体的数值。

4）**润色**。例如背景加上网格线，突出峰值的颜色，或者用平均数作为辅助线。

如此一来，一幅手工折线图就画好了。当然，Matplotlib 的学习也是一样的道理。下面，我们就把这几个关键步骤逐一攻克。

6.2 Matplotlib 基础操作

6.2.1 画图前的准备

我们提前导入 Matplotlib 库并进行相关的设置，以避免在作图时报错。

```python
# 导入画图必备的库
import matplotlib.pyplot as plt

# 解决中文显示错误的问题
plt.rcParams['font.sans-serif'] = 'SimHei'

# 让 Matplotlib 在 Jupyter Notebook 中输出高清矢量图
%config InlineBackend.figure_format = 'svg'

# 使画图可以直接在 Jupyter Notebook 中显示
%matplotlib inline
```

6.2.2 创建画布

创建画布，我们直接用 plt.figure()：

```python
fig = plt.figure(figsize = (5,3))
```

只需一行代码就创建好了画布。画布的大小由 figsize 参数控制，大家可以根据实际需求进行设置，这里画布长 5 宽 3（单位：英寸）。

画布并不会直接显示，为了让大家更有感知，这里我们画一个简单的样例数据来展示：

```python
x = [1,2,3,4]
y = [2,3,4,5]
plt.plot(x,y)
```

基于两组数据,用 plot() 方法在画布上生成了折线图,如图 6-1 所示。

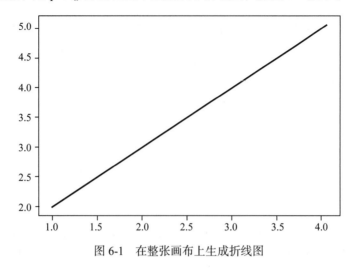

图 6-1　在整张画布上生成折线图

创建画布就相当于找到了一张白纸,直接用 plot() 默认是在整张白纸上画图。不过,我们偶尔也会在一张白纸上画多幅子图,如图 6-2 所示。

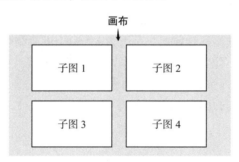

图 6-2　画布和子图的关系

可以在一张画布上创建多幅子图,在每幅子图上绘制对应的图:

```
fig = plt.figure(figsize = (5,3))

# 在上面的画布中生成一个 1 行 2 列的子图矩阵(即横向两幅子图),这里选中的是子图 1
ax1 = plt.subplot(1,2,1)
# 跟在子图 1 的后面绘制,即在子图 1 上画图
plt.plot([4,5,6],[2,3,5])

# 生成一个 1 行 2 列的子图矩阵,并选中子图 2
ax2 = plt.subplot(1,2,2)
# 在子图 2 上画图
plt.plot([1,2,3],[4,5,0])
```

通过 plt.subplot() 创建子图矩阵,并选择在对应的子图上绘图,结果如图 6-3 所示。

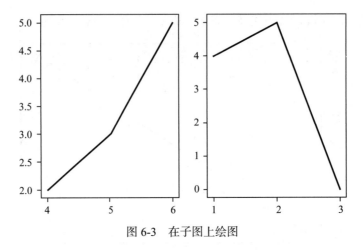

图 6-3　在子图上绘图

子图的创建有很多种方法，这里主要介绍的是 subplot() 方法。该方法有 3 个参数，前两个用来指定在画布上创建几行、几列的子图，第 3 个指定在第几个子图上进行绘制。

6.2.3　画图

1. 简单图的绘制

画图之所以放在了绘制坐标轴前面，是因为 Matplotlib 会结合输入的数据，直接按照默认适配的坐标轴画图，并不像我们在中学数学课上画函数曲线一样必须先画好坐标轴。

画图最基本的是要传入数据，一般用列表存储，前面是 x 轴的值，后面是 y 轴的值。以折线图为例，直接向 plt.plot() 传入列表值即可：

```
fig = plt.figure(figsize = (5,3))

plt.plot([1,2,3,4],[4,5,1,7])
```

得到了如图 6-4 所示的结果。

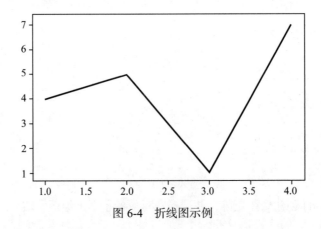

图 6-4　折线图示例

2. 设置图的参数

默认生成的图有点粗糙，我们可以设置线条的颜色、点和线条的样式：

```
fig = plt.figure(figsize = (5,3))

#color 代表线条颜色，r 是红色的缩写
#marker 是每个点的样式，o 表示用圆圈标记
#linestyle 则是线条的样式，这里 dashed 代表虚线
plt.plot([1,2,3,4],[4,5,1,7],color = 'r',marker = 'o',linestyle = 'dashed')
```

通过设置线条的颜色、点和线条的样式，折线图的美观度得到大幅提升，如图6-5 所示。

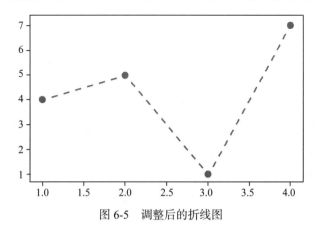

图 6-5　调整后的折线图

不同的图，如饼图、散点图、柱状图各自的参数有细微差异，后面会单独绘图进行有针对性的介绍。

6.2.4　设置坐标轴

1. 添加标题

刚才画的图还是太单调，既没有整体的标题，也没有坐标轴的说明，让人根本看不出横纵坐标轴分别代表什么。我们可以进行以下设置：

```
fig = plt.figure(figsize = (5,3))

# 添加图的整体标题，size 表示字号大小，color 表示颜色
plt.title(' 折线图案例 ',size = 13,color = 'g')

# 添加 x 轴标题，labelpad 的数值是标题和 x 轴（或 y 轴）之间的距离
plt.xlabel(' 销售额（百万元）',size = 9,labelpad = 15)

# 添加 y 轴标题
plt.ylabel(' 销量（万）',size = 9,labelpad = 10)

plt.plot([1,2,3,4],[4,5,1,7],color = 'r',marker = 'o',linestyle = 'dashed')
```

添加整体、x 轴、y 轴标题之后，折线图看上去更加美观了，如图 6-6 所示。

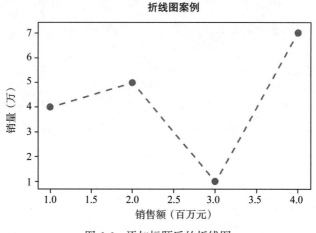

图 6-6　添加标题后的折线图

如果坐标轴刻度内容较多，挤在一起，导致可读性很差，可以通过设置 plt.xticks (rotation = 30) 来将坐标轴的刻度旋转一定的角度，这里 rotation 参数等于 30 表示旋转 30°。

2. 调整坐标范围

目前 x 轴的范围是 1～4，如果希望把 x 轴范围设置成 0～6，把 y 轴设置为 0～10，可以在使用 plt.plot() 绘图之前先用 xlim() 与 ylim() 方法进行设置：

```
plt.xlim(0,6)
plt.ylim(0,10)
```

最终刻度则随之改变，如图 6-7 所示。

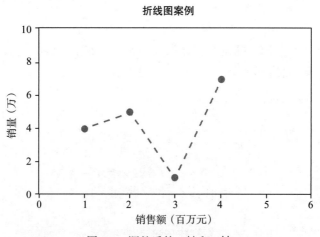

图 6-7　调整后的 x 轴和 y 轴

6.2.5 润色

1. 设置图例

我们可以再加一条折线，得到了两条折线的组合图，并添加图例：

```
...
# 为了让坐标轴自适应，这里我们注释掉了范围设置
#plt.xlim(0,7)
#plt.ylim(0,10)

# 原来的折线，添加了 label 参数
plt.plot([1,2,3,4],[4,5,1,7],color = 'r',marker = 'o',linestyle = 'dashed',
    label = 'x1')
# 新增的同量纲的折线
plt.plot([1,2,3,4],[6,4,2,4],color = 'g',label = 'x2')

# 设置图例
plt.legend(loc = 'best')
```

结果如图 6-8 所示。

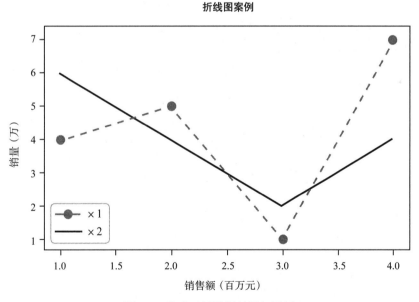

图 6-8　生成双折线图并添加图例

先在画图的时候为两条折线设置了 label 参数，参数的值即为图例显示的内容，然后通过 plt.legend() 显示图例，loc 参数对应图例显示的位置，值 'best' 则是让它自己选择最佳位置展示。更多 loc 参数如表 6-1 所示。

表 6-1 loc 参数的值及位置描述

参数值	位置描述
best	最佳位置（自动选择）
upper right	右上角
upper left	左上角
lower left	左下角
lower right	右下角
left	左侧
right	右侧
center left	左侧垂直居中位置
center right	右侧垂直居中位置
lower center	下方水平居中位置
upper center	上方水平居中位置
center	中心位置

2．设置双坐标轴

我们在原折线的基础上增加一条量纲不同的折线，它的 y 值体量更大：

```
...
# 原来的折线
plt.plot([1,2,3,4],[4,5,1,7],color = 'r',marker = 'o',linestyle = 'dashed',
    label = 'x1')
# 新增量纲不同的折线
plt.plot([1,2,3,4],[400,500,200,300],color = 'g',label = 'x2')
```

结果是原来的折线被急剧压缩，如图 6-9 所示。

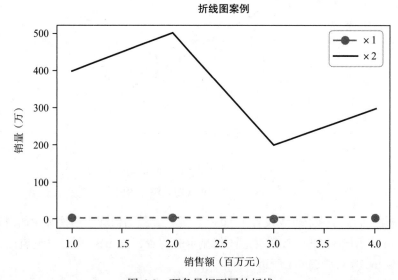

图 6-9 两条量纲不同的折线

这种情况就需要用到双坐标轴了，画完第一条折线后添加 plt.twinx()，这样第一条折线对应的是左侧的坐标轴，后面的折线对应的是右侧坐标轴：

```
...
plt.plot([1,2,3,4],[4,5,1,7],color = 'r',marker = 'o',linestyle = 'dashed')
plt.twinx() #变成双坐标轴
plt.plot([1,2,3,4],[400,500,200,300],color = 'g')
```

运行结果如图 6-10 所示。

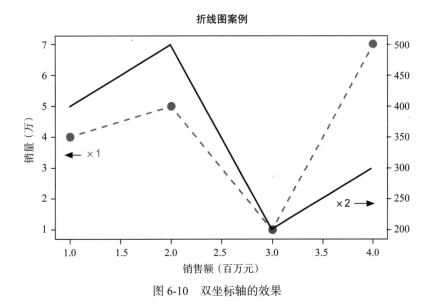

图 6-10　双坐标轴的效果

3. 设置网格线

设置网格线用的是 plt.grid() 方法，该方法的主要参数如下。
- b：布尔值，用于控制是否显示网格线。True 表示显示网格线，False 表示不显示。
- axis：字符串，表示要设置网格线的坐标轴。可选值有 'x'（仅设置 x 轴网格线）、'y'（仅设置 y 轴网格线）和 'both'（设置 x 轴和 y 轴的网格线）。
- linestyle：字符串，表示网格线的样式。常见选项有 '-'（实线）、'--'（虚线）和 ':'（点线）。
- linewidth：数值，表示网格线的宽度。
- color：字符串，表示网格线的颜色。

在拥有两条同量纲的折线的图中，根据需求设置 grid 即可：

```
...
plt.grid(b = True,axis = 'both',linestyle = '--')
```

我们得到显示了 x 轴和 y 轴、样式为虚线的网格线，如图 6-11 所示。

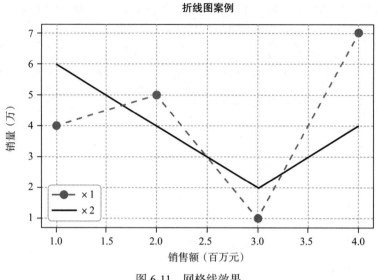

图 6-11　网格线效果

6.3　绘制常用图形

刚才从画图流程的角度介绍了常用函数及参数的使用，接下来绘制常用图形，强化对 Matplotlib 的理解。

6.3.1　绘制折线图

折线图的绘制上面已经演示过，用的是 plt.plot()，这里我们对它的常用参数做一个汇总：

```
plt.plot(x,y,color,linestyle,linewidth,marker,markersize,label,alpha)

#x 和 y 对应的是数据列表
#color，线条颜色，一般填入颜色的缩写，比如 g 是 green 的缩写，r 是 red 的缩写
#linestyle，线条样式，值 '-' 代表实线，'--' 代表虚线，'-.' 代表点划线，':' 代表点状虚线
#linewidth，线条的粗细，用数值表示
#marker，每个点的样式，值 'o' 代表圆圈，'v' 代表下三角形，'s' 代表正方形，'*' 代表星号，'x' 代
#表叉号
#markersize，每个点的大小
#label，用于生成图例的标签
#alpha，透明度，值在 0~1 之间，越接近 0，越透明
```

对应 color 参数可以参考表 6-2 根据需求灵活设置。

表 6-2　常用 color 参数值

参数值	颜色	描述
b	蓝色	blue
g	绿色	green
r	红色	red
c	青色	cyan
m	品红	magenta
y	黄色	yellow
k	黑色	black
w	白色	white

我们画一幅绿色、用点划线构成、每个点是正方形、透明度为 0.8 的折线图：

```
fig = plt.figure(figsize = (6,4))
months = ['Jan','Feb', 'Mar', 'Apr', 'May', 'Jun']
product_A = [125, 150, 170, 200, 240, 200]

# 根据上面的需求绘制折线图
plt.plot(months,product_A, color = 'g',linestyle = '-.',marker='s', alpha = 0.8)
```

具体的标题、坐标轴等设置上一节已经介绍过，在这里我们只关注各种图表本身。上面代码的运行结果如图 6-12 所示。

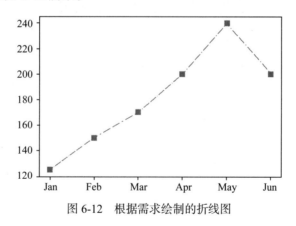

图 6-12　根据需求绘制的折线图

6.3.2　绘制柱状图

使用 plt.bar() 可以绘制柱状图，示例如下：

```
# 柱状图示例数据
fig = plt.figure(figsize = (6,4))

x = ['产品A','产品B','产品C','产品D','产品E']
y = [12,18,28,20,45]
```

```
# 绘制柱状图
plt.bar(x, y, color='r', width=0.5, align='center', edgecolor='k', linewidth=1.2,
    alpha=0.6)
```

上面的代码绘制了一幅红色、柱子宽度为 0.5（width=0.5）、居中对齐、柱子边框为黑色、柱子边框宽度为 1.2（linewidth=1.2）、透明度为 0.6 的柱状图，如图 6-13 所示。

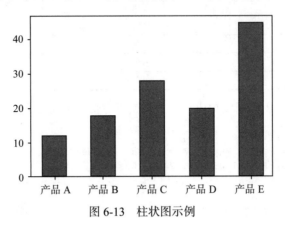

图 6-13　柱状图示例

柱状图的主要参数及其描述见表 6-3。

表 6-3　柱状图的主要参数及其描述

参数	描述	示例
x	x 轴上的类别标签或数值	x = [' 类别 1',' 类别 2',' 类别 3',' 类别 4']
height	y 轴上的值（柱子的高度）	height = [10, 15, 20, 25]
width	柱子的宽度，值范围为 0～1	width = 0.5
align	柱子对齐方式，可选 'center' 或 'edge'（默认为 'center'）	align = 'center'
color	柱子的颜色（可选）	和折线图颜色设置一样
edgecolor	柱子边框的颜色（可选）	edgecolor = 'k'
linewidth	柱子边框的宽度（可选）	linewidth = 1.2

6.3.3　绘制散点图

绘制散点图可以用 plt.scatter()，我们直接生成一个散点图示例：

```
# 导入 NumPy 是为了用它的随机函数
import numpy as np

fig = plt.figure(figsize = (6,4))

# 随机生成 25 个点
x = np.random.rand(25)
y = np.random.rand(25)
```

```
# 绘制散点图
plt.scatter(x,y,color = 'r',s = 50,marker = 'o',edgecolor = 'k')
```

运行上面的代码,得到了 25 个点,这些点内部是红色,边缘线是黑色,点的大小固定(size=50),点的形状是圆形,如图 6-14 所示。

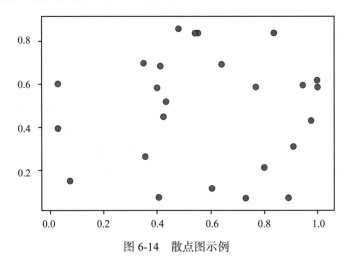

图 6-14 散点图示例

除了 color 和 alpha 等各类图通用的参数外,散点图的常用参数及其描述可参考表 6-4。

表 6-4 散点图的常用参数及其描述

参数	描述	示例
x	x 轴上的数据点	x = np.random.rand(50)
y	y 轴上的数据点	y = np.random.rand(50)
s	散点的大小(可选)	s = 100
marker	散点的形状(可选)	marker = 'o'
linewidth	散点边缘线的宽度(可选)	linewidth = 1.5
edgecolor	散点边缘线的颜色(可选)	edgecolor = 'k'

6.3.4 绘制其他常用图形

Matplotlib 能够绘制各种图形,这些图形的绘制方法虽不相同,但绘制的逻辑是相似的,大家只需要知道绘制的逻辑,在使用时稍加查询就好。其他常用图形的绘制这里不展开,绘制时使用的具体方法见表 6-5。

表 6-5 绘制其他常用图形时使用的具体方法

图形类型	方法	描述
水平柱状图	plt.barh()	绘制水平柱状图,用于比较不同类别的数据
饼图	plt.pie()	绘制饼图,用于显示各类别的占比关系
直方图	plt.hist()	绘制直方图,用于显示数据的分布情况

(续)

图形类型	方法	描述
箱线图	plt.boxplot()	绘制箱线图,用于显示数据的分布和离群点
小提琴图	plt.violinplot()	绘制小提琴图,用于显示数据的分布及概率密度
等高线图	plt.contour()	绘制等高线图,用于显示二维平面上的等高线
热力图	plt.imshow()	绘制热力图,用于显示矩阵或图像数据的强度值

6.4 本章小结

在这一章中,我们先从画图的关键步骤出发,学习了 Matplotlib 创建画布、画图、调整坐标轴和润色这些通用的画图技巧。然后通过折线图、柱状图和散点图的实例讲解,对 Matplotlib 图形绘制逻辑和参数有了进一步认知。需要说明的是,面对纷繁复杂的参数,大家千万不要慌,也不用硬记,只需要在用到的时候查找文档就好。

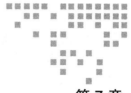

第 7 章 Chapter 7

走近电商：商业方法论与分析体系

在正式讲 Pandas 实战案例之前，这一章先来介绍与电商相关的商业知识。

有读者会疑惑，为什么不直接讲案例呢？因为无论是用 Excel、SQL 还是用 Python 做数据分析，最终的目标一定是改变业务或者推动业务发展。而且"磨刀不误砍柴工"，案例是一个个独立的点，各自为战，只有在充分了解业务之后，才能连点为线，点数成金。

本章我会先从电商的基本概念展开，重点剖析商业模式中的三个关键角色；再贴近分析视角，介绍电商常用的指标和经典分析方法论；最后，通过一个反客为主、数据分析师当老板的故事，厘清实际分析中应该关注哪些重点问题。

这一章以电商为例，通过对业务本质的认识，从而了解：
- 某些商业环节为什么会存在；
- 哪些问题需要重点关注；
- 面对类似的情况，到底应该怎样分析；
- 如何从电商延展到更广泛的分析场景。

这样能够让我们后续 Pandas 实战之树的根基更加扎实，分析结果的枝叶也更加繁茂。

7.1 什么是电商

电商（电子商务）有各种各样的定义，其中有一个相对精简的版本是这样的：电子商务是以信息网络技术为手段，以商品交换为中心的商务活动。我们把它转译一下，电商就是在网上销售产品或服务的一种商业模式。看上去很好理解，然而电商业务细究起来又非常复杂：

- 按照流量模式的不同，分为传统电商、社交电商与兴趣电商等。
- 根据平台和商家供货关系的不同，有自营、POP 模式之分，每个模式内部又有细分。
- 甚至单从店铺性质来看，也可以划分出旗舰店、专营店、专卖店等类型。

其中各种晦涩的定义和概念，展开讲解可能需要好几十页，让人看得晕头转向。不过，我们在这一章学习电商基础理论并不是为了考试，那些复杂、生涩、冗长、偏应试的分类概念可以丢在一边，看问题直接看本质就好。那么，电商业务的本质是什么呢？

7.2 三大关键角色

从本质来看，要理解电商业务，只需要抓住三大关键角色——用户、商家和平台（见图 7-1）。下面我们分别从这 3 个角色切入，一探究竟。

有人把购买过的消费者称为客户，为了减少歧义，无论是否购买，这里我们把消费者相关的称呼统一为用户。

图 7-1　电商的三大关键角色

7.2.1 用户

用户是关键角色中最好理解的一个，因为用户的目的很纯粹——满足自己的消费期望。对用户来说，在现今各平台品类均足够丰富的情况下，消费的核心期望是快、好、省。

- 快，物流速度足够快。
- 好，一方面希望购买的产品质量有保证，另一方面希望购物体验好，如售前咨询和售后退换服务足够好。
- 省，在保证质量的前提下有实打实的优惠，能够省更多的钱。

在实际消费决策中：为了更快，我们会倾向于选择能够发顺丰快递的店铺；为了更好，我们会倾向于有品牌背书的旗舰店；为了更省，618 和双 11 抢券凑满减囤货的习惯已经刻在了我们的 DNA 里。

一旦哪个平台或者商家较好地满足了用户的核心诉求，用户自然会买得更多。

7.2.2 商家

虽然不少公司会从使命、愿景、价值观的角度谈，服务好用户和创造社会价值是头等大事，但是在商业环境中，对商家和平台来说，盈利的持续快速增长是最重要的目标，也是一切策略的北极星方向。（这里说的盈利不包含跑马圈地、疯狂抢占用户、上市套现的盈利方式。）

商家实现盈利增长的目标，可以总结成两多一勤一贵一爽，如图 7-2 所示。

图 7-2 商家的目标

两多一勤一贵一爽的具体含义如下。

- **更多的人**。为了让更多的人购买，商家会通过免费＋付费推广的方式获取更多的流量，再结合有竞争力的产品、独特的卖点宣传和有吸引力的活动促进成交。同时，也会拓展自己的产品线，用更多的产品来满足更多用户的需求。
- **买得更多**。买得更多是指用户在一次下单中买更多种类、更多数量的产品。商家有丰富的"武器库"让用户买得更多，例如第二件半价、满 300 减 50、组合优惠套装等。
- **买得更勤**。勤对应的是购买频次，更勤则是一定时间段用户产生更多次的重复购买。对于购买快速消耗类产品的用户，商家甚至可以分析每个用户的消耗剩余量，当达到某个临界值时提醒用户再次购买，并给予一定的限时优惠。对于买耐用品的用户，例如家电，一段时间后可以向用户推荐店铺的其他产品，引导用户购买更多的品类。
- **买得更贵**。更贵，是用户在店内的消费升级。例如某用户第一次在店铺买 20 元一袋的枸杞，体验不错，第二次经客服推荐，购买 100 元一袋的枸杞。
- **买得更爽**。很多时候，购物体验决定了用户是否会成交和复购。专业的客服、快速的物流、实打实无套路的优惠、有竞争力的产品、有吸引力的会员体系、有温度的品牌故事等，共同影响了用户到底买得有多爽。

同时，商家也会重点关注成本和利润，在冲刺销售目标的大方向下，付费推广的投入产出比能否更高，如何引导用户购买利润更高的产品，产品成本能否进一步降低，人员和固定成本等能否压缩，都是商家不断思考和优化的环节。

7.2.3 平台

在淘宝、天猫、京东、拼多多、抖音电商等电商平台买买买的行为，已经深深地融进了我们的消费习惯中。

这些年来，各大电商平台也发生了很多变化。从阿里巴巴和京东的针锋相对，到拼多多入局后的三足鼎立，再到抖音和快手直播电商来势汹汹后的群雄并起。从最开始的买完即走，到平台越来越注重内容交互，营造"逛"的属性，希望抓住用户更多的时间，等等。

"变化为什么会发生？背后暗藏着什么逻辑？"要回答清楚这些宏大的商业命题并不容易，不过我们可以从其中绕不过的一个角度——盈利来略窥一二。

1. 平台盈利构成

盈利是电商平台最重要的目标之一，平台盈利从何而来？我们以阿里巴巴的淘宝、天猫为例,看看平台的主要盈利构成。

- **广告营销费用**。作为流量的拥有者,平台会给予商家一定的免费流量进行扶持。但绝大部分情况下,这些免费流量对商家来说远远不够,为了拿到更多的流量达成销售目标,商家往往会选择付费来获取更多的即时流量和权重。像淘宝的直通车、万象台、引力魔方等都是付费推广工具,不同推广方式的计费模式和展示推送形式有所差异,但本质都是商家花钱从平台购买流量资源。
- **交易佣金**。商家在平台上销售产品或服务,平台则会从销售额中抽取一定的比例作为佣金收入。
- **销售收入**。平台自营店铺(如天猫超市等)的销售收入。
- **会员费**。平台推出的付费会员业务,通过打包一揽子优惠和特权吸引用户为之付费,在增加平台收入的同时提升用户对于平台的忠诚度。
- **软件服务费**。平台基于自身数据积累,开发了各种数据工具,例如生意参谋,帮助商家了解行业趋势、竞争对手策略和自己的交易、用户等数据。一分价钱一分货,很多工具的免费版本只提供部分基础数据,想要看得更多更全,则需要付费购买。

2. 平台的职责

从表面上看,平台营收的大部分来自商家的直接支付,而商家支付的这部分费用最终会转嫁给用户。因此,平台要实现盈利持续快速增长的目标,更好地撮合成交,会从两方面入手。

一方面,不断把蛋糕做大,撮合成交。用各种激励机制获取新用户以拓展流量基本盘,吸引更多优质品牌入驻来置换和投入更多资源,优化流量分配,提升成交效率,引入更多"逛"属性的内容来增加用户使用时长。

另一方面,平台也负责保证蛋糕的口感和营养。用店铺评分(物流、服务、描述相符)动态考核商家,在竞价广告中重视用户需求匹配度而不只是商家出价高低,强化监管以挤出虚假交易的水分,等等。

用户在电商平台浏览和购买自己想要的产品,商家借助电商平台把产品或服务卖给用户,而平台则促成双方达成交易。

用户、商家、平台三者相辅相成,你侬我侬;亦相互博弈,短兵相接。

7.3 电商基础指标

通过对三大关键角色的学习,我们对电商的商业模式有了基础的认知。接下来,我们趁热打铁,从用户和商品这两个电商分析绕不开的模块入手,结合商家视角,了解电商分析的基础指标。

7.3.1 用户相关指标

对于用户指标，从用户购前、购中和购后三个阶段来看，会更加清晰。

1. 购前（下单前）

- 访客数：同 UV（Unique Visitor），统计周期内访问店铺的去重人数。每个用户都有一个唯一识别 ID，统计周期内用户多次访问最终会去重，只统计一次。
- 浏览量：即 PV（Page View），在电商平台一般代表统计周期内用户访问店铺的次数，如近一周有 10 000 个用户访问店铺 50 000 次。
- 平均停留时长：所有访客总停留时长 / 访客数。常用来看商品维度，即某商品平均每一个访客的停留时长。
- 加购、收藏人数：统计周期内产生加入购物车或收藏行为的去重人数。
- 访问加购转化率：统计周期内加购人数 / 访问人数。例如，1 月份有 10 000 个访客，其中有 2000 人在 1 月份有加购商品的行为，对应的访问加购转化率 = 2000 / 10 000 = 20%。

2. 购中（下单时）

- 支付人数：也叫作购买人数，是统计周期内有付款行为的去重人数。
- 支付件数：和销量同义，统计周期内用户完成支付的商品数量。
- 支付金额：也叫作销售额，是用户实际支付的金额，需要注意的是支付金额包含退款。如 1 月份用户支付了 100 万元，其中有 10 万元相关用户最终退款，但支付金额的统计仍是 100 万元。
- 支付转化率：统计周期内支付人数 / 访客数，意思是访客转化为买家的比例。这是一个重要的衡量流量效率的指标。在电商语境下，常说的转化率就是支付转化率。
- 客单价：支付金额 / 支付人数，平均每个购买的用户会花多少钱。

3. 购后（下单后）

- 退款率：一般是子订单的维度，用户一次购买 A 和 B 两种商品，从子订单的角度 A 和 B 分别会生成一行数据记录（子订单）。退款率则是统计周期内成功退款的订单数 / 总订单数。
- 客诉率：产生投诉行为的购买人数 / 购买人数。
- 评价率：给出评价的购买人数 / 购买人数。
- 差评率：给产品差评的购买人数 / 给产品评价的购买人数。
- 复购率：统计周期内购买 2 次及以上的购买人数 / 统计周期内的购买人数。

7.3.2 商品相关指标

商品和用户分析密不可分，上面讲的几乎所有用户指标在大多数情况下都需要结合商品维度，聚焦到某个品类或者某个商品做交叉分析。

这里主要补充容易引起混淆的与商品相关的概念和拓展指标。

- SPU：Standard Product Unit，商品聚合信息的最小单位。例如，一部 iPhone 18 就是一个 SPU。
- SKU：Stock Keeping Unit，商品不可再分的最小单位，往往对应到商品具体的规格。iPhone 18 是一个 SPU，但如果要到 SKU 的维度，还需要更加明确。例如 iPhone 18 黑色 128GB 版本，它无法进一步细分，是一个 SKU。
- 动销率：统计周期内有销量的 SKU 数 / 总 SKU 数。假设 1 月份店铺总共有 100 款产品（SKU），其中 88 款有销量（至少卖出 1 件），则动销率 =88/100 = 88%。
- 售罄率：统计周期内产品的销量 / 产品总的进货量。例如，A 产品进货 10 000 个，实际卖出 6000 个，售罄率 = 6000 / 10 000 = 60%。

以上是一些基础的电商指标，更多电商指标会在后续的案例中补充。

7.4 电商分析方法论及应用

"时来天地皆同力"，在平台高速增长时期，品牌借平台的东风，稍加努力，很容易实现销售规模的快速增长。所谓的各种分析模型和精细化运营，更多只是喊喊口号，没有擦出多少火花。

"运去英雄不自由"，当平台用户增长见顶，品牌被迫从增量竞争转入存量竞争，纯新用户难觅，为了使销售增长，只能从其他竞争品牌抢夺用户，用户拉新和维护费用水涨船高。此时基于流量、新老客的传统且粗放式的逻辑已经无法满足品牌日益增长的精细化分析与运营诉求。

面对品牌对增长烈火般的渴望，各种新的模型方法论应运而生，让这股烈火烧得更旺。

7.4.1 黄金公式

1. 什么是黄金公式

黄金公式之所以得名，是因为它可以算是电商领域最本质、普及率最高的一种分析方法，也是我们了解其他方法论的基础。

黄金公式的计算逻辑非常简单，如图 7-3 所示。

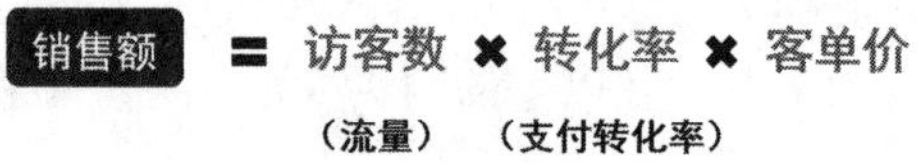

$$\text{销售额} = \text{访客数} \times \text{转化率} \times \text{客单价}$$
$$\text{（流量）} \quad \text{（支付转化率）}$$

图 7-3 黄金公式

通过公式可以看出，任何时间段的销售额都是由访客数、转化率和客单价三者共同决定的。不过，想要让黄金公式发挥出最大作用，需要结合数据分析思维来应用它。

2. 黄金公式的应用

（1）结合对比思维

当拿到这样一组数据：2023 年 A 品牌销售额为 2000 万元，访客数为 400 万，转化率为 5%，客单价为 100 元。我们大概率对这几个指标背后的意义是没有感知的，但是可以从几个方面进行对比，如表 7-1 所示。

表 7-1 黄金公式案例数据

对比逻辑	维度	访客数	转化率	客单价	销售额
实际	2023 年实际	4 000 000	5%	100	20 000 000
和目标对比	2023 年目标	2 500 000	8%	90	18 000 000
和某周期对比	2022 年实际	2 000 000	9%	80	14 400 000
和竞品对比	2023 年竞品实际	5 000 000	5%	150	37 500 000

- 和目标对比。转化率未能达到预期，但因为流量有较大提升，2023 年还是超额完成了销售额目标。
- 和某周期对比。2023 年实际较 2022 年也有很大提升，2023 年的流量是 2022 年的两倍，客单价也提升了 25%。
- 和竞品对比。虽然和过去同期、和目标对比都超额完成，但是 2022 年规模和我们差不多的竞品，2023 年销售额高达 3750 万元，且访客数和客单价均显著领先，需要密切关注并研究竞品的策略。

（2）结合拆分思维

总体指标往往看起来比较模糊，带有迷惑性。拆分思维则是把指标按照更细的维度进行拆分，往往会结合对比思维一起应用。对于上面的案例，我们可以把销售额拆分成免费部分和付费部分，如图 7-4 所示。

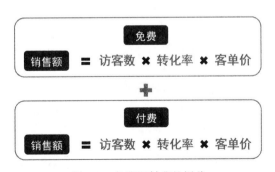

图 7-4 免费和付费的拆分

拆分后分别分析免费、付费流量的结构和核心指标的变化，找到影响总体的关键因素。

当然，更常见的方法是从品类或产品的角度拆分，因为定位到具体的产品，相关的运营策略和动作会更加具体，也更明确后续应该如何调整以提升销售额。

这下大家应该能够领略到黄金公式的"黄金"之义了吧，那就是以万变应万变，具体业务具体分析。

7.4.2 GROW

和黄金公式殊途同归，GROW 也是关于销售拆分的方法论。黄金公式基于流量和货品，关注的重点是用什么方法与资源完成阶段性销售目标；而 GROW 以用户为核心，通过对用户更细致的洞察找到并把握品牌生意的机会点。

1. 什么是 GROW

品牌销售的增长或下降到底是由什么导致或驱动的？这是品牌在复盘时要思考的核心问题之一。

如果一个问题很大，且无法很好地量化，就必然会引起争论。复盘经常会变成各部门邀功或甩锅的大会，有了成绩是自己未雨绸缪、运筹帷幄，出了问题则是兄弟部门急功近利、考虑不周。至于后续如何改进，倒成了次要问题。

GROW 由阿里巴巴提出，把品牌销售增长的驱动力分解为四大要素，分别是渗透力（G）、复购力（R）、价格力（O）和延展力（W）。以"人"的视角，对销售进行更细致的拆解，帮助品牌识别和量化增长来源，对各方面查漏补缺，明确接下来要改进的方向。它的具体定义如下。

- 渗透力（Gain）：更多的购买人数对总增长的贡献。
- 复购力（Retain）：用户更高频次的购买对总增长的贡献。
- 价格力（bOost）：用户购买更高价格的产品对总增长的贡献。
- 延展力（Widen）：品牌提供与现有品类关联的其他类型产品对总增长的贡献。

GROW 有 4 个指标，但是在实际使用时，计算和分析主要围绕前 3 个指标进行，如图 7-5 所示。

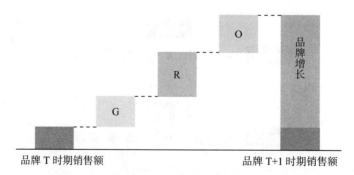

图 7-5　GROW 模型示例

2. GROW 的计算逻辑

有不少读者听过 GROW 模型，但对于这个模型的计算逻辑却不甚了解。其实，GROW

的本质是对销售额波动的解构，而销售额可以拆解成购买人数、人均购买次数、每次买多少钱三个部分，即销售额 = 购买人数 × 人均频次 × 次单价，进一步细分得到 GRO 的具体数值。

举一个具体的案例，我们要看 2023 年相对于 2022 年销售变化的 GRO 拆解，计算逻辑如下。

- ❑ G：购买人数促进（2023 年购买人数 −2022 年购买人数）× 2022 年人均频次 × 2022 年次单价。
- ❑ R：人均频次促进（2023 年人均频次 −2022 年人均频次）× 2023 年购买人数 × 2022 年次单价。
- ❑ O：次单价促进（2023 年次单价 −2022 年次单价）× 2023 年购买人数 × 2023 年人均频次。

来看一组具体的数据，如图 7-6 所示。

图 7-6　GORW 具体计算案例

不难发现，GRO 最终可以把两年销售额的波动拆分成每个指标对销售额波动的贡献上。案例数据中，购买人数（G）增长的贡献是 58%，人均频次（R）提升的贡献是 16%，次单价（O）上涨的贡献是 26%，三者之和正好等于 100%。

3. GROW 的应用

1）找到并强化增长的驱动因素。品牌通过 GROW 公式，计算出 GRO 三个指标分别对自身销售增长的贡献，明确品牌增长驱动的来源及其重要程度，强化主要驱动因素。同时，结合积累的行业大盘数据或者官方公布的行业榜单，按照同样的逻辑计算行业关键驱动指标，并参考行业 GROW 值做调整。

例如，对于本品牌而言，G 指标对销售额增长的贡献是 58%，是品牌增长最重要的来源，如果接下来要继续保持增长，这驾马车一定要保持。但我们也发现行业的增长驱动和品牌差异很大，行业 GRO 的具体数值是 G 为 10%，R 为 30%，O 为 60%，这意味着行业增长受人数上涨影响较小，主要由次单价的提升驱动。行业趋势如此，给本品牌两点启示：一是靠购买人数驱动增长的方式可能会不再有效；二是要密切关注次单价趋势，结合自身情况探讨次单价提升的可行性及方案。

2）**用 GROW 指导运营动作**。针对不同的维度，可以采取不同的策略，以下是几个参考方向。

- 提升 G：做好内容"种草"和宣传，为品牌认知兴趣人群蓄水；用派样等拉新方式获取更多的新客。
- 提升 R：制定会员和老客召回体系，定期唤回老客；引导用户跨品类购买，让买了 A 品类的用户再购买 B 品类。
- 提升 O：产品功能升级及价格提升，产品组合套装开发。
- 提升 W：分析现有品类及新兴品类机会，拓展新的品类。

7.4.3 AIPL

为了让品牌能够更好地把控用户的每个阶段，更精细化地运营自己的用户资产，阿里巴巴提出 AIPL 分析框架并不断普及，把用户和品牌的交互细分到认知（A）、兴趣（I）、购买（P）、忠诚（L）四个阶段，帮助品牌全链路追踪用户。图 7-7 所示为后台 AIPL 样例。

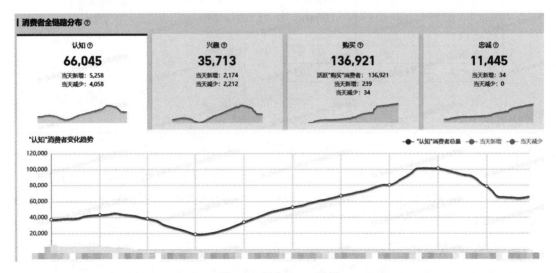

图 7-7　后台 AIPL 样例

1. 什么是 AIPL

AIPL 来源于 4 个单词的首字母，对应着 4 个阶段的人群。

- A（Awareness）：认知人群，即用户对品牌产生了认知。可能是品牌投放了大量广告，让从来没听过、见过的人看到。
- I（Interest）：兴趣人群，用户对品牌有了进一步的兴趣并有一些主动行为，包括但不限于用户主动搜索、点击浏览、收藏加购品牌相关的商品。
- P（Purchase）：购买人群，这一阶段很明确，表示用户购买了品牌相关的商品。

- L（Loyalty）：忠诚人群，对品牌已经建立起好感和信任，具体表现可以是购买之后主动好评，也可以是多次购买或者向朋友分享。

与 AIPL 概念相匹配的是阿里巴巴的数据银行工具。在数据银行中，品牌可以很容易地看到不同时间段 AIPL 人群资产总量，每个细分状态下的人群数量、用户关系加深率等数据。

2. AIPL 的应用

1）**人群资产规模分析**。品牌既可以拉长时间范围，分析 AIPL 人群资产的变化趋势，发现人群资产总量及 AIPL 每个阶段人群数量的波动异常并查明原因，也能够和行业优秀标杆相比，明确自己的人群资产量级和结构处于什么位置。

2）**人群流转问题诊断**。AIPL 之间存在着丰富的流转关系，例如认知可以转为兴趣，兴趣可以转为购买，购买则可以转为忠诚。品牌需要定期分析每个阶段或跨阶段人群的流转率是否存在问题，若存在问题则要找到背后的原因，并尝试通过不同的策略来提升对应阶段的流转率。

3）**目标拆解和追踪**。这有两个常见的逻辑。
- 根据目标反推 AIPL 人群资产的缺口。假如公司 CEO 定下了未来某个时期的销售目标，比如双 11 销售额达到 100 亿元，那么基于现阶段和历史几个关键时间段的 AIPL 人群资产，对应时间段的人群流转率，并结合新老客单等数据，可以反推出要实现 100 亿元这个销售目标，认知、兴趣、购买、忠诚每个阶段的人群存不存在缺口，存在多大的缺口，以及利用哪些经验证相对高效的方式可以补上这些缺口。
- 从现状看目标达成可能性。通过现阶段 AIPL 人群资产，推断以目前的人群资产规模和趋势，在未来某个时间范围能够实现多少销售额。

7.4.4 抖音 5A 与京东 4A

抖音 5A、京东 4A 与阿里巴巴的 AIPL 可谓殊途同归，都根据用户行为把用户细分成不同的阶段。前面已经对 AIPL 进行了详细介绍，这里我们只需对抖音 5A 和京东 4A 的概念做个基本了解。

1. 抖音 5A

抖音 5A 对应 5 个阶段的人群。
- A1（Aware）：感知人群，被广告、自然内容、直播等低频曝光、浅阅读的行为。
- A2（Appeal）：短期记忆人群，被广告、自然内容、直播等中频曝光、中频阅读和互动行为。
- A3（Ask）：深交互人群，被广告、自然内容、直播或搜索等相关内容高频曝光、深度阅读、深度互动行为和主动获取信息的主动行为。
- A4（Act）：购买人群，有过购买或被定义为转化的行为。
- A5（Advocate）：品牌拥护人群，关注品牌官方账号的粉丝人群。

2. 京东 4A

京东 4A 框架对应以下人群。

- A1（Aware）：认知人群，和 AIPL 中的 A（认知人群）很像，都是被动曝光、浅度浏览相关的人群。
- A2（Appeal）：吸引人群，有主动搜索、多次浏览或收藏加购品牌产品等行为的人群。
- A3（Act）：行动人群，即发生购买行为的人群。
- A4（Advocate）：拥护人群，品牌会员或有过复购、好评、分享等忠诚行为的人群。

在实际分析工作中，除了上述方法论，我们还会涉及 RFM、FAST、波士顿矩阵、同期群分析等方法，部分经典的方法论会在后续 Pandas 实战案例中详细讲解，这里暂不展开。

至此，我们对于电商的定义、商业模式中的关键角色、常用指标以及经典分析框架都有了初步了解。在本章的最后，我带大家跳出数据分析师岗位的限制，用全新的视角从更高的角度俯瞰业务，强化商业感知。

7.5 数据分析师重生之我是老板

7.5.1 数据分析师和老板

一个优秀的数据分析师，看问题的视角很像也必须像老板。数据分析师需要在杂草丛中为大家指明方向，需要在海啸来临之前看到风浪并预警，需要突破感性认知，从数据中提炼洞察，需要站在更高的视角进行通盘思考。

数据分析师了解商业模式，熟悉业务流程，梳理指标体系，掌握分析方法，甚至学习数据分析技能，都是为了更好地满足上面几项"需要"。

那不妨我们一起当一回老板，把前面了解到的业务知识、指标体系和未来实战会涉及的分析方法都融进老板的视角里，看看商业决策背后的分析逻辑。

想象一下，你穿越到了一个虚拟的平行世界，现在是一个除了钱和残存的数据分析师记忆之外，什么都没有的人。在这里，你立志当老板，赚更多的钱。你依稀记得，之前有朋友告诉你在天猫上开一家店就能实现这个目标，可无奈当时手头紧张。

现在一切都不一样了，你的账户里有 9 位数的余额，你可以用钱验证所有的分析洞察是否可靠。那么，作为老板，在天猫创业的过程中，你应该重点关注和思考哪些问题呢？大家可以先闭上眼睛花 3 分钟好好想一想。

需要注意的是，这里的问题是商业决策类问题，不是如何注册店铺、怎么报名活动这样的细节操作问题。这个阶段也不用担心数据获取问题，因为只要下定决心，总有办法拿到相关数据。

接下来，是我基于多年数据分析经验总结的需要重点思考和分析的问题，整体框架如图 7-8 所示。

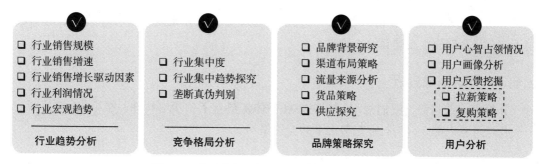

图 7-8　需要重点思考和分析的问题的整体框架

7.5.2　行业趋势分析

"好风凭借力,送我上青云。"很多时候选择比努力更重要,找到一个有潜力的朝阳行业,就相当于找对了风口,稍加努力便能乘风而起。行业趋势分析,从行业规模、行业增速、增长驱动因素、利润情况和宏观趋势等几个方面,帮助我们识别潜力行业。

1. 行业销售规模

从销售规模可以看出行业是否值得进入。行业规模不能太小,如果某行业一年只有 100 万元销售额,那么就算做到行业第一,盈利空间也十分有限。同时,行业规模过大,往往意味着竞争激烈,需要结合增速综合考量。

2. 行业销售增速

行业规模尚可,则要重点关注行业每年的销售增速。一个规模很大但连续几年负增长的行业,很可能是一个处于衰退期的夕阳行业。行业销售增速一定程度上和行业所处阶段(初创、成长、成熟、衰退)挂钩。

3. 行业销售增长驱动因素

在行业销售增速基础上,可以把销售增长进一步拆解为用户数、用户人均频次、次单价三个维度来回答这个问题:行业增长到底是因为有更多的人来买,用户买得更频繁,还是用户消费升级、买得更贵?通过对增长的分解,能够形成对行业增长趋势的更细致的感知,甚至可以预判未来增长趋势和潜力。

4. 行业利润情况

行业的利润情况和利润结构决定了,100 万元的销售额带来的利润是 30 万元还是 3000 元,也影响了能够花多少钱来做推广和促销。

5. 行业宏观趋势

上面几个问题是从可量化的角度展开的,行业分析有时也需要更宏观的视角来辅助。例如经典的 PEST 分析,综合考察行业的政治、经济、社会、技术趋势变革等因素。宏观框架分析的优点是高屋建瓴，考虑大方向和行业变革，缺点则是非常考验分析者的功底，稍不注意就会变成生搬硬套的八股文。

7.5.3 竞争格局分析

分析完行业趋势，我们对于行业规模和整体走势有了初步的认知。接下来，我们需要一头扎进行业内部，分析行业趋势之下的竞争格局。

1. 行业集中度

行业集中度是关于行业垄断程度的分析，行业集中率 CR_n 是衡量行业集中度的一个很好的指标。CR_n 表示行业前 n 个品牌的市场占有率之和。例如某行业最近一年 CR3=90%，表示该行业前 3 个品牌的销售额之和占据了整个行业的 90%。行业集中率越高，往往意味着新势力进入难度越大。

2. 行业集中趋势探究

将行业集中度结合趋势来看，会更加立体。我们看到某行业 2022 年 CR5=50%，并不会有太多感觉，可能认为这个集中度是正常的。但如果我们了解到该行业 2021 年前 5 个品牌总共只占据了 10% 的市场份额，一年时间 CR5 从 10% 飙升到 50%，就会发现头部品牌抢占市场趋势非常显著，行业资源在快速向头部品牌集中。

3. 垄断真伪判别

数据结合具体场景才有魅力。一个行业前 5 个品牌占据了 90% 的市场份额，是不是就意味着这个行业完全没机会了？答案是未必。如果前 5 个品牌都是不出名甚至山寨类的品牌，且这个行业规模不大，销售增速较高，很可能说明现有的行业集中度虽然非常高，但意味着行业很新，处于蛮荒期，只是这几个品牌抢先进入市场，分到了一杯羹。随着更多品牌的进入，它们是无力守住现有市场份额的。

7.5.4 品牌策略探究

在竞争格局分析中，已经占据领先地位的头部品牌的发展历程和关键策略对于后进入者有极高的借鉴意义。

1. 品牌背景研究

通过对公开资料的收集和研究，对头部品牌的发展历程、关键节点、团队背景等信息做一个初步了解。

2. 渠道布局策略

对于品牌来说，天猫可能只是众多销售渠道中的一个，有不少品牌在天猫渠道做品牌，维持产品高价作为价格标杆，通过其他渠道的相对低价来完成销售目标。因此，品牌是否在京东、拼多多、抖音或线下销售，各渠道的销售规模占比怎样，到底哪个或者哪些才是品牌重点发力的渠道，这些问题都需要明确。

3. 流量来源分析

流量来源分析可以分为两层：第一层是品牌在站外（此处是天猫外）投放了多少偏品牌、产品宣传种草类的广告，这些会影响消费者认知；第二层则是品牌在站内（天猫内）的流量分析，即品牌流量以免费还是付费流量为主，付费流量又是如何分配的，具体效率如何，等等。

4. 货品策略

品牌是以单品类为主还是多品类全面开花？核心产品定位是高端、中端还是低端？不同产品的独特竞争力是什么？产品在不同渠道销售是怎样做差异化和价格管控的？

5. 供应探究

任何品牌的产品都要经历研发、生产与销售三个主要阶段，头部品牌的产品研发、生产环节是自主还是交给工厂来做？它们的主要供应商有哪些？在供应链上有什么优势可以借鉴？

7.5.5 用户分析——探索期

用户分析可以分为两个阶段，第一阶段是创立品牌、开店或者决定进入某个类目之前的探索期，这一阶段的分析是为了对用户有更深刻和立体的认识，作为行业趋势、竞争格局和品牌策略分析的强力补充。第二阶段则以用户为主线，从拉新和复购两个方面串起店铺运营的整体策略。

1. 用户心智占领情况

什么是用户心智占领？举个例子来说明。当我们想买手机壳时，在淘宝上会搜索"手机壳"或者加上款式的后缀，通常不会搜索"××品牌手机壳"，因为大多数人不关注也不知道有哪些手机壳品牌。而我们在网上买手机的时候，经常会不假思索地搜索对应的品牌名，比如"iPhone"或者"华为"，这有两方面的原因：一方面是购买手机具有重决策的特性，大家更倾向于大品牌；另一方面是大品牌做了很多的营销宣传，已经占据了现有用户的心智（这给新进入者带来了巨大的阻碍）。

有一个用品牌搜索词数据衡量用户心智占领情况的方法：假设有 1000 个人是通过搜索关键词来浏览和购买产品的，其中有 800 个人的搜索词带有具体的品牌名，我们用搜索词带有具体品牌的人 / 总体搜索人数，即 800 / 1000 = 80%，得到一个简单便捷来衡量品牌用户心智占领情况的指标，这个指标可以用来辅助衡量行业进入门槛是否够高。

2. 用户画像分析

在探索期，分析头部品牌的人群定位和用户画像，例如主流人群的性别、主力购买人群所处的年龄和人生阶段、用户城市等级分布、用户消费能力集中区域（低、中、高）、用户兴趣偏好标签排序等，有利于我们构建对用户的深度认知。也可以结合时间维度来看细分趋势，找到更有增长潜力的那部分用户所具备的特征，从而确定目标用户画像，这将直接影响后续的品牌格调与沟通方式。

3. 用户反馈挖掘

用户评论中蕴藏着的信息常被低估。用科学合理的方式对评论进行分句和情感判断后，正面可以量化且提炼消费者对产品、店铺、品牌提及最多和最满意的地方；负面能够对用户差评点做精准排序，产品、物流、客服、营销哪方面被用户吐槽最多，还可以从吐槽中提炼出背后未被满足的需求，加以改进，成为未来产品的优势。

通过行业趋势、竞争格局和探索期的用户分析，本来被数据海洋淹没的你，屏息一跃冲出水面，找到了几个有潜力且相关的行业，于是招兵买马，重金投入，店铺蒸蒸日上。

7.5.6 用户分析——正式期

前面提到过，品牌为了实现盈利持续快速增长的目标，需要让更多的用户买得更多，买得更勤，买得更贵，买得更爽。如何实现呢？在正式期我们可以从以下几个方向着手。

1. 拉新策略

拉新的使命是以更低的成本获取更多高质量的新客，听起来有点"既要、又要、还要"的感觉，但在实际商业环境中就是这样，目标总是不能打折扣的，资源总是紧缺的。

（1）用什么方式

选择合适的方式与渠道对新用户的获取非常重要。目前常见的拉新方法，诸如付邮费领取试用，9.9元或19.9元试用装，入会即享20元无门槛限时优惠券等，主要通过拉低购买门槛，降低用户决策成本，起到消费临门一脚的作用。作为决策者，在各种方式尝试之后，结合拉新成本（平均拉来一个新客花多少钱），评估不同方式、渠道获取新用户的规模和ROI（投入产出比），找到成本可控且新客质量稳定的方式。

（2）用什么产品

低单价的产品选择成本低，拉新效率更高，在同样的时间里可以拉取更多的新客，但拉来的新客中会存在相当一部分"薅羊毛"的用户，他们占完便宜就跑。高单价产品不容易拉取大规模新客，但新客质量稳定。对于特殊行业（如母婴用品），由于用户购买周期有限，品牌一般通过较早期的产品（比如孕妇用的待产包）来筛选出高质量用户。

（3）拉来什么样的用户

我们希望拉来高价值的用户，但什么样的用户才是高价值的用户？可以用两种方式来评估，一是新用户的用户画像与品牌核心用户是否匹配，例如核心用户定位是18~24岁、一线城市、高消费力（月均在天猫上消费10 000元以上），理想情况下招募来的新用户也应该符合这个分布。二是追踪新用户交易数据，如通过同期群分析统计新用户首单消费客单价，后30天、60天、90天回购率，回购客单价等关键指标，拉长时间段来看新用户整体贡献金额是否符合高价值的标准。

2. 复购策略

（1）会员体系

一个优秀的会员体系可以显著提升用户对品牌的忠诚度，促进用户生命周期价值的提升。很多品牌上线会员体系是因为其他品牌在做，然后拍脑袋决策，认为自己也应该跟上。会员应该划分为几个等级？每个等级门槛值怎样制定才合理？同一等级的会员是否应该差异化对待？会员体系的资金投入和预期产出是怎么样的关系？只有这些关键问题基于数据找到了答案或者方向，才算是好的会员体系。

（2）购买行为分析

根据已经积累一段时间的用户交易数据，挖掘用户购买行为的魔法数字。例如某公司发现：对购买 A 商品的用户，在其签收后 7 天通过短信和站内提醒推送 B 商品的定向优惠券，可以有效提升用户复购率；在 90 天内促进用户购买 4 次，用户生命周期能够显著延长。这些魔法数字结合具体的用户购买行为，能够挖掘出非常丰富的信息，给 CRM 策略制定指明方向，提升用户复购率。

（3）关联渗透购买

常规的关联购买算法用来发现用户在购买 A 商品的同时购买什么商品概率更高。发现这些规律之后，可以通过目标商品组合优惠、页面关联展示、客服推荐等形式有效提升用户购买数量和购买金额。在此基础上，还有延伸的关联购买分析，可以分析买了 A 商品的用户，后续复购什么商品的概率更高，这种上下游关联分析结果对于用户精准触达有很大帮助。通过分析购买规律，引导用户向高留存的购买模式靠近，最终提升用户的购买次单价和黏性。

经过一段时间的实践，以用户为主轴的运营分析思路你已经了然于胸，并颇些成绩。团队规模还在不断扩大，有更多财务、供应链、设计、营销的高手加入，让你如虎添翼。

你公司的飞速发展吸引了不少行业相关人员的关注，最近，你受邀参加一个高级别的电商创始人分享会。

当天你起了个大早，把头发梳成了明星模样，穿上了一身帅气西装。分享内容已提前打好了腹稿，你准备用超强的个人魅力和精彩绝伦的分享结识更多的创始人资源。不出所料，你分享完之后掌声经久不息，在舞台上的你张开双臂，朝前迈步回应。说时迟那时快，你一不小心步子迈大了，一个踉跄摔下了舞台，你只感觉眼前一黑。

等到再次睁开眼睛，你回到了现实，无论目光看向哪里，视野的正中央都被刻了一句话："同学，该学习 Pandas 实战案例了！"

7.6 本章小结

本章从"电商是什么"这个问题开始，透过纷繁复杂的概念，直击电商的三大核心角色——用户、商家和平台。用户的核心期望是快、好、省，而平台和商家的目的则是赢利，但赢利的实现方式有所不同。

在电商基础指标中,我们重点学习了用户和商品相关的指标,其中访客数、支付转化率和客单价是最常见的 3 个指标。

电商的分析方法论非常丰富,既有经典的黄金公式,又有以用户为核心的 GROW、AIPL、抖音 5A、京东 4A 等。它们用不同的视角来衡量业务的健康情况,并提供对应的解决方向。

最后,我用一个分析师当老板的故事,把行业趋势分析、竞争格局分析、品牌策略探究及用户运营分析连在了一起,试图描绘出一幅相对完整的数据分析画卷,帮助大家加强对数据分析流程和关键问题的理解。接下来,让我们一起拿起画笔,细化每一个部分,为这幅画卷注入新的生命。

第 8 章　Chapter 8

Python 报表自动化

这是实战内容的第一章，我们来一起面对那个让人头疼的海量数据表格的处理问题。本章将详细介绍如何用 Python 批量处理多张 Excel 表，从而帮助我们大幅提升做报表的效率，并基于相关数据进行案例分析。

Python 报表自动化的难点在于如何批量处理数据，而批量处理数据的核心在于"**单表突破，批量循环**"。先按照需求逻辑处理好一张表，再把单张表的处理逻辑用遍历的方式应用到所有的表上，最终整合成我们需要的数据报表，并将代码固化以实现自动化。

本章的两个案例虽然都涉及 Python 批量数据处理，但是各自有很强的代表性。

- 第一个案例，需求方已经定好了条条框框，需要数据分析师做的是取数和处理的工作，这样的需求，难点往往在于取数和清洗的复杂性。
- 第二个案例，需求方只想了个模糊的方向，需要数据分析师结合实际数据定逻辑，给建议。

学好这两个案例，之后再面对成百上千张 Excel 表，我们都能用 Python 轻松应对。

8.1　行业数据报表自动化

8.1.1　案例背景

在另一个平行世界，有一家专注于户外运动的巨头公司。公司旗下有 20 个品牌，这些品牌涉及 128 个类目（行业），涉猎范围之广令人咋舌，可谓遍地开花。

优秀的你，就是这家巨无霸公司的数据分析师，今天刚来公司就接到了老板的需求：

下班前务必做一张汇总报表，包含 2023 年销售总额排名前五的品牌以及对应的销售额。

2023 年，前五，这么简单的需求也算需求？直接排个序不就好了，还用一天时间？不急不急，先来一杯咖啡，再看看新闻。

一眨眼的工夫，时间来到了 17:30，你觉得今天的需求可以开动了，做完之后再简单分析一下，应该能赶在 18:00 整点下班。

当你打开同事共享的表格文件（见图 8-1）时，你才体会到什么叫绝望。

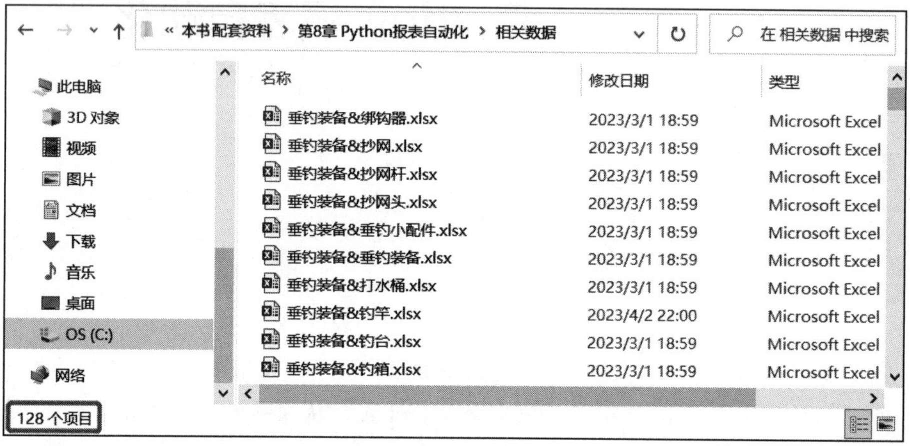

图 8-1　原始数据文件

业务部门的同事总共发来了 128 张表，每张表里是一个细分行业的数据，各类户外服装、垂钓装备、救生装备，应有尽有。

每张表都以月的维度，从 2022 年 1 月到 2023 年 12 月，时间跨度为 2 年，记录着每个品牌的日期、访客数、客单价、转化率、所属类目（细分行业）等数据，如图 8-2 所示。（很多时候，行业的数据格式就是这样凌乱，当然，因为是平行世界，我们假定 2023 年已经过完。）

	日期	品牌	访客数	转化率	客单价	三级类目	详细类目
0	2023-12	品牌 -17	343731	0.030086	40	绑钩器	垂钓装备 & 绑钩器
1	2023-12	品牌 -12	21850	0.022896	286	绑钩器	垂钓装备 & 绑钩器
2	2023-12	品牌 -20	117047	0.076255	14	绑钩器	垂钓装备 & 绑钩器
3	2023-12	品牌 -13	132785	0.018543	50	绑钩器	垂钓装备 & 绑钩器
4	2023-12	品牌 -1	37010	0.045707	54	绑钩器	垂钓装备 & 绑钩器

图 8-2　数据字段预览

你开始盘算，最终需求是筛选出 2023 年销售总额排名前 5 的品牌，这一摊子数据，对单张表进行分类汇总，能够得到该细分行业各品牌的销售额，想要得到所有行业的销售总额，需要分类汇总 128 次，最后对 128 次结果再次合并。

你清楚地知道，如果手动用 Excel 操作，手会磨破皮不说，时间也绝对不允许。于是，你想起了 Pandas，虽然刚学了基础，还不是很熟练，但事到临头，黑暗中的一缕微光，便是唯一的希望。

用 Python 解决批量问题的核心在于梳理并解决单个问题，然后批量自动循环。

8.1.2 单张表的处理

首先，导入模块，打开单张表：

```
import pandas as pd
import os

os.chdir(r'C:\本书配套资料\第 8 章 Python 报表自动化\相关数据')

name = '垂钓装备&绑钩器.xlsx'
df = pd.read_excel(name)
df.head()
```

运行代码，得到前 5 行数据的预览：

```
       日期      品牌    访客数     转化率    客单价   三级类目      详细类目
0   2023-12   品牌-17  343731  0.030086    40    绑钩器   垂钓装备&绑钩器
1   2023-12   品牌-12   21850  0.022896   286    绑钩器   垂钓装备&绑钩器
2   2023-12   品牌-20  117047  0.076255    14    绑钩器   垂钓装备&绑钩器
3   2023-12   品牌-13  132785  0.018543    50    绑钩器   垂钓装备&绑钩器
4   2023-12   品牌-1    37010  0.045507    54    绑钩器   垂钓装备&绑钩器
```

其次，汇总不同品牌在这个细分行业下的销售额，我们要汇总的是各品牌 2023 年（2023 年 1 月～2023 年 12 月）的销售额，先看看日期是否正确：

```
df['日期'].unique()
```

选中某一列，然后用 unique() 方法就可以得到这一列的去重结果。运行结果如下：

```
array(['2023-12', '2023-11', '2023-10', '2023-09', '2023-08', '2023-07',
       '2023-06', '2023-05', '2023-04', '2023-03', '2023-02', '2023-01','2022-12',
       '2022-11', '2022-10', '2022-09', '2022-08', '2022-07','2022-06', '2022-05',
       '2022-04', '2022-03', '2022-02', '2022-01'],dtype=object)
```

为了筛选出 2023 年相关的数据，需要用索引对数据做个筛选：

```
df_2023= df.loc[df['日期'].str[:4] == '2023',:]
print(df_2023)
```

运行结果如下：

```
       日期      品牌    访客数     转化率    客单价   三级类目      详细类目
0   2023-12   品牌-17  343731  0.030086    40    绑钩器   垂钓装备&绑钩器
1   2023-12   品牌-12   21850  0.022896   286    绑钩器   垂钓装备&绑钩器
```

```
 2  2023-12   品牌-20   117047   0.076255   14   绑钩器   垂钓装备&绑钩器
 3  2023-12   品牌-13   132785   0.018543   50   绑钩器   垂钓装备&绑钩器
 4  2023-12   品牌-1     37010   0.045507   54   绑钩器   垂钓装备&绑钩器
...    ...      ...       ...        ...   ...     ...         ...
235 2023-01   品牌-18    16487   0.024031   52   绑钩器   垂钓装备&绑钩器
236 2023-01   品牌-19     5542   0.055630   52   绑钩器   垂钓装备&绑钩器
237 2023-01   品牌-12     4378   0.040304   71   绑钩器   垂钓装备&绑钩器
238 2023-01   品牌-11    10898   0.020246   56   绑钩器   垂钓装备&绑钩器
239 2023-01   品牌-3     36468   0.018165   18   绑钩器   垂钓装备&绑钩器
```

正要汇总销售额，你发现没有销售额的字段，但销售额是可以通过访客数、转化率、客单价三者的乘积来计算的：

```
df_2023['销售额'] = df_2023['访客数'] * df_2023['转化率'] * df_2023['客单价']
df_2023.head()
```

运行结果如下：

```
     日期       品牌    访客数     转化率    客单价   三级类目   详细类目         销售额
0  2023-12  品牌-17  343731  0.030086   40   绑钩器  垂钓装备&绑钩器  413657.341337
1  2023-12  品牌-12   21850  0.022896  286   绑钩器  垂钓装备&绑钩器  143076.320843
2  2023-12  品牌-20  117047  0.076255   14   绑钩器  垂钓装备&绑钩器  124956.337617
3  2023-12  品牌-13  132785  0.018543   50   绑钩器  垂钓装备&绑钩器  123114.730028
4  2023-12  品牌-1    37010  0.045507   54   绑钩器  垂钓装备&绑钩器   90947.935428
```

按品牌来汇总销售额，得到近一年各品牌的销售总额：

```
pd.set_option('display.float_format', lambda x: '%.2f' % x)
df_sum = df_2023.groupby('品牌')['销售额'].sum().reset_index()
df_sum.head()
```

set_option()的设置是为了让销售额正常显示，否则销售额会因为数值过大而显示科学记数法。运行结果如下：

```
     品牌       销售额
0  品牌-1   1160411.73
1  品牌-10   476567.07
2  品牌-11   720308.05
3  品牌-12  1069478.32
4  品牌-13   955096.04
```

df_sum的结果是2023年绑钩器类目下各品牌的销售总额。需要注意的是，现在我们得到了单表的品牌、销售额数据，最终要整合所有类目的数据，最好加一个类目标签加以区分，这对于后续出了问题进行数据校验和处理临时增加的需求都有帮助。

```
df_sum['行业'] = name.replace('.xlsx','')
df_sum.head()
```

这样我们得到了如下结果：

	品牌	销售额	行业
0	品牌-1	1160411.73	垂钓装备&绑钩器
1	品牌-10	476567.07	垂钓装备&绑钩器
2	品牌-11	720308.05	垂钓装备&绑钩器
3	品牌-12	1069478.32	垂钓装备&绑钩器
4	品牌-13	955096.04	垂钓装备&绑钩器

到这一步，单张表就已处理完成，只需要把这一系列操作推而广之即可。

8.1.3 批量循环执行

批量操作时，os.listdir() 以列表的形式返回了对应文件夹下所有的文件名称，供我们批量循环读取文件名。例如我们想获取文件夹下前 5 张表的名称，可以这样：

```
print(os.listdir()[:5])
```

返回结果如下：

```
['专项户外运动装备&冰爪.xlsx', '专项户外运动装备&呼吸管-呼吸器.xlsx', '专项户外运动装备&安全带.xlsx', '专项户外运动装备&救生衣.xlsx', '专项户外运动装备&气瓶.xlsx']
```

批量循环读取文件，并参考上面的单张表处理代码。我们还可以导入 time 库来计时，看一看对于 128 张表，Python 完成这些操作到底能有多快。具体代码如下：

```python
import time

# 开始时间
start = time.time()

# 存储汇总的结果
result = pd.DataFrame()

# 循环遍历表格名称
for name in os.listdir():
    df = pd.read_excel(name)
    
    # 筛选日期为2023年的数据
    df_2023 = df.loc[df['日期'].str[:4] == '2023',:]
    
    # 计算销售额字段
    df_2023['销售额'] = df_2023['访客数'] * df_2023['转化率'] * df_2023['客单价']
    
    # 按品牌对细分行业销售额进行汇总
    df_sum = df_2023.groupby('品牌')['销售额'].sum().reset_index()
    
    df_sum['类目'] = name.replace('.xlsx','')
    result = pd.concat([result,df_sum])
# 对最终结果按销售额进行排序
final = result.groupby('品牌')['销售额'].sum().reset_index().sort_values('销售额',ascending = False)
```

```
# 结束时间
end = time.time()
print('用 Python 操作所花费时间: {} s'.format(end-start))
```

整个过程一气呵成，最近一次运行结果是 4s，平均一张表用时 0.03s，何等快速！

为了确保数据正常，来预览一下：

```
final.head()
```

运行结果如下：

```
        品牌         销售额
15     品牌-5    2814286376.98
8      品牌-17   2735897004.88
2      品牌-11   2617557159.86
4      品牌-13   2614862151.29
3      品牌-12   2590192538.85
```

期望的结果已经浮现：2023 年销售额排名前五的品牌及其对应的销售额。从数据结果来看，公司旗下的品牌全面开花，以品牌-5 为先锋，销售额高达 28.14 亿元，排名第 5 的品牌体量也达到了 25.9 亿元，前五品牌的单品牌平均销售额为 26.75 亿元。

"做得不错，不过我以后每周都会关注销售总额排名前五品牌的数据，源数据每周给你一次，表有点多，别被这个需求频率吓到了啊！"老板收到你的结果补充道。

"任务重一点没关系，一定保证完成！"你憋着笑回复他，心里琢磨着："只要数据格式和需求本质不变，自动化代码已经有了，改改细节就好。别说每周一看，一天两看也不在话下。"

8.2 报表批量处理与品牌投放分析

8.2.1 新的需求背景

一个好消息和一个坏消息。

好消息，你昨天的需求完成得不错，今天一进公司老板就笑脸相迎。

坏消息，他又开口了："这几年，公司秘密孵化了 50 个品牌，在线上各渠道做了大量品牌宣传，现在要进行复盘。你帮我找到近一年（2023 年）投放效果还不错的品牌，分析分析，年度表彰的时候用。记住，这个现在是机密项目，给你的是所有的数据。"

8.2.2 数据预览

你打开他发来的源数据，如图 8-3 所示。

一共 24 张 Excel 表，按月存储，涵盖了从 2022 年 1 月到 2023 年 12 月的数据。

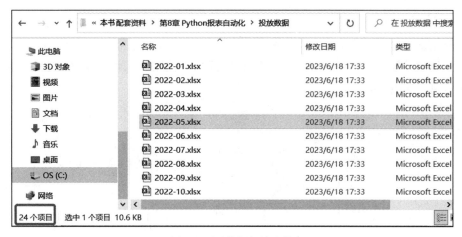

图 8-3　源数据相关文件

表内部的数据大同小异，打开一张预览一下：

```
# 这里的文件夹与上一个案例中的不一样，需要切换 os.chdir(r'C:\本书配套资料\第 8 章 Python 报表
# 自动化\投放数据')
data = pd.read_excel('2023-12.xlsx')
print(data.info())
data.head()
```

运行结果如下：

```
<class 'pandas.core.frame.DataFrame'>
RangeIndex: 50 entries, 0 to 49
Data columns (total 4 columns):
 #   Column    Non-Null Count  Dtype
---  ------    --------------  -----
 0   品牌        50 non-null     object
 1   品牌搜索人数    50 non-null     int64
 2   点击人数      50 non-null     int64
 3   支付人数      50 non-null     int64
dtypes: int64(3), object(1)
memory usage: 1.7+ KB
      品牌  品牌搜索人数  点击人数  支付人数
 0    七喜    6896   3841   140
 1    万迅    6394   3014    83
 2    东方   16453  11114  1445
 3    九方   53371  36682   942
 4    佳禾   52686  28308   818
```

每张表对应一个月的数据，有 50 个品牌，包括品牌、品牌搜索人数、点击人数和支付人数这几个关键字段。

8.2.3 分析思路

目前能够拿到的只有品牌、品牌搜索人数、点击人数和支付人数这几个指标。要找到最近一年投放效果还不错的品牌，**可以用漏斗思维，从量级（人数）和效率（转化率）两个角度来考虑**，如图 8-4 所示。

图 8-4 漏斗思维

在费用无差别的情况下：人群基数大（搜索人数），表示投放的心智效果不错，让更多用户看到广告后，在平台主动搜索相关的品牌；搜索 – 点击转化率高，代表搜索结果的精准度高，搜索后展示页面的吸引力大等；点击 – 支付转化率高，说明用户更有可能受产品详情页面、活动力度等的影响。

理论上，这三个指标越高越好。接下来，我们就结合搜索人数、搜索 – 点击转化率和点击 – 支付转化率，用 Pandas 做报表并进行分析。

8.2.4 数据处理

要对最近一年的数据进行分析，我们先把 2023 年的所有数据合并，拿到汇总表。核心逻辑依然是遍历读取数据：

```
final = pd.DataFrame()
for name in os.listdir():
    df = pd.read_excel(name)

    # 取文件名的年份作为日期列
    df['日期'] = name[:4]
    final = pd.concat([final,df])

# 筛选出年份为 2023 年的数据，即场景下的近一年
final_last = final.loc[final['日期'].str.find('2023') != -1,:]

print('数据行数: {}'.format(len(final_last)))
final_last.head()
```

运行结果如下：

数据行数：600

```
      品牌    品牌搜索人数    点击人数    支付人数    日期
0     七喜         96885      46896     4692    2023
1     万迅         30070      21386     4393    2023
2     东方        354060      72224     7544    2023
3     九方        244846     103363    17097    2023
4     佳禾          6547       3257      337    2023
```

再按品牌的维度进行指标汇总：

```
gp = final_last.groupby('品牌')[['品牌搜索人数','点击人数','支付人数']].sum()
    .reset_index()
gp = gp.sort_values('品牌搜索人数',ascending = False)
gp.head()
```

运行结果如下：

```
      品牌    品牌搜索人数    点击人数    支付人数
12    双敏      1604198    571399    61244
3     九方      1552916    712139   101217
20    巨奥      1417267    512847    45790
15    商软      1002679    544392    72050
24    戴硕       920350    540284    30371
```

下一步，计算对应的搜索-点击转化率、点击-支付转化率：

```
gp['搜索-点击转化率'] = gp['点击人数'] / gp['品牌搜索人数']
gp['点击-支付转化率'] = gp['支付人数'] / gp['点击人数']
gp.head()
```

运行结果如下：

```
      品牌    品牌搜索人数    点击人数    支付人数    搜索-点击转化率    点击-支付转化率
12    双敏      1604198    571399    61244           0.36           0.11
3     九方      1552916    712139   101217           0.46           0.14
20    巨奥      1417267    512847    45790           0.36           0.09
15    商软      1002679    544392    72050           0.54           0.13
24    戴硕       920350    540284    30371           0.59           0.06
```

至此，获取了最近一年各品牌的关键指标，基础数据已经完备。

8.2.5 数据分析

从仅有的前 5 条数据可以看到，双敏品牌以 160 万的搜索人数独占鳌头，但是排名第二的九方虽然搜索人数少了 4 万多，却能凭借明显更高的搜索-点击转化率和点击-支付转化率，在支付人数上远超双敏，成为支付人数之王。

表格展示略微晦涩，我们用 Matplotlib 来可视化一下：

```
from matplotlib import pyplot as plt
plt.rcParams['font.sans-serif'] = ['SimHei']
%config InlineBackend.figure_format = 'svg'
```

```python
%matplotlib inline

# 筛选出 TOP15 的品牌
draw_data = gp.iloc[:15,:]

# 设置画布大小
plt.figure(figsize=(12,7))

# 筛选对应的 x, y 值和标签名
x = draw_data['搜索—点击转化率'].to_list()
y = draw_data['点击—支付转化率'].to_list()
z = draw_data['品牌搜索人数']
text = draw_data['品牌'].to_list()

# 绘制气泡图
plt.scatter(x, y, s = z / 1000, c = x, cmap = "Reds", alpha = 0.7, edgecolors =
    "grey", linewidth = 1)

# 为每个值打上对应品牌名
for i,txt in enumerate(text):
    plt.text(x=x[i], y=y[i], s=txt, size=11, horizontalalignment='center',
        verticalalignment='center')

# 添加黑色虚线作为水平辅助线
plt.axhline(y=0.12 ,color='black', linestyle='--',alpha = 0.5)

# 添加黑色虚线作为垂直辅助线
plt.axvline(x=0.465,color='black', linestyle='--',alpha = 0.5)

plt.xlabel("搜索—点击转化率")
plt.ylabel("点击—支付转化率")
plt.title("TOP15 品牌搜索分布",size = 15)
```

运行效果如 8-5 所示。

说明：因为分析背景是无差别投放，所以搜索人数重要性非常高。为了使可视化结果简洁清晰，我们只筛选 TOP15 品牌来绘图，气泡大小代表着品牌搜索人数的量级。

根据气泡图，我们按照搜索–点击转化率和点击–支付转化率的高低划分了 4 个区间。

❏ 右上角的区间 1：高搜索–点击转化率，高点击–支付转化率。
❏ 左上角的区间 2：低搜索–点击转化率，高点击–支付转化率。
❏ 左下角的区间 3：低搜索–点击转化率，低点击–支付转化率。
❏ 右下角的区间 4：高搜索–点击转化率，低点击–支付转化率。

这时候再结合之前处理的数据结果，用 Excel 条件格式表示，如图 8-6 所示，可以看得更加清楚。

第 8 章 Python 报表自动化 ◆ 107

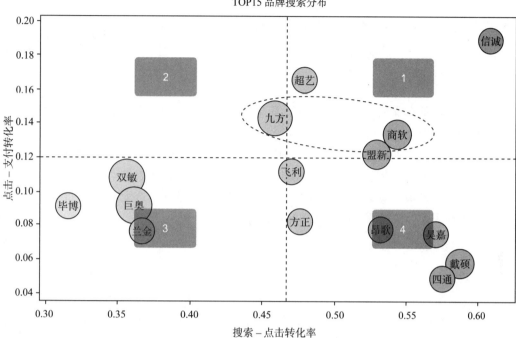

图 8-5 最终运行效果

品牌	品牌搜索人数	点击人数	支付人数	搜索－点击转化率	点击－支付转化率
双敏	1 604 198	571 399	61 244	36%	11%
九方	1 552 916	712 139	101 217	46%	14%
巨奥	1 417 267	512 847	45 790	36%	9%
商软	1 002 679	544 392	72 050	54%	13%
戴硕	920 350	540 284	30 371	59%	6%
毕博	835 493	263 549	23 879	32%	9%
盟新	769 771	407 238	49 607	53%	12%
兰金	705 190	258 279	19 659	37%	8%
昊嘉	654 808	373 391	27 486	57%	7%
超艺	640 732	306 960	50 461	48%	16%
四通	546 822	315 530	15 172	58%	5%
信诚	498 473	303 204	57 631	61%	19%
飞利	495 287	232 137	25 770	47%	11%
昂歌	473 901	252 463	19 094	53%	8%
方正	458 785	217 636	17 563	47%	8%

图 8-6 TOP15 品牌的具体数据

结果显而易见，高搜索量级的品牌主要呈现出两种形态。

❑ 以双敏（排名第 1）、巨奥（排名第 3）为代表的品牌主要分布在第三区间，量级较大，但两种转化效率均需要进一步提升，品牌没能较好地承接汹涌澎湃的流量。

❑ 九方（排名第 2）、商软（排名第 4）则是高搜索量级、高转化效率的代表，从现有数据看，它们才是年度应该表彰的对象，是大家学习的榜样。

若数据字段更丰富,可以进行更立体的分析,如结合支付人数的金额贡献、留存率、LTV,以及引入两年增速的维度,结合业务动作来定位深层原因。

8.3 本章小结

本章用两个简单又复杂的场景切入,简单是指需求本身并不复杂,而复杂则是基础数据涉及的表格多而杂。

代码和逻辑也不难,主要为了抛出一块砖,帮助敲开大家用批量处理表格的思维藩篱,以引出大家实践中,在合适场景下用 Python 来化繁为简、实现报表自动化的玉。

我们只要明确最本质的需求,抓住"单表突破,批量循环"这个 Python 批量处理数据的要诀,无论需求、数据源如何多变和复杂,都能够轻松解决。

第 9 章 Chapter 9

行业机会分析与权重确定

本章以"发现有潜力的行业"这个需求为切入点，先用传统的方法求解，接着重点介绍几种常见的权重确定方法，如级别法、权值因子判表法、变异系数法，最后用 Pandas 实现具体的案例，计算出一个综合指标来衡量行业发展趋势，找到更有机会的行业，从而一举解决"**如何科学地确定指标权重**"和"**如何找到有机会的行业**"两大难题。

9.1 案例背景介绍

还记得第 8 章中提到的那个专注于户外运动的巨头公司吗？对，那个旗下有 20 个品牌、涉及 128 个类目（行业）的公司。作为这家公司的数据分析师，你又收到了老板的消息："有个很重要且紧急的需求，公司准备根据类目发展趋势对资源分配进行重大调整。你帮我看一下，**根据上次的数据，有哪些细分行业发展比较好，将来可能有更多的机会。**"

你对数据源充满疑惑："老板，可是我只有我们自己品牌的相关类目数据，看整体类目发展趋势，还要有其他竞争品牌的数据吧？"

老板很轻蔑地说："这些行业竞争对手不值一提，我们这些品牌的销售额是可以代表整个行业的。不说了，我马上还有个会议。哦，对了，这个需求非常重要。你可以参考之前的思路。"

9.2 传统的解题方法

9.2.1 之前的传统思路

很久以前你曾处理过类似于"**哪些细分类目发展趋势好**"的需求，那时你刚入职不久，对于这种模糊需求没有什么头绪，你主要抓住了两个重点：

1）采用销售增速作为衡量发展趋势的指标；

2）筛选出每个大类目下销售增速最快的细分类目，照顾到每个大类目。

最终结果还不错，你从中发现了一些趋势。不过，当时你的所有操作都是基于 Excel 进行的，花了非常长的时间，而现在你可以用 Pandas 来快速实现。

9.2.2 数据预览和汇总

我们的数据依然是之前的 128 张行业数据，每张表都包含日期、品牌、访客数、转化率、客单价、类目等字段，如下所示。

日期	品牌	访客数	转化率	客单价	三级类目	详细类目
2023-12	品牌-17	343731	0.030085833	40	绑钩器	垂钓装备 & 绑钩器
2023-12	品牌-12	21850	0.022895508	286	绑钩器	垂钓装备 & 绑钩器
2023-12	品牌-20	117047	0.076255288	14	绑钩器	垂钓装备 & 绑钩器
2023-12	品牌-13	132785	0.01854347	50	绑钩器	垂钓装备 & 绑钩器
2023-12	品牌-1	37010	0.045507188	54	绑钩器	垂钓装备 & 绑钩器

要实现最终的需求，首先需要按照类目和年份来汇总数据。参考第 8 章中批量处理的代码逻辑，只需要调整每个类目下的汇总逻辑即可。

```
result = pd.DataFrame()

# 遍历表格名称
for name in os.listdir():
    df = pd.read_excel(name)

    # 提取年度标签，即 2022 或 2023
    df['年份'] = df['日期'].str[:4]

    df['销售额'] = df['访客数'] * df['转化率'] * df['客单价']

    # 每个行业（类目）数据内，按照年度汇总
    df_sum = df.groupby('年份')['销售额'].sum().reset_index()
    df_sum['类目'] = name.replace('.xlsx','')
    result = pd.concat([result,df_sum])

result.head()
```

运行结果如下：

	年份	销售额	类目
0	2022	7884578.41	专项户外运动装备 & 冰爪
1	2023	30163749.95	专项户外运动装备 & 冰爪
0	2022	7173132.43	专项户外运动装备 & 呼吸管-呼吸器
1	2023	17198793.49	专项户外运动装备 & 呼吸管-呼吸器
0	2022	19393866.43	专项户外运动装备 & 安全带

已经得到了每个类目下 2022 年和 2023 年各自的销售额数据。为了使数据更好处理，这里按照类目和年份做一个透视。

```
final = pd.pivot_table(result,index = '类目',columns = '年份',
    values = '销售额',aggfunc = 'sum').reset_index()
final.columns=[' 类目 ', '2022年销售额 ', '2023年销售额 ']
print(final)
```

运行结果如下：

```
                     类目           2022年销售额      2023年销售额
0       专项户外运动装备 & 冰爪              7884578.41    30163749.95
1       专项户外运动装备 & 呼吸管 - 呼吸器     7173132.43    17198793.49
2       专项户外运动装备 & 安全带          19393866.43   66140160.84
3       专项户外运动装备 & 救生衣          23820417.15   98807893.65
4       专项户外运动装备 & 气瓶           8052409.00    36317479.97
...                  ...                ...           ...
123     防护 - 救生装备 & 防护面罩         3464970.97    11843236.83
124     防潮垫 - 地席 - 枕头 & 地布 - 地席  3828998.31    12738643.79
125     防潮垫 - 地席 - 枕头 & 枕头       52704583.51   214983856.48
126     防潮垫 - 地席 - 枕头 & 防潮垫      64294811.64   260637588.07
127     防潮垫 - 地席 - 枕头 & 防潮垫 - 地席 - 枕头  114956693.58  434554583.83
```

9.2.3 每个类目增长最快的细分类目

看每个细分类目的增长，首先要计算出增速。

```
final[' 销售增速 '] = (final['2023年销售额 '] - final['2022年销售额 ']) /
    final ['2022年销售额 ']
final.head()
```

运行结果如下：

```
                     类目          2022年销售额    2023年销售额     销售增速
0       专项户外运动装备 & 冰爪            7884578.41   30163749.95    2.83
1       专项户外运动装备 & 呼吸管 - 呼吸器   7173132.43   17198793.49    1.40
2       专项户外运动装备 & 安全带         19393866.43  66140160.84    2.41
3       专项户外运动装备 & 救生衣         23820417.15  98807893.65    3.15
4       专项户外运动装备 & 气瓶          8052409.00   36317479.97    3.51
```

为了方便排序，提取出大类目和对应的细分类目，这里按照类目字段的 & 分隔符来提取。

```
final[' 大类目 '] = final[' 类目 '].str.split('&').str[0]
final[' 细分类目 '] = final[' 类目 '].str.split('&').str[1]
final.head()
```

把类目字段按照 & 符号切分成两段，大类目取前面的字段，细分类目则取后面的字段，结果如下：

	类目	2022年销售额	2023年销售额	销售增速	大类目	细分类目
0	专项户外运动装备 & 冰爪	7884578.41	30163749.95	2.83	专项户外运动装备	冰爪
1	专项户外运动装备 & 呼吸管-呼吸器	7173132.43	17198793.49	1.40	专项户外运动装备	呼吸管-呼吸器
2	专项户外运动装备 & 安全带	19393866.43	66140160.84	2.41	专项户外运动装备	安全带
3	专项户外运动装备 & 救生衣	23820417.15	98807893.65	3.15	专项户外运动装备	救生衣
4	专项户外运动装备 & 气瓶	8052409.00	36317479.97	3.51	专项户外运动装备	气瓶

接下来，为了筛选出每个大类目下增速最快的细分类目，先按照每个大类目下细分类目的销售增速进行降序排列：

```
r = final.sort_values([' 大类目 ',' 销售增速 '],ascending = False)
r.head()
```

运行结果如下：

	类目	2022年销售额	2023年销售额	销售增速	大类目	细分类目
125	防潮垫-地席-枕头 & 枕头	52704583.51	214983856.48	3.08	防潮垫-地席-枕头	枕头
126	防潮垫-地席-枕头 & 防潮垫	64294811.64	260637588.07	3.05	防潮垫-地席-枕头	防潮垫
127	防潮垫-地席-枕头 & 防潮垫-地席-枕头	114956693.58	434554583.83	2.78	防潮垫-地席-枕头	防潮垫-地席-枕头
124	防潮垫-地席-枕头 & 地布-地席	3828998.31	12738643.79	2.33	防潮垫-地席-枕头	地布-地席
122	防护-救生装备 & 防护-救生装备	103906995.09	516112688.85	3.97	防护-救生装备	防护-救生装备

最后，筛选出每个大类目下增速排序第一的数据即可。用 groupby() 和 head() 的组合，十分方便。

```
r.groupby(' 大类目 ').head(1)
```

结果如图 9-1 所示。

类目	2022 年销售额	2023 年销售额	销售增速	大类目	细分类目
防潮垫-地席-枕头 & 枕头	52704583.51	214983856.48	3.08	防潮垫-地席-枕头	枕头
防护-救生装备 & 防护-救生装备	103906995.09	516112688.85	3.97	防护-救生装备	防护-救生装备
睡袋 & 睡袋	193959076.88	594014206.98	2.06	睡袋	睡袋
登山杖-手杖 & 登山杖-手杖	77763133.79	295317365.32	2.80	登山杖-手杖	登山杖-手杖
洗漱清洁-护理用品 & 防虫-防蚊用品	23484997.36	75632462.16	2.22	洗漱清洁-护理用品	防虫-防蚊用品
望远镜-夜视仪-户外眼镜 & 望远镜-夜视仪-户外眼镜	220271388.35	1025433112.52	3.66	望远镜-夜视仪-户外眼镜	望远镜-夜视仪-户外眼镜
旅行便携装备 & 晾衣绳	4306504.60	18455947.82	3.29	旅行便携装备	晾衣绳
户外鞋靴 & 滑雪鞋-雪地靴	79046497.00	364683981.78	3.61	户外鞋靴	滑雪鞋-雪地靴
户外照明 & 营地灯-帐篷灯	21839003.61	104666693.76	3.79	户外照明	营地灯-帐篷灯
户外服装 & 抓绒衣	101650296.49	454712444.95	3.47	户外服装	抓绒衣
户外休闲家具 & 户外桌椅套装	14235575.41	66832433.35	3.69	户外休闲家具	户外桌椅套装
垂钓装备 & 鱼钩	55895341.31	299165733.63	4.35	垂钓装备	鱼钩
专项户外运动装备 & 气瓶	8052409.00	36317479.97	3.51	专项户外运动装备	气瓶

图 9-1　筛选出的细分趋势类目

根据上一步大类目–销售增速排序后的结果，用 groupby('大类目').head(1) 得到每个大类目分组下排序第一的细分类目，并返回数据本身，即每个大类目下增速排名第一的细分类目。

9.3 权重确定方法

对于"有哪些细分类目发展比较好"的需求，能不能为销售额、增速等关键指标赋予不同的权重，最终计算出一个类似于发展指数的综合指标呢？答案是肯定的。

在这一节，我们先了解有哪些确定权重的方法。

9.3.1 级别法

级别法，即根据自己的经验和主观判断来决定权重大小。它也常叫作拍脑袋法，可以说是实际中最常用的权重确定方法了。

举个例子，假如某业务方要做一个分析，涉及确定 2022 年和 2023 年各自年份销售额的权重，应该定多少合适呢？

实习生级别："我觉得 2023 年是更近的年份，对现在的影响更大，应该权重更高，因此 2022 年权重可以是 0.4，2023 年权重是 0.6。"

业务方："你没什么经验，不能太主观了，为什么 2023 年的权重是 0.6，而不是 0.65？"

专家级别："之前有过类似的场景，2022 年和 2023 年权重分别是 0.4 和 0.6，在这里可以沿用。"

业务方："我记不太清之前是怎么确定的，不过既然有过往经验，也可以用起来。"

老板级别："基于我的多年行业经验和二八法则等经典理论，我认为，2022 年和 2023 年增速的权重，就应该是 0.4 和 0.6。"

业务方："既然是老板说的，一定有他的专业判断，0.4 和 0.6 看上去非常科学。"

之所以我把这种方法叫作级别法，是因为级别法的效果很容易受使用者级别的影响，且级别越高越不容易被质疑。上面的例子便是明证。

9.3.2 权值因子判表法

权值因子判表法也属于主观赋权法的一种。但这种方法在专家意见、多方权衡和相对量化等方面有一定的优势，结论的可信度也更高。

举一个具体的案例：要找对象，相貌、身材、涵养、家庭背景的重要度应该怎么量化和排序？婚恋公司召集了 4 个极其权威的情感专家，要通过权值因子判表法来解决这个问题。

首先，结合 4 个考量维度，为每个专家制定判表，如图 9-2 所示。

其次，把每张表分发至专家，让其独立完成打分。打分逻辑很简单，用行的属性和列的属性做比较，如果认为行属性比对应的列属性更重要，则填上 1，否则填 0，如图 9-3 所示。

专家 1	相貌	身材	涵养	家庭背景
相貌				
身材				
涵养				
家庭背景				

专家 2	相貌	身材	涵养	家庭背景
相貌				
身材				
涵养				
家庭背景				

专家 3	相貌	身材	涵养	家庭背景
相貌				
身材				
涵养				
家庭背景				

专家 4	相貌	身材	涵养	家庭背景
相貌				
身材				
涵养				
家庭背景				

图 9-2 打分表样例

专家 1	相貌	身材	涵养	家庭背景
相貌		1	0	0
身材	0		0	0
涵养	1	1		1
家庭背景	1	1	0	

图 9-3 单张打分表释义

这些属性不会和自身相比,所以对角线一栏是空值。我们重点对右上角区域进行打分,因为左下角的打分是右上角的逻辑对称(但也会参与计算)。

比如认为相貌比身材重要,打 1 分,与之对应,在身材和相貌对比的单元格打 0 分。

根据专家 1 的打分表,他认为:

❏ 相貌比身材重要,但没有涵养和家庭背景重要;

❏ 身材自然也没有涵养和家庭背景重要;

❏ 涵养比家庭背景重要。

综合来看,专家 1 认为,涵养>家庭背景>相貌>身材(>表示前者比后者重要)。

其他专家打分的逻辑也一样。打完分后我们行向求和,得到每位的分值汇总,如图 9-4 所示。

最后,结合 4 位专家的打分,求平均分。例如,相貌平均分如图 9-5 所示。

求其他平均分的逻辑完全一样。最终,求得身材、涵养、家庭背景的平均分分别是 2、2.25 和 0.75。

专家 1	相貌	身材	涵养	家庭背景	分值汇总
相貌		1	0	0	1
身材	0		0	0	0
涵养	1	1		1	3
家庭背景	1	1	0		2

专家 2	相貌	身材	涵养	家庭背景	分值汇总
相貌		0	1	1	2
身材	1		1	1	3
涵养	0	0		1	1
家庭背景	0	0	0		0

专家 3	相貌	身材	涵养	家庭背景	分值汇总
相貌		0	0	0	0
身材	1		0	1	2
涵养	1	1		1	3
家庭背景	1	0	0		1

专家 4	相貌	身材	涵养	家庭背景	分值汇总
相貌		0	0	1	1
身材	1		1	1	3
涵养	1	0		1	2
家庭背景	0	0	0		0

图 9-4 专家打分结果

$$相貌平均分 = \frac{专家1相貌评分 + 专家2相貌评分 + 专家3相貌评分 + 专家4相貌评分}{专家数量}$$

$$= \frac{1+2+0+1}{4} = 1$$

图 9-5 相貌平均分

由于权重之和一般是 1，计算各属性对应的权重时，用其平均分除以平均分之和即可，如图 9-6 所示。

属性	平均得分	权重计算公式	权重得分
相貌	1	=1/(1+2+2.25+0.75)	0.17
身材	2	=2/(1+2+2.25+0.75)	0.33
涵养	2.25	=2.25/(1+2+2.25+0.75)	0.38
家庭背景	0.75	=0.75/(1+2+2.25+0.75)	0.13

图 9-6 各维度打分逻辑及结果

可见，对于这 4 位专家而言，4 个维度的重要度排序是涵养＞身材＞相貌＞家庭背景。

9.3.3 变异系数法

变异系数法是一种常见的客观赋权法，其核心逻辑是用数据波动来确定权重。变异系数的计算很简单，就是用标准差除以平均值。变异系数越大，则数据的偏离程度越大。

变异系数法的思想中，某个指标偏离程度越大，说明该指标越难以实现，因此它是反映所评对象差距的关键指标，应被赋予更高的权重。

我们拿到了一份成绩单，如图 9-7 所示，如何通过变异系数法来确定各科的权重呢？

学生编号	语文	数学	英语	体育
001	58	84	55	76
002	79	58	91	64
003	53	73	73	75
004	69	65	61	71
005	68	77	50	91
006	70	93	58	50
007	85	83	95	68
008	100	78	64	92
009	55	56	90	52
010	89	85	65	58
...				

图 9-7　成绩单样例

先计算各科的平均数、标准差，然后用标准差除以平均数来计算出变异系数，即变异系数 = 标准差 / 平均数，如图 9-8 所示。

科目	平均数	标准差	变异系数
语文	75.78	13.63	0.18
数学	76.22	12.60	0.17
英语	72.44	15.46	0.21
体育	74.11	13.93	0.19

图 9-8　变异系数的计算

然后求各科变异系数值的占比，即权重，如图 9-9 所示。例如，语文权重 = 0.18 /(0.18 + 0.17 + 0.21 +0.19)=0.24。

科目	平均数	标准差	变异系数	权重
语文	75.78	13.63	0.18	24%
数学	76.22	12.60	0.17	22%
英语	72.44	15.46	0.21	29%
体育	74.11	13.93	0.19	25%

图 9-9　变异系数法的权重值计算

这样，我们通过变异系数法求得了各科的权重，也知道了英语成绩是这次拉开差异的主要科目。

除了上面介绍的几种权重确定方法，还有 AHP 层次分析法、熵权法、复相关系数法等诸多权重确定方法。受限于篇幅，这里不一一介绍，感兴趣的读者可以根据关键词查阅资料来进一步了解。

9.4　Pandas 权重计算和分析

回到本章最开始的那个需求："有哪些细分类目发展比较好，将来可能有更多的机会呢？"我们用 Pandas 来实现权重的计算和结果输出，最终用一个综合发展指数来量化细分类目的发展机会。

9.4.1　数据整合

整合数据之前，先确定要把哪些指标纳入赋权计算的范围。基于现有数据，到底哪些指标与行业发展机会更相关呢？

- **销售额**。销售额代表了行业的市场容量和规模，规模越大，说明市场蛋糕越大，这里我们取 2022 年和 2023 两年的销售额。
- **销售增速**。销售增速的大小直接对应着发展速度快慢，可以取 2023 年较 2022 年销售额的增速。
- **客单价**。客单价的高低和行业的利润空间、品牌溢价能力等密切相关。客单价是辅助量化指标，因此可以只取 2023 年的客单价数据。

至于访客数、转化率这两个和运营强相关的指标，可以暂时先放一放。

在 9.2 节中，合并聚合的结果 result 变量只有"销售额"字段。要计算我们所需的多个相关指标，需要先把所有的行业类目数据重新合并。这次我们采取直接遍历数据合并而不聚合的方式，代码如下：

```
result2 = pd.DataFrame()

# 循环遍历表格名称
for name in os.listdir():
    df = pd.read_excel(name)
    # 提取年度标签
    df['年份'] = df['日期'].str[:4]
    df['销售额'] = df['访客数'] * df['转化率'] * df['客单价']
    result2 = pd.concat([result2,df])

result2
```

运行结果如下：

	日期	品牌	访客数	转化率	客单价	三级类目	详细类目	年份	销售额
0	2023-12	品牌-14	9348	0.06	134	冰爪	专项户外运动装备 & 冰爪	2023	76284.02
1	2023-12	品牌-20	1187	0.05	1244	冰爪	专项户外运动装备 & 冰爪	2023	70864.93
2	2023-12	品牌-4	10433	0.05	97	冰爪	专项户外运动装备 & 冰爪	2023	49795.12
3	2023-12	品牌-13	4648	0.02	428	冰爪	专项户外运动装备 & 冰爪	2023	48722.98
4	2023-12	品牌-18	3977	0.06	71	冰爪	专项户外运动装备 & 冰爪	2023	16167.85
...	...	...	...	...	...	...	...	...	...
475	2022-01	品牌-15	17098	0.03	220	防潮垫	防潮垫-地席-枕头 & 防潮垫	2022	124090.08
476	2022-01	品牌-1	22670	0.01	615	防潮垫	防潮垫-地席-枕头 & 防潮垫	2022	108152.84
477	2022-01	品牌-11	41793	0.07	35	防潮垫	防潮垫-地席-枕头 & 防潮垫	2022	105467.83
478	2022-01	品牌-7	29124	0.04	96	防潮垫	防潮垫-地席-枕头 & 防潮垫	2022	102735.96
479	2022-01	品牌-8	13169	0.04	140	防潮垫	防潮垫-地席-枕头 & 防潮垫	2022	68046.68

61440 rows × 9 columns

以上得到了所有细分类目数据的整合结果，一共 61 440 行数据。

9.4.2 关键指标计算

1. 销售额和销售增速

在 9.2 节中，我们已经计算出了每个细分类目 2022 年和 2023 年的销售额及增速，查看一下：

```
final.head()
```

运行结果如下：

	类目	2022 年销售额	2023 年销售额	销售增速	大类目	细分类目
0	专项户外运动装备 & 冰爪	7884578.41	30163749.95	2.83	专项户外运动装备	冰爪
1	专项户外运动装备 & 呼吸管-呼吸器	7173132.43	17198793.49	1.40	专项户外运动装备	呼吸管-呼吸器
2	专项户外运动装备 & 安全带	19393866.43	66140160.84	2.41	专项户外运动装备	安全带
3	专项户外运动装备 & 救生衣	23820417.15	98807893.65	3.15	专项户外运动装备	救生衣
4	专项户外运动装备 & 气瓶	8052409.00	36317479.97	3.51	专项户外运动装备	气瓶

2. 计算客单价

在整合的 result2 里，有每一个细分类目是每月的客单价数据，但要计算整年的客单价，还要从客单价公式入手。

- 客单价 = 销售额 / 购买人数
- 购买人数 = 访客数 × 转化率

所以，年度客单价 = 年度销售额 / 年度购买人数。用 Pandas 来实现，代码如下：

```
# 计算每个月的购买人数
result2['购买人数'] = result2['访客数'] * result2['转化率']
# 每个类目，按年份汇总，计算对应的年度销售额、年度购买人数
item_gp = result2.groupby(['详细类目','年份'])[['销售额','购买人数']].sum()\
    .reset_index()
# 计算年度客单价
```

```python
item_gp['客单价'] = item_gp['销售额'] / item_gp['购买人数']
#最终客单价，根据需求，只取2023年的
item_gp = item_gp.loc[item_gp['年份'] == '2023',:]
item_gp.head()
```

运行结果如下：

```
        详细类目              年份    销售额          购买人数      客单价
1   专项户外运动装备 & 冰爪       2023   30163749.95   310832.84    97.04
3   专项户外运动装备 & 呼吸管 - 呼吸器  2023   17198793.49   136986.67   125.55
5   专项户外运动装备 & 安全带      2023   66140160.84   303756.40   217.74
7   专项户外运动装备 & 救生衣      2023   98807893.65   445640.13   221.72
9   专项户外运动装备 & 气瓶       2023   36317479.97    33514.51  1083.63
```

我们拿到了每个细分类目的2023年客单价数据，下一步是将销售额、增速和客单价数据进行整合。用merge()方法将两者合并，进一步提取我们所需的字段。

```python
#final表的类目和item_gp表的详细类目是一样的
final_new = pd.merge(final,item_gp,left_on = '类目',right_on = '详细类目',how = 'inner')
#提取合并后的关键指标
final_new = final_new[['类目','2022年销售额','2023年销售额','销售增速','客单价']]
final_new.head()
```

运行结果如下：

```
         类目             2022年销售额     2023年销售额    销售增速    客单价
0   专项户外运动装备 & 冰爪        7884578.41    30163749.95    2.83     97.04
1   专项户外运动装备 & 呼吸管 - 呼吸器 7173132.43    17198793.49    1.40    125.55
2   专项户外运动装备 & 安全带      19393866.43   66140160.84    2.41    217.74
3   专项户外运动装备 & 救生衣     23820417.15   98807893.65    3.15    221.72
4   专项户外运动装备 & 气瓶       8052409.00   36317479.97    3.51   1083.63
```

9.4.3 权重的计算

1. 变异系数法

根据变异系数法，我们需要计算每个指标的平均值和标准差。利用describe()方法可以直接计算出相关指标：

```python
final_new.describe()
```

运行结果如下：

```
          2022年销售额      2023年销售额    销售增速    客单价
count        128.00          128.00       128.00   128.00
mean     105009765.18    389253544.32      2.79    245.77
std      231216148.93    863806475.71      0.61    251.62
min         589492.92      2094447.84      1.40     18.37
```

```
25%          8931205.15      32890176.12      2.40      77.96
50%         27727218.81     113122708.51      2.80     153.08
75%         90346726.97     371512115.05      3.20     321.37
max       1535788007.33    6578928834.59      4.35    1615.38
```

基本统计指标都已经计算好了，这里只需要提取平均值和标准差，所以把数据转置，然后提取 mean 和 std 列：

```
cov = final_new.describe().T[['mean','std']]
print(cov)
```

运行结果如下：

```
                    mean              std
2022 年销售额   105009765.18     231216148.93
2023 年销售额   389253544.32     863806475.71
销售增速              2.79             0.61
客单价              245.77           251.62
```

再补充变异系数列，并根据变异系数的大小求出权重：

```
# 计算每个指标的变异系数
cov['cov'] = cov['std'] / cov['mean']
# 根据变异系数占比得到实际权重
cov['cov_pct'] = cov['cov'] / cov['cov'].sum()
cov
```

运行结果如下：

```
                mean              std         cov    cov_pct
2022      105009765.18    231216148.93     2.20       0.39
2023      389253544.32    863806475.71     2.22       0.39
销售增速           2.79             0.61     0.22       0.04
客单价           245.77           251.62     1.02       0.18
```

基于变异系数法，求得 2022 年和 2023 年销售额权重都是 0.39，销售增速权重是 0.04，2023 年客单价权重则是 0.18。

大家想一想，如果这样的权重值最终被采用，站在业务人员的角度看，会不会有问题？尽管你告诉业务人员这是通过相对科学的客观赋权法得到的值，但大概率他还是会有以下质疑。

❏ 2023 年和 2022 年销售额的权重为什么一样？越近的年份销售额对我们来说参考价值越大才对。

❏ 销售增速权重太低，要知道增速是一个直接反映趋势的指标。

❏ 客单价作为一个辅助性的判断指标，权重竟然远高于销售增速，不符合业务逻辑。

所以，接下来我们尝试用权值因子判表法做一个对比。

2. 权值因子判表法

制定好了打分表，并找需求相关部门的 5 个重要角色打分，最终拿到了 5 位专家的打分表。我们用 Pandas 读取，代码如下：

```
data = pd.read_excel('专家打分表.xlsx')
data.head(8)
```

结果如图 9-10 所示。

	专家编号	关键指标	2022 年销售额	2023 年销售额	销售增速	客单价
0	1	2022 年销售额	NaN	0.00	0.00	1.00
1	1	2023 年销售额	1.00	NaN	NaN	1.00
2	1	销售增速	1.00	1.00	NaN	1.00
3	1	客单价	0.00	0.00	0.00	NaN
4	2	2022 年销售额	NaN	0.00	0.00	0.00
5	2	2023 年销售额	1.00	NaN	0.00	1.00
6	2	销售增速	1.00	1.00	NaN	1.00
7	2	客单价	1.00	0.00	0.00	NaN

图 9-10 专家打分表汇总

要计算 5 位专家给每个维度的打分，先横向汇总每一行的得分情况，再分别按照 4 个指标分组求平均即可。

```
# 把空缺值用 0 填充，否则汇总值也会是 NaN
data.fillna(0,inplace = True)

# 计算每一行的汇总值
data['分值汇总'] = data['2022 年销售额'] + data['2023 年销售额'] + data['销售增速']
    + data['客单价']

# 按照 2022 年销售额、2023 年销售额、增速、客单价四个指标分组，并统计汇总分值的平均分
data_gp = data.groupby('关键指标')['分值汇总'].mean().reset_index()
print(data_gp)
```

运行结果如下：

```
      关键指标    分值汇总
0  2022 年销售额    0.80
1  2023 年销售额    2.20
2       客单价    0.20
3      销售增速    2.80
```

再根据分值汇总结果计算各自的占比，得到最终权重。

```
# 这里的权重即分值汇总数值的占比
data_gp['权重'] = data_gp['分值汇总'] / data_gp['分值汇总'].sum()
print(data_gp)
```

运行结果如下：

```
       关键指标  分值汇总   权重
0   2022年销售额   0.80  0.13
1   2023年销售额   2.20  0.37
2        客单价   0.20  0.03
3       销售增速   2.80  0.47
```

综合 5 位专家的意见，对于行业发展趋势来说，4 个指标的重要度排序是销售增速＞2023 年销售额＞2022 年销售额＞客单价。

这个结果值更符合业务逻辑，我们用权值因子判表法的权重结果进行后续计算。

9.4.4 数据标准化

各指标的权重已定，一般来说，只需要用各自的数值乘以权重，最终加总即可。但是，我们拿到的行业数据存在很严重的数据量级差异，销售额是千万元级别，而销售增速最多也只是个位数，客单价则是几百到几千元。量级差异过大，会导致权重没有任何意义。因此，我们需要先将数据标准化和去量纲。

这里我们介绍一种常用的最大最小值归一化法，它的计算公式为（对应列某个值－列最小值）/（列最大值－列最小值）。该公式把对应列所有的值都压缩在 0～1 的范围内，让数据单位保持一致。

用 Pandas 来实现，代码如下：

```
# 每一个指标都套用了上面的去量纲公式
final_new['2022_mms'] = (final_new['2022年销售额'] - final_new['2022年销售额']
    .min())/(final_new['2022年销售额'].max()- final_new['2022年销售额'].min())
final_new['2023_mms'] = (final_new['2023年销售额'] - final_new['2023年销售额']
    .min())/(final_new['2023年销售额'].max()- final_new['2023年销售额'].min())
final_new['销售增速_mms'] = (final_new['销售增速'] - final_new['销售增速'].min())/
    (final_new['销售增速'].max()- final_new['销售增速'].min())
final_new['客单价_mms'] = (final_new['客单价'] - final_new['客单价'].min())/
    (final_new['客单价'].max()- final_new['客单价'].min())

# 按 2023 年销售额排序，查看前 5 条结果
final_new.sort_values('2023年销售额',ascending = False).head()
```

运行结果如图 9-11 所示。

可以看到，目前所有关键指标的量纲都得到了统一。

第9章 行业机会分析与权重确定

	类目	2022年销售额	2023年销售额	销售增速	客单价	2022_mms	2023_mms	销售增速_mms	客单价_mms
67	户外服装 & 户外服装	1535788007.33	6578928834.59	3.28	405.94	1.00	1.00	0.64	0.24
17	垂钓装备 & 垂钓装备	1263322207.67	4530217246.31	2.59	107.43	0.82	0.69	0.40	0.06
95	户外鞋靴 & 户外鞋靴	1174675113.88	3554767358.42	2.03	423.33	0.76	0.54	0.21	0.25
31	垂钓装备 & 钓竿	666732975.43	3053970690.23	3.58	293.47	0.43	0.46	0.74	0.17
58	户外服装 & 冲锋衣	913619579.64	2826169162.98	2.09	557.40	0.59	0.43	0.24	0.34

图 9-11 归一化结果

9.4.5 综合发展指数

要计算综合发展指数，只需要把对应的数值乘以权重并加总即可。

```
# 每个归一化后的值乘以之前计算的对应权重
final_new['综合发展指数'] = final_new['2022_mms'] * 0.13 + final_new['2023_mms']
    * 0.37 + final_new['销售增速_mms'] * 0.47 + final_new['客单价_mms'] * 0.03
# 按综合指数排序查看前10的细分类目，为了简化展示，只提取了几个关键字段，没有取归一化的结果
final_new.sort_values('综合发展指数',ascending = False)[['类目','2022年销售额',
    '2023年销售额','销售增速','客单价','综合发展指数']].head(10)
```

代码执行结果如图 9-12 所示。

	类目	2022年销售额	2023年销售额	销售增速	客单价	综合发展指数
67	户外服装 & 户外服装	1535788007.33	6578928834.59	3.28	405.94	0.81
31	垂钓装备 & 钓竿	666732975.43	3053970690.23	3.58	293.47	0.58
17	垂钓装备 & 垂钓装备	1263322207.67	4530217246.31	2.59	107.43	0.55
45	垂钓装备 & 鱼钩	55895341.31	299165733.63	4.35	42.54	0.49
122	防护-救生装备 & 防护-救生装备	103906995.09	516112688.85	3.97	88.71	0.45
42	垂钓装备 & 鱼线	103102216.89	512039937.97	3.97	50.67	0.45
111	望远镜-夜视仪 & 户外眼镜 & 望远镜-夜视仪-户外眼镜	220271388.35	1025433112.52	3.66	357.62	0.44
43	垂钓装备 & 鱼线轮	205590742.05	955452386.15	3.65	434.42	0.44
26	垂钓装备 & 浮漂	104103534.51	502844205.49	3.83	69.13	0.42
74	户外服装 & 羽绒衣	512927562.77	1994130010.74	2.89	1615.38	0.42

图 9-12 权重结果

由上面的结果不难发现，户外运动行业具有以下发展特点。
- 无服装，不户外。一旦大家想户外，首先要解决的是服装问题。户外服装凭借高销售规模、高增长成为最具潜力的细分类目。
- 钓鱼是户外运动的王者。发展趋势前10的细分类目，有6个是与垂钓装备相关的，这个行业需要重点关注。

9.5 本章小结

权重的确定方法有很多，如级别法、权值因子判表法、变异系数法等，既有主观赋权法，也有客观赋权法。

在确定各指标的权重之后，综合指标的计算一定要考虑量纲的差异，如果量级差异过大，需要先去量纲再汇总计算。

最后，我想强调和补充的是，在实际工作中，权重与综合指数的应用效果，除了计算方法的科学性，还有两个非常重要的特性一定要注意。
- **业务可理解性**。如果是复杂的权重计算模型，一定要用简要的话来提炼，最好做到一句话让业务人员明白。因为他们的理解程度会影响最终策略和建议能否落地。
- **是否符合业务逻辑**。正如上面的案例所示，用客观赋权的变异系数法最终得到的权重可能符合数据规律，但和实际业务或者商业逻辑相悖，很容易受到抵触。权重的计算只有和业务逻辑相契合，才能顺利推动。毕竟，能推动业务的分析，才是好的分析。

第 10 章

用户分层实战

用户分层是几乎所有品牌都会思考的一个重要命题,合理的分层能够帮助品牌有效提升用户的忠诚度。通过本章的学习,我们会了解用户分层的基本概念、价值及分层思路。同时,还会基于 30 多万行的案例数据,熟悉实战中数据预处理的方法,并运用二八法则与拐点法,结合 Pandas 来实现科学的用户分层。

10.1 用户分层的基本概念

10.1.1 无处不在的用户分层

用户分层,顾名思义,是把用户按照一定的规则划分成不同的层级,如图 10-1 所示。

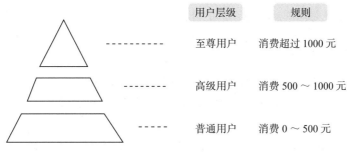

图 10-1 用户分层示例

想玩游戏了,打开《王者荣耀》,看到新出的英雄皮肤效果炫酷,忍不住充值购买,系统提示我的 VIP 等级提升了,从 V6 升级到尊贵的 V7。不过,之后因为我一段时间没有消费,等级又退回到了 V6。

想买双鞋了,找到某品牌天猫旗舰店,轻车熟路地点开店铺会员中心,因为我已经是铂金等级的会员,每月能领取一张满 500-50 的优惠券。再消费 3000 元,就能升级到最高级别的至尊会员,还可以享受每季度的线下 VIP 活动。

想喝咖啡了,在星巴克小程序上下单,发现了醒目的会员等级提示和不同等级权益的详细说明。星巴克目前的会员分成 3 个等级,从低到高分别是银享级、玉享级和金享级。要想提升会员等级,就需要攒到一定数量的星星。例如从银享级升级到玉享级,需要 4 颗星,而每消费 50 元可以获得一颗星,这意味着需要消费满 200 元。

生活中,用户分层可谓无处不在。

10.1.2 用户分层的类型

用户分层可以分为两种类型——外向型和内向型,如图 10-2 所示。

外向型分层	内向型分层
对外展示	内部指导
作为会员体系参考	作为精细化运营参考
品牌用户战略	用户运营策略

图 10-2 两种用户分层类型

外向型分层指品牌基于数据分析确定用户分层之后,将其作为标准向外宣传展示。常见的做法是直接按照用户分层的标准构建会员体系,并在醒目的资源位展示宣传,作为品牌整体用户战略的重要部分,一旦确定,绝不轻易变更。

内向型分层则是品牌用户运营相关的部门为了更好地达成 KPI,通过对用户分层进行精细化运营。这种分层一般更加细致和灵活,可以随运营目标而调整。不过,内向型分层并不会对外展示,只是用户运营的辅助工具。

本章将主要围绕对品牌影响更深远的外向型分层展开。

10.1.3 用户分层的特征

本章开头的 3 个例子中,平台和品牌根据消费金额把用户分成了不同的级别,这些级别之间有着显著的等级关系、明确的晋升路径、差异化的奖励机制,这也是用户分层的 3 个典型特征。

- **显著的等级关系**:在用户分层体系中,各层之间的等级秩序非常明显。虽然不同分层可能使用不同的命名方式,但消费者几乎可以立即识别出等级的高低,例如,VIP8 高于 VIP2,黄金会员高于白银会员。
- **明确的晋升路径**:当用户满足一定条件时,便可以从低等级晋升至高等级。这些条件通常与交易相关，可以通过具体的数值进行量化。
- **差异化的奖励机制**：根据用户等级的不同，平台和品牌为用户提供了不同力度的权益。用户的等级越高，为其提供的实惠和特权就越多。这种差异化的奖励机制能激励用户提高消费水平，从而增强其对平台和品牌的黏性。奖励可能包括折扣、优惠券、专属客服、活动预览等。

10.1.4 为什么要做用户分层

很多人把做用户分层的原因归结为精细化运营的需要，有一定道理，但这只是冰山一角，要搞清楚为什么品牌都喜欢做用户分层，我们还需要看得更深一些。

1. 供需关系的转变

在一个供不应求的市场里，品牌最关注的两件事是定价和产能。在条件允许的情况下能把价格提升多少？如何开足马力、加大产能以生产更多的产品？至于怎样维护好和用户的关系，怎样用科学的方法对用户进行分层，对品牌来说，既无必要也没兴趣。

反之，在供过于求的市场里，市场上有各种品牌的产品相互竞争，产品同质化严重，选择权牢牢掌握在用户的手中。这个时候，品牌则需要通过维护好和用户的关系，用各种奖励忠诚的方式来增强自己的竞争力。现如今大多数行业都处于这种供求状态，因此大家会发现几乎所有的品牌都在做用户分层，并基于分层搭建自己的会员体系。

2. 资源的有限性

品牌的资源都是有限的，如果将资源和福利无差别地投到每个用户身上，会带来两个问题：其一，会引来巨量的羊毛党，无底线地薅羊毛任何品牌都无法承受；其二，忠诚的用户并未受到特殊的关注，他们很可能转而投向对忠诚用户特殊关照的品牌。因此，在资源有限的情况下，品牌必须筛选出不同等级的用户，差异化投入和运营，以期达到每层用户的最佳 ROI。

3. 提升用户忠诚度

用户分层，除了把用户分为不同的等级，为每个等级设置针对性的激励策略也同样重要。通过给予高等级用户丰富的特权和激励，可以有效维护高等级用户的忠诚度；同时，对低等级用户来说，高等级的丰厚激励会吸引和促使他们不断完成品牌期待的关键动作（如持续消费），以实现等级的提升。

10.1.5 分层的两个问题

要进行用户分层，首先要解决的两个问题便是"**根据什么指标来分**"和"**分多少层**"。

1. 根据什么指标来分

本章开头的 3 个例子，无论对于《王者荣耀》、某品牌天猫店还是星巴克，营收都是最核心的指标，因此，它们都按照用户的累计消费金额来区分等级。**我们期望用户完成什么关键行为，就可以用这种行为的数据来划分用户等级**。对于平台和品牌来说，用户的活跃指标虽然重要，但远远比不上真金白银的消费。所以，用累计消费金额来划分用户等级，是目前最常用的一种方式。

2. 分多少层

由于平台和品牌有较大的差异性，这里我们主要从品牌的视角来思考"用户应该分多少层"这个问题。

- 分层太少（如分2层），难以体现不同等级的差异化激励。如果门槛标准设置太低，用户很容易达到最高等级，有一种"轻轻一跃便上山巅"的感觉，大概率是不会珍惜眼前的美景——高等级激励的；如果门槛标准设置太高，低等级用户会有"难于上青天"之感。
- 分层过多（超过5层），容易让用户信息过载，导致大部分用户无法记住甚至没有兴趣看不同等级所对应的福利，更谈不上这些福利最终对用户的关键行为有多少实际的激励作用。

所以，大部分品牌用户分层的数量在3～5层之间。最低等级几乎没有限制门槛，目的是吸引用户绑定，品牌可以获取用户关键信息并引导用户初次体验产品；中间等级则可以筛掉一些薅羊毛的用户，通过一些日常的奖励，促使用户持续留存和购买；高等级用户是品牌最核心的人群，需要给予最大的资源投入与最好的福利，维持核心用户的忠诚，并吸引其他等级的用户向上升级。

下面，我将给大家提供实际的案例数据，在介绍几种用户分层方法的同时带大家用Pandas实操。

10.2 二八法则

10.2.1 二八法则在用户分层上的应用

二八法则过于经典，相信不少读者耳朵都听出茧子了。二八法则应用到电商场景下，可以概括为"20%的用户贡献了80%的销售额"，这20%用户是品牌最核心的用户，如图10-3所示。当然，法则中的20%和80%两个数字，在实际中会有所波动，但总体都符合少量核心用户做出大量贡献的规律。

怎么将二八法则与用户分层相结合呢？很简单，根据二八法则直接切分就好。这里我们以把用户分3层为例。先按照用户的累计支付金额降序排列，找到前20%的用户。如此一来，整体用户被分成了前20%和后80%两个人群。

然后，在前20%的用户中，继续按照二八法则切分，最高等级的人群占比为4%（20%×20%）。最终，整体用户被分成了低、中、高三个等级，对应的人数占比分别是80%、16%、4%。

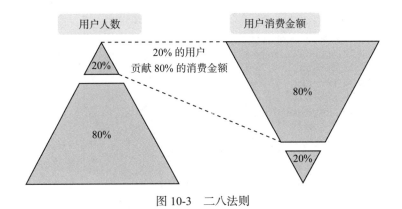

图 10-3　二八法则

百说不如一练，我们用 Pandas 来实践一下。

10.2.2　数据预览

1. 数据扫描

首先，导入我们的案例数据，数据是阿粥（小 z）品牌下的店铺 2023 年 1～12 月的订单数据：

```
df = pd.read_excel('主订单数据集.xlsx')
df.head()
```

前几行结果如下：

	品牌名	店铺名称	主订单编号	用户 ID	付款时间	订单状态	实付金额	购买数量
0	阿粥（小 z）	数据不吹牛	73465136654	uid135460366	2023-01-01 09:32:12	交易成功	166	1
1	阿粥（小 z）	数据不吹牛	73465136655	uid135460367	2023-01-01 09:11:50	交易成功	117	1
2	阿粥（小 z）	数据不吹牛	73465136656	uid135460368	2023-01-01 11:49:02	交易成功	166	1
3	阿粥（小 z）	数据不吹牛	73465136657	uid135460369	2023-01-01 12:20:24	交易成功	77	1
4	阿粥（小 z）	数据不吹牛	73465136658	uid135460370	2023-01-01 01:23:15	交易成功	158	1

获取数据的关键信息，对数据进行快速扫描：

```
print(df.info())
print(df.describe())
```

运行结果如下：

```
df.info()
<class 'pandas.core.frame.DataFrame'>
RangeIndex: 356233 entries, 0 to 356232
Data columns (total 8 columns):
 #  Column  Non-Null Count  Dtype
---  ------  --------------  -----
 0  品牌名     356233 non-null  object
 1  店铺名称    356233 non-null  object
```

```
 2   主订单编号  356233 non-null int64
 3   用户ID      356231 non-null object
 4   付款时间    356233 non-null object
 5   订单状态    356233 non-null object
 6   实付金额    356233 non-null int64
 7   购买数量    356233 non-null int64
dtypes: int64(3), object(5)
memory usage: 21.7+ MB

df.describe()
       主订单编号        实付金额         购买数量
count  3.562330e+05  356233.000000  356233.000000
mean   7.346531e+10  166.493065     1.116438
std    1.028358e+05  153.645028     0.817845
min    7.346514e+10  40.000000      1.000000
25%    7.346523e+10  77.000000      1.000000
50%    7.346531e+10  146.000000     1.000000
75%    7.346540e+10  203.000000     1.000000
max    7.346549e+10  29309.000000   150.000000
```

通过 Pandas 快速扫描，数据的关键信息已经明确，具体如下。

- 数据集一共 35.6 万行，包含品牌名、店铺名称、主订单编号、用户 ID、付款时间、订单状态、实付金额和购买数量的字段。需要注意的是，实付金额是这条交易记录的总金额，不用再乘以购买数量。
- df.info() 的结果显示，只有用户 ID 有两个缺失值，整体数据还算完整。
- df.describe() 把主订单编号当作数值来统计，直接忽略即可。但我们可以明显发现这份数据中的实付金额和购买数量存在异常值，单条记录的最高金额接近 3 万元，购买数量也达到了令人难以置信的 150。

2. 主订单和子订单的区别

一般订单数据会分为主订单和子订单两种类型，以上是一份很典型的主订单数据集。主订单和子订单的差异如图 10-4 所示。

主订单

用户ID	购买数量	实付金额
A	1	100
B	2	400
C	3	250

子订单

用户ID	商品ID	商品标题	购买数量	实付金额
A	P001	面膜	1	100
B	P002	口红	1	300
B	P001	面膜	1	100
C	P001	面膜	2	200
C	P004	鼠标	1	50

图 10-4　主订单和子订单的差异

主订单会把用户同一时间下单的商品聚合，汇总成一条数据；而子订单则对应到一个个具体的商品。例如某用户的购物车中有 2 件不同的商品，同一时间付了款，主订单只有 1 行记录，而子订单会有 2 行。

10.2.3 数据清洗

1. 用户 ID 缺失值处理

用户 ID 只有极少量的缺失值，直接将相关行删掉即可：

```
df = df.loc[df['用户ID'].isnull() == False,:]
print(df.info())
```

运行结果如下：

```
<class 'pandas.core.frame.DataFrame'>
Int64Index: 356231 entries, 0 to 356232
Data columns (total 8 columns):
 #   Column   Non-Null Count   Dtype
---  ------   --------------   -----
 0   品牌名      356231 non-null  object
 1   店铺名称     356231 non-null  object
 2   主订单编号    356231 non-null  int64
 3   用户ID     356231 non-null  object
 4   付款时间     356231 non-null  object
 5   订单状态     356231 non-null  object
 6   实付金额     356231 non-null  int64
 7   购买数量     356231 non-null  int64
dtypes: int64(3), object(5)
memory usage: 24.5+ MB
```

2. 异常值处理

四分位法是处理异常值时常用的方法，其原理如图 10-5 所示。

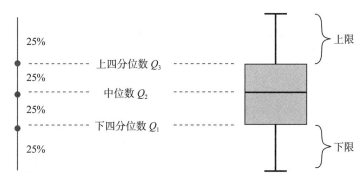

图 10-5 四分位法原理

从统计的角度看，数据从小到大排序后，下四分位数 Q_1、中位数 Q_2、上四分位数 Q_3 把整个数据切分成了 4 段，每一段都包含 25% 的值。对应到箱线图，如果数值高于箱线图的上限或者低于箱线图的下限，则将其判定为异常值。

上限和下限主要用 Q_1 和 Q_3 来计算：

上限 = $Q_3 + n(Q_3 - Q_1)$

下限 = $Q_1 - n(Q_3 - Q_1)$

其中 $Q_3 - Q_1$ 常叫作四分位距（简称 IQR），是度量数据离散程度的有效参数。这里的 n 可以根据实际情况灵活设置，n 越大，对于异常值越包容。一般认为：当 n=1.5 时，能够剔除基础的异常值；当 $n \geq 3$ 时，剔除的是极端的异常值。

因为订单数据涉及大促活动，难免有用户极端的囤货行为，这里我们用 n=3 作为异常值剔除的标准。

先计算上限和下限的值：

```
up = df.describe()['实付金额']['75%'] + (df.describe()['实付金额']['75%'] -
    df.describe()['实付金额']['25%']) * 3
low = df.describe()['实付金额']['25%'] - (df.describe()['实付金额']['75%'] -
    df.describe()['实付金额']['25%']) * 3

print('实付金额的上限值：',up)
print('实付金额的下限值：',low)
```

分位数直接取材于 df.describe() 的统计结果，计算得到了上下限：

```
实付金额的上限值：581.0
实付金额的下限值：-301.0
```

订单金额下限不可能为负，因此只需对上限值进行异常值剔除处理：

```
df = df.loc[df['实付金额'] <= up,:]
df.describe()
```

所有超过 581 元的订单均被剔除，结果如下：

```
            主订单编号         实付金额        购买数量
count   3.533680e+05   353368.000000   353368.000000
mean    7.346531e+10      160.609150        1.103861
std     1.027865e+05       99.092419        0.645977
min     7.346514e+10       40.000000        1.000000
25%     7.346523e+10       77.000000        1.000000
50%     7.346531e+10      146.000000        1.000000
75%     7.346540e+10      199.000000        1.000000
max     7.346549e+10      581.000000      145.000000
```

一波刚平，一波又起。金额正常了，但购买数量最大值还是 145，有的读者可能会疑惑："刚才剔除金额的时候为什么不一起把购买数量剔掉？"

那是因为绝大部分用户的购买数量是 1，最开始 describe() 中的上下四分位数也都是 1，相减之后是 0，没有任何意义。我们使用购买数量对应的订单数分布来筛选：

```
#统计不同购买数量对应的订单数分布
ct_count = df['购买数量'].value_counts().reset_index()
ct_count.columns = ['购买数量','订单数']

#统计订单数占比
ct_count['订单数占比'] = ct_count['订单数'] / ct_count['订单数'].sum()

#订单数占比累加结果
ct_count['累计订单数占比'] = ct_count['订单数占比'].cumsum()
ct_count.head(10)
```

运行结果如下:

```
   购买数量    订单数   订单数占比   累计订单数占比
0     1   329739  0.933132  0.933132
1     2    14216  0.040230  0.973362
2     3     7998  0.022634  0.995996
3     4      687  0.001944  0.997940
4     5      449  0.001271  0.999210
5     6      152  0.000430  0.999641
6     7       35  0.000099  0.999740
7    10       26  0.000074  0.999813
8     8       12  0.000034  0.999847
9     9       11  0.000031  0.999878
```

绝大部分订单的购买数量是1,购买数量小于或等于5的订单占总订单的比重高达99.92%,接近全部了。这里以5作为标准,保留购买数量小于或等于5的数据:

```
df = df.loc[df['购买数量'] <= 5,:]
```

3. 订单状态筛选

订单相关的数据如果有订单状态的字段,一定要留意。我们来观察一下目前的订单状态分布:

```
df['订单状态'].value_counts()
```

运行结果如下:

```
交易成功                       289386
付款以前,卖家或买家主动关闭交易           37242
付款以后用户退款成功,交易自动关闭          26447
等待买家确认收货,即卖家已发货               14
Name: 订单状态, dtype: int64
```

订单状态差异是造成口径差异的一个重要因素,这里我们只保留成功的订单:

```
df = df.loc[df['订单状态'] == '交易成功',:]
print('清洗之后的订单量: ',len(df))
```

清洗之后的订单量为289386。终于把手洗干净,可以开动吃正餐了。

10.2.4 二八法则下的用户分层

如果要根据二八法则把用户分为三层,需要切两刀:第一刀划出前 20% 和后 80%,第二刀再从前 20% 里切出前 20%(全部用户的前 4%)。也就是说,我们根据实付金额将用户降序排列,再统计前 4%、前 20% 对应的金额就可以了。

第一步,先根据实付金额将用户降序排列:

```
# 每个用户金额汇总
group_28 = df.groupby('用户ID')['实付金额'].sum().sort_values(ascending = False)
    .reset_index()

# 增加"用户序号"列用于后续筛选,序号从1开始
group_28['用户序号'] = list(range(1,len(group_28) + 1))
group_28.head()
```

按用户 ID 分组,统计每个用户的实付金额并按降序排列,结果如下:

```
        用户ID       实付金额    用户序号
0  uid135476531    39758      1
1  uid135460679    35543      2
2  uid135467627    30916      3
3  uid135473980    23619      4
4  uid135465649    21015      5
```

第二步,确定前 4%、前 20% 的用户对应的位置:

```
top_4 = round(len(group_28) * 0.04)
top_20 = round(len(group_28) * 0.20)

print('前 4% 对应的最后一个序号: ',top_4)
print('前 20% 对应的最后一个序号: ',top_20)
```

这里直接用总用户数乘以对应的分位数,再用 round() 方法截取整数位,得到对应的用户序号。

```
前 4% 对应的最后一个序号: 5420
前 20% 对应的最后一个序号: 27101
```

第三步,根据序号筛选出对应的分层金额门槛:

```
print('前 4% 对应的金额门槛: ',group_28.loc[group_28['用户序号'] == top_4,'实付金额']
    .values)
print('前 20% 对应的金额门槛: ',group_28.loc[group_28['用户序号'] == top_20,'实付金额'].values)
```

在按金额排序的用户分组中,运行上述代码找到对应的金额门槛:

```
前 4% 对应的金额门槛: [1037]
前 20% 对应的金额门槛: [460]
```

根据金额门槛我们对用户进行分层打标，其中消费金额小于 460 元的为低级用户，大于或等于 460 元且小于 1037 元的为中级用户，大于或等于 1037 元的是高级用户。通过自定义函数和 apply() 方法来实现：

```python
# 根据金额打标
def judge(x):
    if x >= 1037:
        return '高级用户'
    elif x >= 460:
        return '中级用户'
    else:
        return '低级用户'

group_28['用户等级'] = group_28['实付金额'].apply(judge)
group_28.head()
```

运行结果如下：

	用户ID	实付金额	用户序号	用户等级
0	uid135476531	39758	1	高级用户
1	uid135460679	35543	2	高级用户
2	uid135467627	30916	3	高级用户
3	uid135473980	23619	4	高级用户
4	uid135465649	21015	5	高级用户

二八法则的用户分层到此已经完成，最后我们统计不同等级的会员金额占比：

```python
# 直接根据等级标签做金额汇总
group_28_rank = group_28.groupby('用户等级')['实付金额'].sum().reset_index()

# 计算不同等级会员的金额占比
group_28_rank['金额占比'] = group_28_rank['实付金额'] / group_28_rank['实付金额']
    .sum()

group_28_rank.sort_values(['实付金额'])
```

运行代码得到了高级、中级、低级用户金额及占比：

	用户等级	实付金额	金额占比
2	高级用户	9087072	0.199717
0	中级用户	14104956	0.310000
1	低级用户	22307802	0.490283

前 4% 的用户（高级用户）贡献了总金额的 20% 左右，由中级和高级用户构成的前 20% 用户贡献了总金额的 50% 左右，符合"较少量用户贡献较大量金额"的逻辑，不过结果并不像二八法则中 20% 贡献 80% 那么突出。

10.3 拐点法

不同于二八法则分层的简单粗暴，拐点法依托于数据分布中的关键转折点，为用户分层提供了更加科学且合理的依据。

10.3.1 什么是拐点法

拐点，在一些地方也叫作魔法数字，它广泛应用于数据分析之中，用于指导运营和决策。例如：

- 某社交软件发现，如果新注册的用户在 7 天内关注了 20 个以上的用户，那么他的留存概率会大幅提升；
- 某电商品牌发现，如果用户累计消费超过 300 元，那么其用户生命周期会显著延长。

这里的关注 20 个用户、累计消费 300 元即魔法数字，从数据趋势上看就是拐点，如图 10-6 所示。

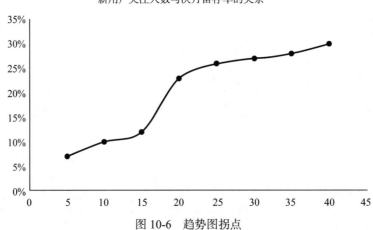

图 10-6　趋势图拐点

当用户的某个动作达到了拐点的标准时，其关键行为（如留存）较之前会有显著提升，而拐点法就是通过观察数据趋势，找到这些关键的拐点。

10.3.2 拐点法在用户分层上的应用

拐点法的核心在于两个指标的选择。

- **第一个指标**：衡量用户的某个行为，例如 7 天内关注了 20 个以上的用户；用户累计消费超过 300 元。这个指标必须是品牌有能力去影响的指标，否则就算找到拐点，品牌无能为力，也于事无补。
- **第二个指标**：指的是品牌希望提升什么指标，如次月留存率、用户生命周期价值。这个指标通常是品牌希望实现的关键目标，带有一定的预期性。

对应到用户分层上，为了让大家更好地理解，我们先来思考第二个指标：为什么要做用户分层？我们想通过用户分层提升什么？

"通过分层来提升用户长期忠诚度"是分层的核心目的之一。那么忠诚度又应该通过什么指标来量化呢？**复购率**是一个不错的答案，因为只有对品牌忠诚的用户才会重复购买。

我们希望提升用户的复购率，同时会用消费金额来对用户进行分层。两者结合，我们可以把用户的**消费金额**作为第一个指标，观察不同消费区间的用户对应留存率的变化趋势，从而找到消费金额与留存率之间的关系，并尝试找到关键的拐点，作为用户分层的参考值。

两个指标已经确定了，但是复购率怎么计算才合理呢？

10.3.3 基于 Pandas 的拐点法分层

1. 数据回顾

经过之前的数据清洗和分析，我们可以直接拿到 2023 年每个用户的消费金额汇总表 group_28：

```
        用户ID      实付金额    用户序号    用户等级
0  uid135476531     39758        1       高级用户
1  uid135460679     35543        2       高级用户
2  uid135467627     30916        3       高级用户
3  uid135473980     23619        4       高级用户
4  uid135465649     21015        5       高级用户
```

我们将其重新命名，并把之前二八法则确定的用户等级删掉，只保留了用户 ID 和实付金额：

```
group_kneed = group_28.iloc[:,:2]
group_kneed.head()
```

运行结果如下：

```
        用户ID      实付金额
0  uid135476531     39758
1  uid135460679     35543
2  uid135467627     30916
3  uid135473980     23619
4  uid135465649     21015
```

2. 关键指标口径确认

我们已经得到了拐点法的第一个指标——用户实付金额，第二个指标复购率该如何计算呢？

由于这里的复购率是衡量用户忠诚度的，带有预期的性质，所以我们采用隔断复购率的计算逻辑，如图 10-7 所示。

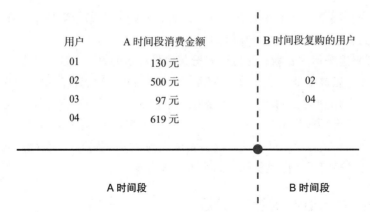

图 10-7　隔断复购率的计算逻辑

品牌整体的订单被隔断，分为 A 和 B 两个时间段。
- A 时间段范围较大，以保证用户数据足够稳定，我们计算该时间段每个用户的消费金额。
- B 时间段又叫复购观察期，时间跨度根据品牌用户和产品的特性来确定，一般是 3 个月以上，即用户 3 个月以上不购买，那么他流失或不忠诚的概率就非常大。

通过分析 A 时间段不同消费区间的用户在 B 时间段是否购买（见图 10-8），得到 A 时间段不同消费区间的隔断复购率趋势，帮助寻找消费区间和复购率的拐点。

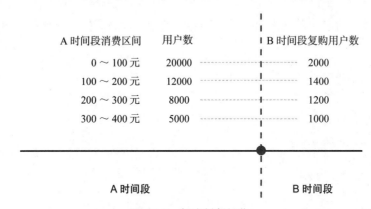

图 10-8　复购判断细化

在本章的案例中，假设当前时间是 2024 年 4 月 1 日，为了分析方便，可以把 A 时间段设定为 2023 年 1～12 月（实际分析中建议将这个时间拉得更长，以保证数据足够稳定），也就是之前处理的那部分数据，把 B 时间段定为 2024 年 1～3 月，即最近 3 个月。

厘清了指标逻辑，我们继续用 Pandas 分析。

3. 不同消费区间的打标

最终分析的是不同消费区间和复购率变化趋势。首先需要按消费区间对不同用户进行打标，这里我们以 100 元为一个区间划分。先准备区间数据：

```
# 将分组金额按 100 元一个区间切分，直到 1500 元，再往上用一个极大值封顶
bins = list(range(0, 1600, 100)) + [1000000]

# 构造分组标签
ranges = []

# 最终把分组标签构造成 0~100,100~200,200~300,…
for start,end in zip(range(0,1500,100),range(100,1600,100)):
    interval = str(start) + '~' + str(end)
    ranges.append(interval)
ranges.append('1500+')

print('分组区间: ',bins)
print('分组区间对应的标签: ',ranges)
```

以上代码分别构造了分组区间和分组区间对应的标签，具体如下。（这为接下来的切分做好了准备。）

```
分组区间: [0, 100, 200, 300, 400, 500, 600, 700, 800, 900, 1000, 1100, 1200, 1300,
    1400, 1500, 1000000]
分组区间对应的标签: ['0~100', '100~200', '200~300', '300~400', '400~500', '500~600',
    '600~700', '700~800', '800~900', '900~1000', '1000~1100', '1100~1200',
    '1200~1300', '1300~1400', '1400~1500', '1500+']
```

有了对应的区间之后，打标直接用 pd.cut() 方法：

```
group_kneed['消费区间'] = pd.cut(group_kneed['实付金额'],bins = bins,labels = 
    ranges)
group_kneed
```

把每个用户的实付金额按对应区间打标，得到如下结果：

```
         用户 ID       实付金额   消费区间
0        uid135476531   39758    1500+
1        uid135460679   35543    1500+
2        uid135467627   30916    1500+
3        uid135473980   23619    1500+
4        uid135465649   21015    1500+
...      ...            ...      ...
135499   uid135551937   40       0~100
135500   uid135583969   40       0~100
135501   uid135493631   40       0~100
135502   uid135486524   40       0~100
135503   uid135610430   40       0~100
135504 rows × 3 columns
```

消费区间划分完成，该进行不同区间复购率的计算了。

4. 不同区间复购率的计算

筛选出 2024 年 1～3 月的订单，然后用 2023 年的用户和它匹配，匹配上的用户即复购用户，再计算这部分用户的占比就能得到复购率。

在这一步，我已经为大家准备好了在 2024 年 1～3 月复购用户的 ID，省去了匹配筛选环节。

```
repur = pd.read_excel('2024年1~3月复购用户.xlsx')
repur.head()
```

repur 记录了复购用户的 ID：

```
     用户ID
0  uid135477653
1  uid135521126
2  uid135542845
3  uid135531153
4  uid135518141
```

拿到这份 ID，可以判断用户是否复购：

```
group_kneed['是否复购'] = group_kneed['用户ID'].isin(repur['用户ID'])
group_kneed.head()
```

以上代码判断每个用户是否在 2024 年 1～3 月复购打标完成，运行结果如下：

```
     用户ID        实付金额   消费区间   是否复购
0  uid135476531   39758    1500+   True
1  uid135460679   35543    1500+   True
2  uid135467627   30916    1500+   False
3  uid135473980   23619    1500+   alse
4  uid135465649   21015    1500+   False
```

下一步，计算每个区间的用户数，作为复购率计算的分母：

```
group_kneed_inter = group_kneed.groupby('消费区间')['用户ID'].count()
    .reset_index()
group_kneed_inter.columns = ['消费区间','用户数']
group_kneed_inter.head()
```

运行结果如下：

```
    消费区间    用户数
0   0~100    21033
1   100~200  40013
2   200~300  23074
3   300~400  17995
4   400~500  10036
```

接着，计算每个区间的复购人数：

```
group_if_repur = group_kneed.groupby('消费区间')['是否复购'].sum().reset_index()
group_if_repur.columns = ['消费区间','复购人数']
group_if_repur.head()
```

依然按照消费区间分组，对"是否复购"列进行汇总，得到复购人数的统计结果：

```
   消费区间   复购人数
0   0~100    1535
1  100~200   5162
2  200~300   3900
3  300~400   3545
4  400~500   2017
```

之前的"是否复购"列由 True 和 False 布尔值构成，为什么用 sum() 方法进行汇总之后，却得到了复购人数呢？这是因为在参与计算时，True、False 分别对应数值 1 和 0。也就是说，我们对复购人数做了汇总。

有了消费区间、用户数、复购人数三列，复购率的计算呼之欲出：

```
group_kneed_result = pd.merge(group_kneed_inter,group_if_repur,
    left_on = '消费区间',right_on = '消费区间',how = 'inner')
group_kneed_result['复购率'] = group_kneed_result['复购人数'] /
    group_kneed_result['用户数']
group_kneed_result.head()
```

根据消费区间把用户数和复购人数合并，同时用复购人数除以用户数，得到复购率：

```
   消费区间   用户数   复购人数   复购率
0   0~100   21033   1535    0.072981
1  100~200  40013   5162    0.129008
2  200~300  23074   3900    0.169021
3  300~400  17995   3545    0.196999
4  400~500  10036   2017    0.200976
```

5. 结果可视化与分析

关键指标均已计算完成，最后绘制消费区间和复购率趋势图：

```
# 导入必要的画图库并做设置，此处省略
#...

fig = plt.figure(figsize = (8,4))

# 绘制折线图
plt.plot(group_kneed_result['消费区间'], group_kneed_result['复购率'] * 100,
    marker='o',color = 'r',alpha = 0.7)

# 设置图表标题和坐标轴标签
plt.title('用户消费区间与复购率趋势图')
plt.xlabel('消费区间 / 元')
plt.ylabel('复购率 /% ')
```

```
# 旋转标题避免文字重叠
plt.xticks(rotation=45)

# 绘制网格线
plt.grid(True, linestyle='--', alpha=0.7)
```

运行结果如图 10-9 所示。

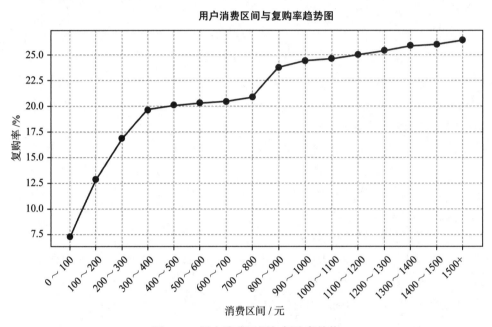

图 10-9 用户消费区间与复购率趋势

从用户消费区间与留存率趋势图可以清楚地看到以下消息。

❑ 400 元以内，用户每多消费 100 元，其留存率都会有显著的提升；当消费 0 ～ 100 元时，用户的留存率为 7.5%；当消费达到 300 ～ 400 元时，用户的留存率提升到近 20%；其后一段区间趋于稳定。因此，第一个拐点是 300 ～ 400 元的消费区间。

❑ 消费区间 800 ～ 900 元是另一个提升的拐点，该区间较之前的留存率提升明显，且 800 ～ 900 元之后的消费区间留存率虽有增长，但已相对缓慢。

结合数据观察，我们从趋势图中发现了两个具有拐点性质的消费区间。消费区间的数据可以拆得更细，进行更精准的金额定位，总体逻辑是完全一样的。

基于运营策略"稳定起见"的原则：消费 400 元的人数比消费 300 元的要少，分层激励投入的资源相对较少，而且消费 400 元的用户大概率要比消费 300 元的留存率更高，这符合资源投入少、用户质量高的特点。因此结合业务视角，以两个拐点消费区间的上界作为用户分层的标准：

- 消费低于 400 元的用户为低等级用户，品牌应该通过优惠等激励，促进早期用户更多消费以提升其复购率。
- 消费大于或等于 400 元且小于 900 元的用户为中级用户。这部分用户的忠诚度已经有所提升，但应该进一步促进其消费，让他们与品牌建立更深层的关系。
- 消费大于或等于 900 元的用户则为高级用户，是品牌最核心和忠诚的用户，无论是新品尝试还是营销活动传播，他们都是最有动力的一群人，品牌必须足够重视他们并给予关怀奖励。

利用拐点法进行用户分层至此已经全部完成。

10.4 本章小结

在本章中，我们先学习了用户分层的基本概念，包括用户分层有哪些类型，为什么要做用户分层以及怎么样做。在此基础上，我们结合实际的案例数据，用 Pandas 先清洗、后分析。

- **数据清洗**：扫描和预览数据后，处理了缺失值、异常值，并筛选了订单状态。在清洗的过程中，我们学到了如何用四分位法剔除异常值的新知识点。
- **数据分析**：活学活用，在学习二八法则和拐点法理论的同时，分别用 Pandas 实现了两种方法指导下的用户分层。其中：二八法则的分层相对固定，按照一定的比例来切分用户；拐点法更加灵活，通过两个指标的分布关系，找到关键拐点，进而予以策略支持。

Chapter 11 第 11 章

用户分群实战与加强版 RFM 模型

继用户分层之后,我们将开启用户分群学习之旅,这也是用户分析中极其重要的一环。本章先介绍用户分群的基本概念,并对比用户分群和用户分层的差异性;接着重点讲解用户分群中最经典的 RFM 模型,并结合一个实例剖析 RFM 建模过程中每一步的作用和操作技巧;最终实现使用 Pandas "一键" 生成 RFM 模型。除了介绍 RFM 模型,我们还会站在 RFM 模型的肩膀上,用不同的视角进行思考和拓展,以让 RFM 模型成为更好用的加强版模型。

11.1 走近用户分群

11.1.1 用户分群的定义及作用

用户分群,是指根据用户的属性、行为等数据将用户分成不同的群组或类别。通过用户分群,把不同特征的用户区分开来,并根据他们的兴趣、行为等偏好有针对性地制定运营策略,有的放矢,实现真正的精细化运营,如图 11-1 所示。

11.1.2 用户分群和用户分层的区别

你可能会问:上一章介绍的用户分层和这里的用户分群仅一字之差,它们到底有何区别? 主要有以下两点区别。

❑ **等级逻辑不同**。用户分层中不同等级的用户具有明显的金字塔式等级阶梯关系,而用户分群中的不同群组更像是平等的关系,例如男性用户和女性用户、偏好户外运动的用户与偏好室内运动的用户。

❑ **分类依据不同**。用户分层一般是按照单一指标对用户进行等级划分，而用户分群则是综合了更多维度的指标，把用户分成不同的群组。多指标分群的结果更加精细化，也更加符合业务精细化运营的逻辑。

图 11-1 用户分群示例

我用一个比喻帮助大家更好地理解它们的差异：用户分层像是一根绳子，绳上打了几个绳结，用户拽着绳子从下往上爬，每通过一个绳结，就会得到不同的奖励；用户分群则是由特殊绳子编制而成的蹦床，蹦床划分了多个主题，用户可以在其中任意选择自己喜欢的主题区域乱蹦。

那么，用户分群到底应该怎样做呢？我们一起来看看用户分群领域如雷贯耳的 RFM 模型。

11.2 RFM 用户分群实战

11.2.1 经典的 RFM 模型

RFM 模型是一种非常经典的用户分群、价值分析模型。RFM 模型有着极强的适用性，被广泛应用于以电商为代表的各个行业。同时，这个模型以直白著称，R、F、M 这 3 个字母就代表了它的 3 个核心指标。

❑ R（Recency，最近一次购买间隔）：每个用户有多少天没有回购了，可以理解为用户最近一次购买到现在隔了多少天。

❑ F（Frequency，消费频次）：每个用户购买了多少次。

❑ M（Monetary，消费金额）：每个用户累计购买的金额，也可以是每个用户平均每次购买的金额。

这 3 个维度是 RFM 模型的精髓所在，它们将混杂在一起的用户数据分成标准的 8 类（见图 11-2），让我们能够根据每一类用户人数占比、金额贡献等不同的特征，进行人、货、场三重匹配的精细化运营。

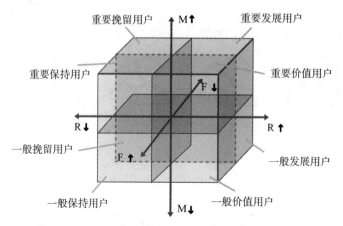

图 11-2　标准的 RFM 模型

用 Pandas 在源数据的基础上建立 RFM 模型，整体分为 5 步：**数据概览、数据处理、维度打分、分值计算和用户分层**。

11.2.2　第一步：数据概览

为了减少不必要的数据处理环节，这里我们使用的数据依然是上一章中用到的主订单表，它记录着用户交易相关的字段：

```
df = pd.read_excel('主订单数据集.xlsx')
df.head()
```

数据预览效果如下：

	品牌名	店铺名称	主订单编号	用户 ID	付款时间	订单状态	实付金额	购买数量
0	阿粥（小 z）	数据不吹牛	73465136654	uid135460366	2023-01-01 09:32:12	交易成功	166	1
1	阿粥（小 z）	数据不吹牛	73465136655	uid135460367	2023-01-01 09:11:50	交易成功	117	1
2	阿粥（小 z）	数据不吹牛	73465136656	uid135460368	2023-01-01 11:49:02	交易成功	166	1
3	阿粥（小 z）	数据不吹牛	73465136657	uid135460369	2023-01-01 12:20:24	交易成功	77	1
4	阿粥（小 z）	数据不吹牛	73465136658	uid135460370	2023-01-01 01:23:15	交易成功	158	1

有个细节需要提醒大家注意，在实际的业务场景中，可以考虑将一个用户在一天内的多次消费行为从整体上看作一次。

例如，我今天 10 点在必胜客天猫店买了个比萨兑换券，11 点又下单了饮料兑换券，18 点看到优惠又买了两个冰淇淋兑换券。这一天内虽然我下单了 3 次，但最终这些兑换券我会一次消费掉，应该只算作一次完整的消费行为，这个逻辑会指导后面 F 值的计算。

在上一章中，我们使用 info() 和 describe() 快速扫描了数据，已经熟悉了订单结构：订单一共 35.6 万行，包含品牌名、店铺名称、主订单编号、用户 ID、付款时间、订单状态、实付金额、购买数量等交易相关的字段。数据整体很规整，但存在缺失值、异常值等瑕疵。

11.2.3 第二步：数据处理

1. 订单数据清洗

经过上一章的缺失值处理、异常值处理和订单状态筛选，处理后的 28.9 万条数据已经非常"干净"，沿用之前代码即可，这里不再赘述，而把重点放在 RFM 模型相关的操作上。

2. 关键字段提取

清洗完订单数据之后，对于 RFM 模型来说，订单的字段还是太多了。这也体现了 RFM 的广泛适用性，它所要求的字段非常简单，只需要用户 ID、付款时间和实付金额这 3 个关键字段。我们把这些字段提取出来：

```
rfm_df = df[['用户ID','付款时间','实付金额']]
rfm_df['付款时间'] = pd.to_datetime(rfm_df['付款时间'])

rfm_df.head()
```

提取后的结果如下：

```
        用户ID             付款时间       实付金额
0  uid135460366  2023-01-01 09:32:12    166
1  uid135460367  2023-01-01 09:11:50    117
2  uid135460368  2023-01-01 11:49:02    166
3  uid135460369  2023-01-01 12:20:24     77
4  uid135460370  2023-01-01 01:23:15    158
```

3. 关键字段构造

这一步的关键在于构建模型所需的 3 个字段。
- R：最近一次购买距今多少天。
- F：购买了多少次。
- M：平均或者累计购买金额。

首先计算 R 值，即每个用户最近一次购买距离"今天"多少天。

这个今天是可以灵活定义的，假如我们在 2024 年 1 月 1 日对历史数据做分析，可以把这一天当作"今天"。

- 对于只购买过一次的用户，用 2024 年 1 月 1 日减去用户的付款时间即可。
- 对于多次购买用户，先筛选出这个用户最后一次付款的时间，再用 2024 年 1 月 1 日减去它。

需要提醒的是，在时间格式中，越往后的时间越"大"。举个例子，2023 年 9 月 19 日是要大于 2023 年 9 月 1 日的，即以下语句的返回结果为 True。

```
pd.to_datetime('2023-9-19') > pd.to_datetime('2023-9-1')
```

因此，要拿到所有用户最近一次付款时间，只需要按用户 ID 分组，再选取付款时间的最大值即可：

```
r = rfm_df.groupby('用户ID')['付款时间'].max().reset_index()
r.head()
```

运行结果如下：

```
       用户ID              付款时间
0  uid135460366  2023-01-01 09:32:12
1  uid135460367  2023-01-01 09:11:50
2  uid135460368  2023-04-07 18:19:37
3  uid135460369  2023-01-13 13:48:02
4  uid135460370  2023-06-16 08:05:47
```

为了得到最终的 R 值，用分析日期减去每位用户的最近一次付款时间。这份订单涵盖了 2023 年整年，所以这里我们把"2024-1-1"当作"今天"：

```
r['R'] = (pd.to_datetime('2024-1-1') - r['付款时间']).dt.days
r = r[['用户ID','R']]

r.head()
```

运行结果如下：

```
       用户ID      R
0  uid135460366  364
1  uid135460367  364
2  uid135460368  268
3  uid135460369  352
4  uid135460370  198
```

接着计算 F 值，即每个用户累计购买频次。

在数据概览阶段，我们明确了**"把单个用户一天内的多次下单行为看作整体"**的思路，所以，这里引入一个精确到天的日期标签，依照"用户ID"和"日期标签"进行分组，把每个用户一天内的多次下单行为合并，再统计购买次数：

```
# 引入日期标签辅助列
rfm_df['日期标签'] = rfm_df['付款时间'].astype(str).str[:10]

# 把单个用户一天内的订单合并
dup_f = rfm_df.groupby(['用户ID','日期标签'])['付款时间'].count().reset_index()

# 对合并后的用户统计频次
f = dup_f.groupby('用户ID')['付款时间'].count().reset_index()
```

```
f.columns = ['用户ID','F']

f.head()
```

得到 F 的结果如下：

```
      用户ID       F
0  uid135460366   1
1  uid135460367   1
2  uid135460368   2
3  uid135460369   2
4  uid135460370   7
```

上一步计算出了每个用户的购买频次，这里我们只需要得到每个用户的总支付金额，再用总支付金额除以购买频次，就能得到用户平均支付金额 M：

```
sum_m = rfm_df.groupby('用户ID')['实付金额'].sum().reset_index()
sum_m.columns = ['用户ID','总支付金额']
com_m = pd.merge(sum_m,f,left_on = '用户ID',right_on = '用户ID',how = 'inner')

#计算用户平均支付金额
com_m['M'] = com_m['总支付金额'] / com_m['F']
```

最后，将 3 个指标合并：

```
rfm = pd.merge(r,com_m,left_on = '用户ID',right_on = '用户ID',how = 'inner')
rfm = rfm[['用户ID','R','F','M']]
rfm_copy = rfm.copy()    #这里用不上，只是做个数据备份，为后面的模型加强做准备

rfm.head()
```

运行结果如下：

```
      用户ID       R    F         M
0  uid135460366  364   1   166.000000
1  uid135460367  364   1   117.000000
2  uid135460368  268   2   120.500000
3  uid135460369  352   2   208.500000
4  uid135460370  198   7   263.714286
```

至此，我们完成了模型核心指标的计算。

11.2.4 第三步：维度打分

维度确认的核心是分值确定。按照设定的标准，我们给每个消费者的 R、F、M 值打分，分值的大小取决于我们的偏好，**即对于我们越喜欢的行为，对应的数值越大，则打的分数就越高，反之亦然。**

R 值代表了用户最后一次下单距离今天的天数，这个值越大，用户流失的可能性就越大。我们当然不希望用户流失，所以 R 值越大，赋予的得分越低。

F 值代表了用户购买频次，M 值则是用户平均支付金额，这两个指标越大越好，即数值越大，得分越高。

RFM 模型中打分一般采取 5 分制，有两种比较常见的打分方式，一种是按照数据的分位数来打分，另一种是依据数据和业务的理解进行分值的划分。

为了帮助读者加深对数据的理解，进行自己的分值设置，这里使用第二种，即提前确定不同数值对应的分值。

对于 R 值的打分，根据行业经验，将 5 分和 4 分设置为 30 天一个跨度，将 3 分与 2 分设置为 60 天一个跨度，且均为左闭右开区间，如表 11-1 所示。

表 11-1　R 值打分及其含义

R 值打分	R 值	含义
1	[180, ∞)	最近一次购买距今 180 天及以上
2	[120,180)	最近一次购买距今 120 ~ 179 天
3	[60,120)	最近一次购买距今 60 ~ 119 天
4	[30,60)	最近一次购买距今 30 ~ 59 天
5	[0,30)	最近一次购买距今 0 ~ 29 天

F 值等于购买频次，每多一次购买，分值就加一分，如表 11-2 所示。

表 11-2　F 值打分及其含义

F 值打分	F 值	含义
1	1	购买 1 次
2	2	购买 2 次
3	3	购买 3 次
4	4	购买 4 次
5	[5, ∞)	购买 5 次及以上

我们可以先对 M 值做个简单的区间统计，然后分组。这里以 50 元为区间跨度来进行划分，如表 11-3 所示。

表 11-3　M 值打分及其含义

M 值打分	M 值	含义
1	[0,50)	平均每次支付金额大于或等于 0 元且小于 50 元
2	[50,100)	平均每次支付金额大于或等于 50 元且小于 100 元
3	[100,150)	平均每次支付金额大于或等于 100 元且小于 150 元
4	[150,200)	平均每次支付金额大于或等于 150 元且小于 200 元
5	[200, ∞)	平均每次支付金额大于或等于 200 元

这一步我们确定了一个打分框架，每一位用户的每个指标都有了与之对应的分值。

11.2.5　第四步：分值计算

分值的划分逻辑已经确定，但看着有点复杂。下面有请 Pandas 登场，且看它如何三拳两脚搞定这麻烦的分组逻辑。先拿 R 值打个样：

```
rfm['R-SCORE'] = pd.cut(rfm['R'],bins = [0,30,60,120,180,1000000],labels =
    [5,4,3,2,1],right = False).astype(float)
rfm.head()
```

运行结果如下：

```
      用户 ID         R    F        M         R-SCORE
0 uid135460366    364    1   166.000000      1.0
1 uid135460367    364    1   117.000000      1.0
2 uid135460368    268    2   120.500000      1.0
3 uid135460369    352    2   208.500000      1.0
4 uid135460370    198    7   263.714286      1.0
```

短短一行代码就完成了 5 个层级的打分！这里我们再复习一下 Pandas 的 cut() 方法。
- 向第一个参数传入要切分的数据列。
- bins 参数代表我们按照什么区间进行分组。上面我们已经确定了 R 值的分组区间，输入 [0,30,60,120,180,1000000] 即可。最后一个数值设置得非常大，是为了给分组一个容错空间，允许出现极端大的值。
- labels 和 bins 切分的数组前后呼应，比如这里，bins 设置了 6 个数值，共切分了 5 个分组，labels 则分别给每个分组打标签，0～30 是 5 分，30～60 是 4 分，依此类推。
- right 表示右侧区间是开还是闭，即包不包括右边的数值：如果设置成 False，就代表仅包含左侧的分组数据而不包含右侧的分组数据，如 [0,30)；如果设置为 True，则首尾都包含，如 [0,30]。

接着，F 值和 M 值就十分容易了，按照我们设置的值切分即可。

```
rfm['F-SCORE'] = pd.cut(rfm['F'],bins = [1,2,3,4,5,1000000],labels = [1,2,3,4,5],
    right = False).astype(float)
rfm['M-SCORE'] = pd.cut(rfm['M'],bins = [0,50,100,150,200,1000000],labels =
    [1,2,3,4,5],right = False).astype(float)

rfm.head()
```

第一轮打分已经完成，结果如下：

```
      用户 ID         R    F        M         R-SCORE   F-SCORE   M-SCORE
0 uid135460366    364    1   166.000000      1.0       1.0       4.0
1 uid135460367    364    1   117.000000      1.0       1.0       3.0
2 uid135460368    268    2   120.500000      1.0       2.0       3.0
3 uid135460369    352    2   208.500000      1.0       2.0       5.0
4 uid135460370    198    7   263.714286      1.0       5.0       5.0
```

下面进入第二轮打分环节。现在 R-SCORE、F-SCORE、M-SCORE 的取值范围是 1,2,3,4,5 这 5 个数，如果把这 3 个值进行组合，得到像 111,112,113 这样的值，可以组合出

125（5^3）种结果，分类结果太多，而过多的分类就失去了分类的意义。所以，我们通过判断每个用户的 R、F、M 值是否大于均值来简化分类结果。

每个用户的 R、F、M 值和均值对比后，只有 0 和 1（0 表示小于均值，1 表示大于均值）两种结果，可以组合出 8 个分组，是比较合理的情况。我们来判断用户的每个分值是否大于均值：

```
rfm['R是否大于均值'] = (rfm['R-SCORE'] > rfm['R-SCORE'].mean()) * 1
rfm['F是否大于均值'] = (rfm['F-SCORE'] > rfm['F-SCORE'].mean()) * 1
rfm['M是否大于均值'] = (rfm['M-SCORE'] > rfm['M-SCORE'].mean()) * 1
rfm.head()
```

得到加上判断标签之后的结果，如图 11-3 所示。

	用户 ID	R	F	M	R-SCORE	F-SCORE	M-SCORE	R是否大于均值	F是否大于均值	M是否大于均值
0	uid135460366	364	1	166.000000	1.0	1.0	4.0	0	0	1
1	uid135460367	364	1	117.000000	1.0	1.0	3.0	0	0	0
2	uid135460368	268	2	120.500000	1.0	2.0	3.0	0	1	0
3	uid135460369	352	2	208.500000	1.0	2.0	5.0	0	1	1
4	uid135460370	198	7	263.714286	1.0	5.0	5.0	0	1	1

图 11-3 R、F、M 值是否大于均值的判断结果

Python 中判断后返回的结果是 True 和 False，分别对应着数值 1 和 0，只要把这个布尔结果乘以 1，True 就变成了 1，False 就变成了 0。处理之后更加易读。

11.2.6 第五步：用户分层

回顾一下前几步操作，清洗完之后我们先确定了打分逻辑，接着分别计算出每个用户的 R、F、M 分值，随后用分值和对应的平均值进行对比，得到了是否大于均值的 3 列结果。至此，建模所需的所有数据已经准备就绪，剩下的就是用户分层了。

RFM 模型的经典分层会按照 R、F、M 每一项指标是否高于均值，把用户划分为 8 类，具体如表 11-4 所示。

表 11-4 RFM 模型对应的分类

R是否大于均值	F是否大于均值	M是否大于均值	传统分类	改进后的分类	简单诠释
1	1	1	重要价值用户	重要价值用户	最近购买，高频，高消费
1	1	0	重要潜力用户	消费潜力用户	最近购买，高频，低消费
1	0	1	重要深耕用户	频次深耕用户	最近购买，低频，高消费
1	0	0	新用户	新用户	最近购买，低频，低消费
0	1	1	重要唤回用户	重要价值流失预警用户	最近未购，高频，高消费
0	1	0	一般用户	一般用户	最近未购，高频，低消费

(续)

R是否大于均值	F是否大于均值	M是否大于均值	传统分类	改进后的分类	简单诠释
0	0	1	重要挽回用户	高消费唤回用户	最近未购，低频，高消费
0	0	0	流失用户	流失用户	最近未购，低频，低消费

传统分类中的部分名称有些晦涩，比如，大多数分类前的"重要""潜力"和"深耕"到底有什么区别？"唤回"和"挽回"有什么不一样？本着清晰至上的原则，我们对原来的名称做了适当的改进，强调潜力是针对消费（平均支付金额），深耕是为了提升消费频次，以及重要唤回用户其实和重要价值用户非常相似，只是最近没有回购而已，应该进行流失预警，等等。这里只是抛砖引玉，提供一个思路。总之，一切都是为了更易于理解。

我们对于每一类用户的特征也进行了简单诠释。比如，重要价值用户就是最近消费过，且在整个消费生命周期中购买频次较高、平均每次支付金额也高的用户。其他分类的逻辑也是一样的，可以结合诠释来增强理解。下面我们就用 Pandas 来实现这一分类。

先引入一个人群数值的辅助列，把之前判断的 R、F、M 值是否大于均值的 3 个值串联起来：

```
rfm['人群数值'] = (rfm['R是否大于均值'] * 100) + (rfm['F是否大于均值'] * 10) +
    (rfm['M是否大于均值'] * 1)
rfm.head()
```

运行结果如图 11-4 所示。

	用户 ID	R	F	M	R-SCORE	F-SCORE	M-SCORE	R是否大于均值	F是否大于均值	M是否大于均值	人群数值
0	uid135460366	364	1	166.000000	1.0	1.0	4.0	0	0	1	1
1	uid135460367	364	1	117.000000	1.0	1.0	3.0	0	0	0	0
2	uid135460368	268	2	120.500000	1.0	2.0	3.0	0	1	0	10
3	uid135460369	352	2	208.500000	1.0	2.0	5.0	0	1	1	11
4	uid135460370	198	7	263.714286	1.0	5.0	5.0	0	1	1	11

图 11-4 引入人群数值后的结果

人群数值是数值类型的，在 Pandas 中位于前面的 0 会被自动略过。例如：1 代表"001"，即高消费唤回用户；10 代表"010"，即一般用户。

为了得到最终的人群标签，再定义一个判断函数，通过判断人群数值的值来返回对应的分类标签：

```
# 判断 R、F、M 值是否大于均值
def transform_label(x):
    if x == 111:
        label = '重要价值用户'
    elif x == 110:
```

```
            label = '消费潜力用户'
        elif x == 101:
            label = '频次深耕用户'
        elif x == 100:
            label = '新用户'
        elif x == 11:
            label = '重要价值流失预警用户'
        elif x == 10:
            label = '一般用户'
        elif x == 1:
            label = '高消费唤回用户'
        elif x == 0:
            label = '流失用户'
        return label
```

最后把标签分类函数应用到"人群数值"列：

```
rfm['人群类型'] = rfm['人群数值'].apply(transform_label)
rfm.head()
```

用户分类工作的完成宣告着 RFM 模型建模流程的结束。每一位用户都有了属于自己的 RFM 标签，如图 11-5 所示。

用户ID	R	F	M	R-SCORE	F-SCORE	M-SCORE	R是否大于均值	F是否大于均值	M是否大于均值	人群数值	人群类型
uid135460366	364	1	166.000000	1.0	1.0	4.0	0	0	1	1	高消费唤回用户
uid135460367	364	1	117.000000	1.0	1.0	3.0	0	0	0	0	流失用户
uid135460368	268	2	120.500000	1.0	2.0	3.0	0	1	0	10	一般用户
uid135460369	352	2	208.500000	1.0	2.0	5.0	0	1	1	11	重要价值流失预警用户
uid135460370	198	7	263.714286	1.0	5.0	5.0	0	1	1	11	重要价值流失预警用户

图 11-5 人群类型打标

11.2.7 RFM 模型结果分析

上一步其实已经走完了整个建模流程，但是一切模型的结果最终都要服务于业务，所以最后我们基于现有模型结果做一些拓展、探索性分析。

查看各类用户的占比情况：

```
count = rfm['人群类型'].value_counts().reset_index()
count.columns = ['人群类型','人数']
count['人数占比'] = count['人数'] / count['人数'].sum()

count
```

得到不同类型用户的人数占比：

	人群类型	人数	人数占比
0	频次深耕用户	41696	0.307710
1	流失用户	20171	0.148859
2	高消费唤回用户	19783	0.145996
3	新用户	17232	0.127170
4	重要价值用户	16894	0.124675
5	重要价值流失预警用户	7795	0.057526
6	一般用户	6091	0.044951
7	消费潜力用户	5842	0.043113

探究不同类型用户的消费金额贡献占比：

```
rfm['购买总金额'] = rfm['F'] * rfm['M']
mon = rfm.groupby('人群类型')['购买总金额'].sum().reset_index()
mon.columns = ['人群类型','消费金额']
mon['金额占比'] = mon['消费金额'] / mon['消费金额'].sum()
mon
```

运行效果如下：

	人群类型	消费金额	金额占比
0	一般用户	1662222.0	0.036532
1	新用户	1756476.0	0.038604
2	流失用户	1822451.0	0.040054
3	消费潜力用户	2075644.0	0.045619
4	重要价值流失预警用户	5497744.0	0.120830
5	重要价值用户	14617966.0	0.321275
6	频次深耕用户	12407479.0	0.272693
7	高消费唤回用户	5659848.0	0.124393

对结果进行可视化，结果如图 11-6 所示。

由上面的结果，我们可以快速得到一些推断。

❑ 提升用户购买频次迫在眉睫，频次深耕用户是人群量级最大的用户群，人数占比高达 31%，需要考虑如何在这群用户沉睡前，通过预充值、定向品类优惠等策略加以引导，提升其消费频次。

❑ 用户流失问题需要关注，近期未购人群（流失用户＋高消费唤回用户＋重要价值流失预警用户＋一般用户）占比达 40%，调研其流失原因并制定针对性的策略，以唤回用户。

再结合金额进行以下分析。

- 重要价值用户人数占比只有 12%，但金额占比达到了 32%，是金额贡献最高的人群，这部分用户要重点维护，避免向其他人群滑落。
- 流失用户人数占比 15%，金额占比仅有 4%，这部分用户中有多少是"薅羊毛"用户？有多少是目标用户？对我们的引流策略有什么指导意义？这些问题需要重点思考。

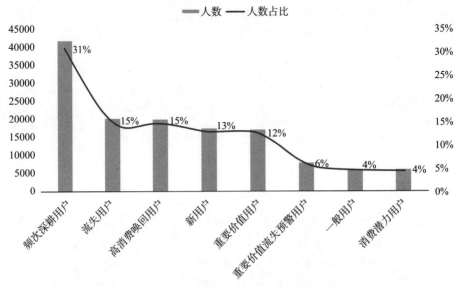

图 11-6 各类型用户的人数分布及占比

至此，我们基于订单源数据，按照五步法用 Python 完成了 RFM 模型的建立，并对结果进行了简单分析。最后，只要把上述代码封装成函数，对于新的数据源，只需按一下回车键就能生成模型结果，这实在是太酷啦！

11.3 关于 RFM 模型的重要思考

我们已经学习了使用 Pandas 建立 RFM 模型的全过程，完成了主线任务。接下来是个彩蛋，我带大家一起爬上 RFM 模型的肩膀，从更深的层次思考它，让普通的 RFM 变成加强版模型。

11.3.1 RFM 模型隐藏的问题

RFM 模型实在是太经典了，在人群分类模型中类似于神一般的存在。RFM 的传播和应用之所以能如此之广，离不开它的**可解释性和易上手性**。

其可解释性之强，足以让任何不懂数据的业务人员在 3 分钟内理解并初步认可模型的基本逻辑，开始念叨"不错，高价值活跃用户应该重点维护，流失用户要立即挽回"。

其易上手性在于只需 3 个字段（用户 ID、下单时间和下单金额），用任何工具（Excel、SQL、Python 等）都能实现。当然，用 Python 实现和复用更加高效。对于新手来说，从零实现，更是一次模型启蒙之旅，看着用户数据从表格变成模型结果，尤有一种"模型在手，天下我有"的飘然感。

业务人员好理解，模型易实现，梦幻般地一拍即合，天造地设。

在我面试过的求职者中，不少人会在简历的项目经历部分提到 RFM 模型的应用实践。对于他们，我会在面试中特别问到相关的问题，但回答令我满意的寥寥无几。

❏ 为什么模型中的 R 值要用 30 天或者 60 天的间隔来区分？对应的业务合理性在哪里？
❏ 用平均金额还是累计金额作为 M 更好？
❏ 分类之后 RFM 具体是如何应用的？和不分类效果对比如何？又应当怎样去优化呢？

目前 RFM 模型应用技巧类的资料不少，但鲜见对于模型的深层思考。以上只是我提过的众多问题中的 3 个。在这里提出来，是希望抛砖引玉，引发大家对于模型的更多思考。**我在工作中接触到不少分析人员过于沉浸于模型构建本身，而忽略了模型背后所隐藏的重要业务信息。从长期来看，后者无疑是更重要的。**

下面，我以对"用平均金额还是累计金额作为 M 更好"这个问题的思考为例，带大家站在模型的肩膀上强化对于 RFM 模型的理解和认知。

11.3.2　为什么用平均金额作为 M

大家还记得本章开头对于 RFM 指标中 M 的定义吗？

我写的是"M 既可以是累计金额，也可以是平均金额"。事实上，目前绝大多数关于 RFM 的资料中 M 用的是累计金额，而上面的 Pandas 案例中用的是平均金额。

累计金额衡量的是每个用户会花多少钱，而平均金额衡量的则是用户平均每次购买会花多少钱。除了在指标计算上不同，两者还有什么差异呢？

1. 分类合理性

从分类合理性来看，累计消费满 2000 元的用户，很可能比累计消费 500 元的用户购买频次高，而几乎肯定比累计消费 50 元的用户购买频次高。更确切地说，如果用累计金额，那么 RFM 模型中的 F 和 M 将具有较高的相关性。而 RFM 模型的本质目的是将不同类型的用户分成不同的群组，两个相关性较强的指标最终的分类效果可能是会打折扣的。而平均金额则在一定程度上避免了这种问题。

2. 业务价值

从对业务的价值来看，重要价值用户，即 R、F、M 最终归为"高、高、高"的用户，是需要重点维护的。但在累计金额的口径下，很有可能存在不少高频次、低客单价的用户，例如 A 用户最近 10 天购买过，且历史购买过 100 次，平均每次购买 40 元，总金额达到 4000 元的水平。对于这类用户，应该通过关联推荐、定向优惠等方式促进他们提升客单价，而不是将他们放在重要价值用户的分类中，不进行有针对性的维护。

如果用平均金额统计，这类高频次、低客单的用户是会被分在另一个档位的。他们最近活跃，购买频次高，但平均消费金额低，属于"高、高、低"档的用户，需要重点提升客单价。这样分类对于业务人员来说更有的放矢。

当然，不只是重要价值用户，其他用户也会受到口径差异的影响。所以，在很多实际应用场景中，平均金额比累计金额更加合适。

11.4 RFM 模型的加强和拓展

11.4.1 模型加强和拓展的方向

上面介绍了如何在思维上让 RFM 变成加强版模型，这一节则从实践上来加强。RFM 模型从最后一次购买距今的时间、购买频次和消费金额三个维度对用户进行了分群，非常合理。不过，大部分行业的用户是存在生命周期的。

假如有 A 和 B 两个用户，他们的 R、F、M 值分别是 5、5、200，即最后一次购买距今 5 天，累计购买过 5 次，平均每次消费 200 元，在传统 RFM 的评估体系下，他俩是一样的。但是，如果 A 用户第一次购买是在 1 年前，B 用户第一次购买是在 1 个月前呢？

他们之间可能存在这样的差异。

❑ A 用户：定期囤货型，每两三个月定期购买，但是消费金额越来越低，可能对品牌失去了新鲜感。

❑ B 用户：狂热的新用户，在 1 个月内疯狂购买了 5 次，消费金额一次比一次高，或许是受到新的品牌代言人的影响。

A 和 B 拥有相同的 RFM 值，只因首次购买时间的不同而走向了不同的可能性。除了首次购买时间，还可以加上优惠偏好来区分用户对活动的敏感度，亦可以加上对应的用户属性（如性别）来加以区隔。

更丰富的数据维度让 RFM 的威力得到了加强。接下来我们实践一个具体的案例。

11.4.2 RFM 加强版实战案例

1. 引入用户最早支付时间

还记得前面我们对 rfm 做的备份吗？存在 rfm_copy 变量中：

```
rfm_copy.head()
------------------------------
```

```
       用户 ID        R    F       M
0  uid135460366     364    1  166.000000
1  uid135460367     364    1  117.000000
2  uid135460368     268    2  120.500000
3  uid135460369     352    2  208.500000
4  uid135460370     198    7  263.714286
```

这里我们加入每个用户最早支付时间的维度,计算每个用户首次购买时间距离"今天"有多少天,用 L 表示。

```
# 得到每个用户首次购买时间
r_first = rfm_df.groupby('用户ID')['付款时间'].min().reset_index()
# 计算首次购买时间距离"今天"多少天,和 R 的逻辑类似
r_first['L'] = (pd.to_datetime('2024-1-1') - r_first['付款时间']).dt.days

# 把首次购买时间 L 列合并到原来的 rfm_copy 中
rfm_v2 = pd.merge(rfm_copy,r_first[['用户ID','L']],left_on = '用户ID',right_on =
    '用户ID',how = 'inner')

rfm_v2.head()
```

得到了 R、F、M、L 四个指标的整合。

```
       用户 ID        R    F       M          L
0  uid135460366     364    1  166.000000    364
1  uid135460367     364    1  117.000000    364
2  uid135460368     268    2  120.500000    364
3  uid135460369     352    2  208.500000    364
4  uid135460370     198    7  263.714286    364
```

前两个用户只购买过 1 次,他们的 R 和 L 值一样,后面用户的 R 和 L 值就出现了差异。

2. 数据标准化

在之前的 RFM 模型中,我们得到 R、F、M 值之后,采用的是维度打分、均值大小判断再分类的方法。加强版 RFM 增加了 L 指标,在实际的各种运用中可能还会加入更多的指标,再用传统的方法就不太合适了。

怎么办呢?机器学习中的聚类方法是一个解题思路。但是在聚类之前,需要把数据标准化,转化成同样的量纲,否则 R 值动不动就上百,而 F 值绝大部分在 5 以内。

这里我们可以用 z-score 方法进行标准化,公式如下。

$$z-score = \frac{X - \mu}{\sigma}$$

用每一个值减去对应列的均值,然后除以标准差,便得到了新的值。z-score 把源数据转换成均值为 0、标准差为 1 的标准正态分布数据,消除了不同指标之间量纲的影响。用 Pandas 来操作很简单:

```
rfm_v2['R-ZSCORE'] = (rfm_v2['R'] - rfm_v2['R'].mean()) / rfm_v2['R'].std()
rfm_v2['F-ZSCORE'] = (rfm_v2['F'] - rfm_v2['F'].mean()) / rfm_v2['F'].std()
rfm_v2['M-ZSCORE'] = (rfm_v2['M'] - rfm_v2['M'].mean()) / rfm_v2['M'].std()
rfm_v2['L-ZSCORE'] = (rfm_v2['L'] - rfm_v2['L'].mean()) / rfm_v2['L'].std()

rfm_v2.head()
```

运行之后，得到了标准化后的数据：

```
        用户ID    R  F      M        L   R-ZSCORE  F-ZSCORE  M-ZSCORE  L-ZSCORE
0  uid135460366  364  1  166.000000  364  2.806266  -0.405993  -0.358883  2.224487
1  uid135460367  364  1  117.000000  364  2.806266  -0.405993  -0.704324  2.224487
2  uid135460368  268  2  120.500000  364  1.685194   0.327005  -0.679650  2.224487
3  uid135460369  352  2  208.500000  364  2.666132   0.327005  -0.059265  2.224487
4  uid135460370  198  7  263.714286  364  0.867746   3.991998   0.329985  2.224487
```

3. 聚类分析

聚类算法有很多种，这里我们使用较为常用的 k-means 算法。

假定我们想把用户分成 k 个不同的类别，k-means 算法会随机选择 k 个聚类中心，并计算每个数据距离哪个聚类中心最近，然后持续优化聚类中心和每个数据的类别，最终得到稳定的分类结果。

算法细节参数等不详细展开，毕竟这一章的主线任务是 RFM 模型，这里只对 k-means 进行简要介绍，大家知道流程即可。

k-means 的使用很方便，可以直接调用 sklearn 里对应的库，输入我们要将用户分成的类数。假定我们想把用户分成 6 类，代码如下：

```
# 导入k-means所需要的库
from sklearn.cluster import KMeans

# 调用算法，n_clusters是聚类的个数
kmeans = KMeans(n_clusters = 6,random_state = 0)

# 把标准化的R、F、M、L值传入模型，得到每个用户对应的分类（1~6类）
y_pred = kmeans.fit_predict(rfm_v2[['R-ZSCORE','F-ZSCORE','M-ZSCORE',
    'L-ZSCORE']])

print(y_pred)
```

只需几行代码，就实现了最终的分类：

```
[2, 2, 2, ..., 0, 0, 3]
```

上面的数字代表着每个用户的分类（1~6类）。还可以进一步看看具体聚类中心的值，将结果转化成我们熟悉的 DataFrame 格式：

```
kmeans_res = pd.DataFrame(kmeans.cluster_centers_,
```

```
    index=['用户类别 1', '用户类别 2', '用户类别 3', '用户类别 4', '用户类别 5','用户类
        别 6'],columns=['R-SCORE', 'F-SCORE', 'M-SCORE', 'L-SCORE'])
print(kmeans_res)
```

得到了 6 类用户对应的聚类中心值，这些中心值代表每种类别的特点：

```
          R-SCORE    F-SCORE    M-SCORE    L-SCORE
用户类别 1  -0.814210  -0.252356  -0.053518  -0.926829
用户类别 2  -0.353118   1.536040  -0.078633   1.095073
用户类别 3   1.792846  -0.215479  -0.095781   1.458931
用户类别 4  -0.246259  -0.287320   1.890083  -0.402992
用户类别 5   0.281505  -0.281165  -0.621034   0.043490
用户类别 6  -0.659406   5.663035   0.032109   1.572197
```

由于没有像标准 RFM 模型那样对每个类别的值打标，这里：
- R-SCORE 越大，说明用户最近一次消费距离"今天"越远，也就是越久没来购买。
- F-SCORE 和 M-SCORE 分别对应购买频次和平均消费金额，越大则代表频次和金额越高。
- L-SCORE 越大，则表示用户首次消费距离"今天"越远，越可能是老用户。

例如：用户类别 3 的 R-SCORE 很大，表示这群用户最近没有消费；M-SCORE 偏小，说明他们的平均消费金额不高；L-SCORE 偏大，表明他们是很早进行首次消费的用户。这类用户可以概括为早期低客单价消费且流失的用户。其他分类也可以按照这个逻辑来解读。

到这一步，我们熟悉了 RFM 加入更多指标后应该如何分类，可以在实践中定制属于自己的加强版 RFM 模型。关于聚类算法更详细的原理、不同的聚类距离计算方式以及到底分成几类更合适等问题，感兴趣的读者可以自行了解 k-means 的更多细节。

11.5 本章小结

本章中，我们首先学习了用户分群的概念，并详细了解了分群和分层的差异。

接着，我向大家介绍了可以说是用户分群中最经典的 RFM 模型，并基于实际的数据，用 Pandas 手把手教大家通过五步法——数据概览、数据清洗、维度打分、分值计算和用户分层——建立 RFM 模型。

最后，从工作实践出发，我基于自己对于 RFM 的理解，抛砖引玉，带大家更深刻地认识这个模型，重新思考每个指标和操作背后的意义。同时，我也提出了 RFM 模型强化和拓展的方向，最后用一个实际的案例回答了"如何根据实际业务引入更多的指标建立加强版 RFM 模型"这个问题。

第 12 章

用户偏好分析

谈及用户偏好时,专业的数据分析报告经常会用到 TGI,例如"基于某某 TGI,我们发现某类用户更偏好 ××"。不熟悉 TGI 概念的读者看到类似的描述一定会感到云山雾罩。本章我们一起来学习 TGI 分析,包括指数的具体计算逻辑,以及如何结合案例数据用 Pandas 实现 TGI 偏好分析。

12.1 用户偏好分析和 TGI

12.1.1 用户偏好分析与 TGI 的关系

我们常说的用户偏好分析是一种分析方向,它基于用户属性和行为等数据,可以分析用户对于某些产品、服务或特征的喜好程度。通过用户偏好分析,品牌可以更好地了解目标客户群体的需求和行为特点,从而制定契合度更高的产品策略、宣传策略等。

TGI 是一种衡量和对比不同用户群体偏好程度的方法,具有逻辑清晰、计算便捷的特点,被广泛应用于各类用户偏好分析之中,而且效果都还不错。

那么,到底什么是 TGI 呢?

12.1.2 TGI 的定义

对于 TGI,百度百科上是这样解释的:TGI(Target Group Index,目标群体指数)用于反映目标群体在特定研究范围内强势或者弱势的程度。

这个解释有些晦涩难懂,简单翻译一下是:TGI 是一种反映偏好的指标。这样还是不够具体，我们可以结合 TGI 公式来理解。

$$\text{TGI} = \frac{\text{目标群体中具有某一特征的群体所占比例}}{\text{总体中具有相同特征的群体所占比例}} \times \text{标准数}100$$

接下来，我们结合上面的公式详细解读 TGI 的计算逻辑。

12.1.3　通过拆解指标来理解 TGI

TGI 公式中有 3 个核心要素需要进一步拆解：**某一特征、总体和目标群体**。

举个例子，假设我们要研究 A 公司的脱发 TGI，则对应的 3 个核心要素如下。

- 某一特征：我们想要分析的某种行为或者状态，这里是脱发或者受脱发困扰的状态。
- 总体：我们研究的所有对象，即 A 公司所有人。
- 目标群体：总体中我们感兴趣的一个分组。假设我们关注的分组是数据部，那么目标群体就是数据部。

于是，TGI 公式中的分子"目标群体中具有某一特征的群体所占比例"可以理解为"数据部脱发人数占数据部的比例"。假设数据部有 15 人，其中有 9 人受脱发困扰，那么数据部脱发人数占比就是 9/15，即 60%。

而分母"总体中具有相同特征的群体所占比例"，等同于"全公司受脱发困扰人数占公司总人数的比例"。假设公司共 500 人，有 120 人受脱发困扰，那么这个比例就是 24%。

于是，数据部脱发 TGI 为 60% / 24% × 100 = 250。其他部门脱发 TGI 的计算逻辑是一样的，为本部门脱发人数占比 / 公司脱发人数占比 × 100。

TGI 具体数值是围绕 100 这个值来解读的：

- TGI = 100，表示目标群体和总体在某特征或行为上的表现相同。
- TGI > 100，表示目标群体在某特征或行为上的表现高于总体，具有较高的偏好程度，数值越大偏好越强。
- TGI < 100，表示目标群体在某特征或行为上的表现低于总体，具有较低的偏好程度，数值越小偏好越弱。

刚才的例子中，数据部脱发 TGI 是 250，远远高于 100，看来在该公司做数据工作的人脱发风险较高。

下面，我们通过一个 TGI 的 Pandas 实例来巩固对概念的理解。

12.2　用 Pandas 实现 TGI 分析

12.2.1　项目背景

许久未见的老板又抛来一份订单明细，说道："我们最近要推出一款价格比较高的产品，打算在一些城市先试销,你分析一下这份数据,看看哪些城市的用户有高客单价偏好,帮我筛选 5 个吧。"

你赶紧打开表格,看看数据的基本情况:

```
df = pd.read_excel('用户偏好分析案例数据.xlsx')

print(df.head())
print(df.info())
```

数据预览如下:

```
       品牌名称        用户 ID       付款日期  订单状态  实付金额  邮费   省份   城市  购买数量
0   阿粥(小 z)  uid00324123  2023-04-18  交易成功  22.32    0   北京  北京市     1
1   阿粥(小 z)  uid00324124  2023-02-17  交易成功  87.00    0   上海  上海市     1
2   阿粥(小 z)  uid00324125  2023-04-18  交易成功  97.66    0  福建省  福州市     2
3   阿粥(小 z)  uid00324126  2023-01-11  交易成功  37.23    0  河南省  安阳市     3
4   阿粥(小 z)  uid00324126  2023-02-18  交易成功  29.50    0  河南省  安阳市     2

<class 'pandas.core.frame.DataFrame'>
RangeIndex: 28832 entries, 0 to 28831
Data columns (total 9 columns):
 #   Column    Non-Null Count  Dtype
---  ------    --------------  -----
 0   品牌名称      28832 non-null  object
 1   用户 ID     28832 non-null  object
 2   付款日期      28832 non-null  datetime64[ns]
 3   订单状态      28832 non-null  object
 4   实付金额      28832 non-null  float64
 5   邮费        28832 non-null  int64
 6   省份        28832 non-null  object
 7   城市        28832 non-null  object
 8   购买数量      28832 non-null  int64
dtypes: datetime64[ns](1), float64(1), int64(2), object(5)
memory usage: 2.0+ MB
```

这份被告知不用再清洗的订单数据包括品牌名称、用户 ID、付款日期、订单状态和地域等字段,一共 28 832 条数据,没有空值。

粗略看了几眼源数据,你想趁热打铁明确数据需求:"老板,高客单价的标准是什么?""就我们产品线和历史数据来看,单次购买超过 50 元的就算高客单价的用户了。"

确认了高客单价的标准之后,我们的目标非常明确:按照高客单价偏好对城市排序。这里的偏好可以用 TGI 来衡量,对应 TGI 计算的 3 个核心要素分别如下。

❑ 特征:高客单价,即用户单次购买超过 50 元。
❑ 目标群体:各个城市,这里我们可以分别计算出所有城市用户的高客单价偏好。
❑ 总体:计算涉及的所有用户。

解题的关键在于,计算出不同城市高客单价人数及其所占的比例。

12.2.2 用户打标

第一步，判断每个用户是否属于高客单价的人群。先按用户 ID 进行分组，看每个用户的平均每次支付金额。这里用平均，是因为有的用户会多次购买，而每次下单的金额可能不一样。

```
gp_user = df.groupby('用户ID')['实付金额'].mean().reset_index()
gp_user.columns = ['用户ID','平均每次支付金额']

gp_user.head()
```

得到每个用户的平均每次支付金额如下：

	用户 ID	平均每次支付金额
0	uid00324123	22.320
1	uid00324124	87.000
2	uid00324125	97.660
3	uid00324126	33.365
4	uid00324127	42.500

第二步，定义一个判断函数，如果单个用户平均每次支付金额大于 50 元，就打上"高客单价"的类别，否则为低客单价，再用 apply() 方法调用：

```
def if_high(x):
    if x > 50:
        return '高客单价'
    else:
        return '低客单价'

gp_user['客单价类别'] = gp_user['平均每次支付金额'].apply(if_high)

gp_user.head()
```

到这里，基于高低客单价的用户初步打标已经完成，结果如下：

	用户 ID	平均每次支付金额	客单价类别
0	uid00324123	22.320	低客单价
1	uid00324124	87.000	高客单价
2	uid00324125	97.660	高客单价
3	uid00324126	33.365	低客单价
4	uid00324127	42.500	低客单价

12.2.3 匹配城市

我们已经得到单个用户的平均每次支付金额和客单价标签，下一步就是补充每个用户的地域字段。用 pd.merge() 方法只需一行代码就能轻松完成。由于源数据是未去重的，我们必须先按用户 ID 去重，否则匹配的结果会有许多重复的数据。

```python
# 先去重
df_dup = df.loc[df.duplicated('用户ID') == False,:]

# 再合并
df_merge = pd.merge(gp_user,df_dup,left_on = '用户ID',right_on = '用户ID',how =
    'left')
# 返回关键字段
df_merge = df_merge[['用户ID','平均每次支付金额','客单价类别','省份','城市']]

df_merge.head()
```

匹配之后的结果如下:

	用户ID	平均每次支付金额	客单价类别	省份	城市
0	uid00324123	22.320	低客单价	北京	北京市
1	uid00324124	87.000	高客单价	上海	上海市
2	uid00324125	97.660	高客单价	福建省	福州市
3	uid00324126	33.365	低客单价	河南省	安阳市
4	uid00324127	42.500	低客单价	浙江省	衢州市

12.2.4 高客单价TGI计算

要计算每个城市的高客单价TGI，需要得到每个城市高客单价、低客单价的人数分别是多少。用Excel的数据透视表处理起来很简单，直接把省份和城市拖曳到行的位置，把客单价类别拖曳到列的位置，值随便选一个字段，只要是统计就行。

这一套操作用Python实现起来也非常容易，用pivot_table()透视表方法只需一行代码就能实现：

```python
# 先筛选出需要的列
df_merge = df_merge[['用户ID','客单价类别','省份','城市']]

# 再用透视表
result = pd.pivot_table(
    df_merge,index =['省份','城市'],
    columns = '客单价类别',aggfunc = 'count')
result.head()
```

运行代码，得到如图12-1所示的聚合结果。

这样得到的结果包含层次化索引，我们只要知道，要索引得到"高客单价"列，需要先索引"用户ID"，再索引"高客单价"：

```python
result['用户ID']['高客单价'].reset_index()
    .head()
```

省份	客单价类别 城市	用户ID 低客单价	用户ID 高客单价
上海	上海市	2818.0	2374.0
云南省	临沧市	3.0	2.0
	丽江市	1.0	3.0
	保山市	6.0	2.0
	大理白族自治州	9.0	8.0

图12-1 省市聚合的结果

运行结果如下：

```
     省份           城市      高客单价
0    上海           上海市      2374.0
1    云南省          临沧市      2.0
2    云南省          丽江市      3.0
3    云南省          保山市      2.0
4    云南省    大理白族自治州      8.0
```

这样就获取了每个省市的高客单价人数。然后再获取低客单价的人数，进行横向合并：

```
tgi = pd.merge(result['用户ID']['高客单价'].reset_index(),result['用户ID']['低客
单价'].reset_index(),left_on = ['省份','城市'],right_on = ['省份','城市'],
how ='inner')
tgi.head()
```

得到我们熟悉的数据结构：

```
     省份           城市      高客单价    低客单价
0    上海           上海市      2374.0   2818.0
1    云南省          临沧市      2.0      3.0
2    云南省          丽江市      3.0      1.0
3    云南省          保山市      2.0      6.0
4    云南省    大理白族自治州      8.0      9.0
```

我们再看看每个城市总人数以及高客单价人数占比，来完成 TGI 公式中"目标群体中具有某一特征的群体所占比例"这个分子的计算：

```
tgi['总人数'] = tgi['高客单价'] + tgi['低客单价']
tgi['高客单价占比'] = tgi['高客单价'] / tgi['总人数']

tgi.head()
```

运行结果如下：

```
     省份           城市      高客单价    低客单价    总人数    高客单价占比
0    上海           上海市      2374.0   2818.0   5192.0   0.457242
1    云南省          临沧市      2.0      3.0      5.0      0.400000
2    云南省          丽江市      3.0      1.0      4.0      0.750000
3    云南省          保山市      2.0      6.0      8.0      0.250000
4    云南省    大理白族自治州      8.0      9.0      17.0     0.470588
```

有些非常小众的城市，其高客单价或者低客单价人数为 1 甚至为 0，而这些值尤其是空值会影响计算结果，因此我们要提前检核数据：

```
tgi.info()
-------
<class 'pandas.core.frame.DataFrame'>
Int64Index: 346 entries, 0 to 345
Data columns (total 6 columns):
省份           346 non-null object
```

```
城市              346 non-null object
高客单价           332 non-null float64
低客单价           329 non-null float64
总人数            315 non-null float64
高客单价占比        315 non-null float64
dtypes: float64(4), object(2)
memory usage: 18.9+ KB
```

果然,高客单价和低客单价都有空值(可以理解为 0),导致总人数也存在空值,而 TGI 对于空值来说意义不大,所以我们剔除掉存在空值的行:

```
tgi = tgi.dropna()
```

接着统计总人数中高客单价人群的比例,来对标 TGI 公式中的分母"总体中具有相同特征的群体所占比例":

```
total_percentage = tgi['高客单价'].sum() / tgi['总人数'].sum()
print(total_percentage)
```

结果是 0.4153。

最后一步就是计算 TGI,顺便排个序:

```
tgi['高客单价TGI'] = tgi['高客单价占比'] / total_percentage * 100
tgi = tgi.sort_values('高客单价TGI',ascending = False)
```

运行结果如图 12-2 所示。

省份	城市	高客单价	低客单价	总人数	高客单价占比	高客单价TGI
新疆维吾尔自治区	哈密市	4.0	1.0	5.0	0.800000	192.639702
新疆维吾尔自治区	巴音郭楞蒙古自治州	10.0	3.0	13.0	0.769231	185.230483
云南省	丽江市	3.0	1.0	4.0	0.750000	180.599721
甘肃省	白银市	3.0	1.0	4.0	0.750000	180.599721
吉林省	辽源市	2.0	1.0	3.0	0.666667	160.533085
四川省	广安市	6.0	3.0	9.0	0.666667	160.533085
广西壮族自治区	河池市	4.0	2.0	6.0	0.666667	160.533085
内蒙古自治区	锡林郭勒盟	2.0	1.0	3.0	0.666667	160.533085
黑龙江省	鹤岗市	2.0	1.0	3.0	0.666667	160.533085
山西省	临汾市	9.0	5.0	14.0	0.642857	154.799761

图 12-2 TGI 结果

12.2.5 TGI 计算中隐藏的问题

得到了最终结果,你正打算第一时间报告老板。说时迟,那时快,在按下回车键(发送)之前你又扫了一眼数据,发现了一个严重的问题:高客单价 TGI 排名靠前的城市,总用户数几乎不超过 10 人，这样的高客单价占比完全没有说服力。

TGI 能够显示偏好的强弱，但很容易让人忽略具体的样本量大小，而小样本量往往意味着波动极大，TGI 很容易飙升到前面，这是需要格外注意的。

怎么办？为了加强数据整体的信度，可以先对总人数进行筛选，用总人数的平均值作为阈值，只保留总人数大于平均值的城市：

```
tgi.loc[tgi['总人数'] > tgi['总人数'].mean(),:].head(10)
```

处理之后，这份数据结果看起来合理不少：

	省份	城市	高客单价	低客单价	总人数	高客单价占比	高客单价TGI
287	福建省	福州市	145.0	135.0	280.0	0.517857	124.699807
124	广东省	珠海市	49.0	52.0	101.0	0.485149	116.823582
27	北京	北京市	1203.0	1298.0	2501.0	0.481008	115.826450
283	福建省	厦门市	105.0	118.0	223.0	0.470852	113.380991
111	广东省	佛山市	118.0	135.0	253.0	0.466403	112.309708
173	江西省	南昌市	63.0	73.0	136.0	0.463235	111.546887
46	四川省	成都市	287.0	334.0	621.0	0.462158	111.287429
0	上海	上海市	2374.0	2818.0	5192.0	0.457242	110.103682
164	江苏省	无锡市	135.0	162.0	297.0	0.454545	109.454376
120	广东省	深圳市	438.0	528.0	966.0	0.453416	109.182440

"基于各城市高客单价 TGI，福州、珠海、北京、厦门和佛山是高客单价偏好排名前五的城市。咱们要试销的高客单价新产品，仅从客单价偏好角度，可以优先考虑这些城市。"你自信地发出了这段文字。

12.3 本章小结

TGI 是衡量和对比不同用户群体偏好程度的工具，我们理解了某一特征、目标群体和总体这 3 个概念，就掌握了它的本质逻辑。使用 Pandas 计算 TGI 的过程，就是探究"目标群体中具备某一特征的人"和"总体中具备某一特征的人"二者关系的过程。只有当 TGI>100 时，才能说明目标群体对该特征的偏好高于总体，且 TGI 越高，偏好越强。同时，在计算和应用 TGI 时，我们必须考虑样本量的影响，以避免在极小值样本量的情况下出现异常（极高或极低）的 TGI。

Chapter 13 第 13 章

万能的同期群分析

本章将介绍一种广泛应用于各个行业的分析模型——同期群分析，它可以用来评估用户、商品、渠道，甚至广告的质量和效果。为了帮助大家更好地理解同期群分析的概念和方法，我们首先结合一个贴近生活的例子进行讲解，随后会遵循数据概览、思路剖析、问题解决及最终整合的流程，用 Pandas 进行完整的同期群分析。

13.1 数据分析师必知必会的同期群分析

13.1.1 同期群分析的基本概念

同期群分析是数据分析中的经典思维，其核心逻辑是将用户按初始行为的发生时间划分为不同的群组，进而分析相似群组的行为如何随时间变化。

我们用一个例子来感受同期群分析的具体内核。阿粥经常用下班时间在公司附近兼职烤淀粉肠，作为一个优秀的数据分析师，在兼职过程中他也没有忘记老本行，记录了每个月新购买的用户数，并统计每个月的新增用户在之后月份的复购情况。数据截止到 2023 年 7 月，如图 13-1 所示。

数据的第一行，2023 年 1 月有 97 个新用户光顾。继续横向看，之后的 +1 月（2023 年 2 月）有 46% 的用户再次光顾，+2 月（2023 年 3 月）仍有 39% 的回头客。

需要注意的是，第一行的 46%、39% 都是对应复购人数占 2023 年 1 月新增购买用户的比重，这些人属于 2023 年 1 月同一期的新增用户。

其他行也是一样的道理，每一行为同一个群组，反映同一期新增用户在之后一段时间复购行为的变化趋势。

阿粥(小z)烤肠							
月份	当月新增用户	+1月	+2月	+3月	+4月	+5月	+6月
2023年1月	97	46%	39%	32%	29%	5%	3%
2023年2月	112	56%	46%	42%	4%	1%	
2023年3月	332	50%	44%	2%	1%		
2023年4月	397	50%	3%	1%			
2023年5月	388	3%	1%				
2023年6月	782	20%					

注：百分比为留存率，留存率＝某月复购用户数/基期新增用户数。

图 13-1 烤肠同期群表

13.1.2 同期群分析的价值

现在我们知道什么是同期群分析了，但这有什么意义呢？

回到图 13-1 中的那张烤肠用户留存表。如果没有同期群分析，我们得到的仅仅是每个月新购买人数的笼统数字，对于用户留存情况、用户生命周期这些是一头雾水，更不用说提什么建议了。

而基于同期群分析：

- 横向，我们可以知道每个月新增用户的留存情况，发现 2023 年 1～4 月购买的用户，+1 月回购的概率在 50% 左右，随后依次递减，但 +5 月后的留存率断档明显。
- 纵向，对比不同月份新增和留存情况，很容易发现 2023 年 1～2 月受春节假期影响，新增用户较少，3～5 月处于增长恢复期，而 6 月新增用户数成倍增长，很是异常。

原来，从 2023 年 6 月开始，阿粥不满足现在的人流量，换了一个人流量更大的摊位，且通过微信朋友圈和小红书引流，带来了一波线上流量。由于之前 1～5 月的用户群离新摊位太远，他们大多数人即便想支持也有心无力，所以复购率出现了断崖式下跌。

13.1.3 同期群分析的万能之处

1. 期限自由

在上面的案例中，同期群分析是以月维度进行的。这个期限可以根据实际情况自由调整。例如，用日维度表示每一天的新增用户在后续各天的留存情况，如图 13-2 所示。

也可以用周维度，如果数据期限足够长，甚至可以用年维度，期限的长短取决于分析目的。

2. 行为灵活

还记得最开始我们说过的"同期群分析是对相似群组的行为变化洞察"这个观点吗？

上述案例中，我们把留存率或者说回购率中的回购，当作观察和分析的"行为"，而如果把"回购客单价"当作追踪分析的行为，就能观察到用户的另一个侧影，如图13-3所示。

日期	当日新增用户数	+1天	+2天	+3天	+4天	+5天	+6天
2023/1/1	97	46%	39%	32%	29%	5%	3%
2023/1/2	112	56%	46%	42%	4%	1%	
2023/1/3	332	50%	44%	2%	1%		
2023/1/4	397	50%	3%	1%			
2023/1/5	388	3%	1%				
2023/1/6	782	20%					

图 13-2　以日为期限的同期群表

月份	当月新增用户数	+1月	+2月	+3月	+4月	+5月	+6月
2023年1月	97	5.30	5.20	4.90	4.80	10.00	12.00
2023年2月	112	5.20	5.30	5.20	11.00	10.00	
2023年3月	332	5.50	5.45	12.00	10.00		
2023年4月	397	5.40	11.50	10.50			
2023年5月	388	11.00	12.00				
2023年6月	782	3.80					

注：+1月等对应的数据为新客回购客单价。

图 13-3　基于回购客单价的同期群表

2023年1月新增用户97人，他们在之后4个月内的回购客单价稳定在5元左右，但是在+5月（2023年6月）之后，回购客单价飙升到了10元以上。这是为什么？我们知道2023年6月阿粥换了摊位，结合最开始的留存率数据，1月拉来的新用户在6月的留存率是5%，也就是说，只有5个人不惜长途跋涉找到了新摊位（如此忠诚，他们自然会消费更多）。2～5月来的新用户在6月和7月的回购客单高也是同样的逻辑。

当同期群分析表的"行为"从留存率变成了客单价，我们的分析视角和结论也随之转变。

3. 分组自主

前面的同期群分析都是以时间的维度来划分群组的，例如2023年1月新增的用户、2023年2月新增的用户是不同的群组，分别观察他们在后续月份的行为趋势。我们也可以改变分组的逻辑，用渠道+月份来划分群组，如图13-4所示。

如此一来，把不同渠道1月带来的新增用户放在了一起，对比新增用户规模和后续月份的留存率，用于评估不同渠道的拉新效果。

这里的分组还可以是商品、资源位、运营动作等任何需要评估的维度。

期限、行为和分组的高度自由，让同期群分析有了"万能"的称号。接下来，我们一起探索如何用 Pandas 实现同期群分析。

渠道	1月新增用户	+1月	+2月	+3月	+4月	+5月	+6月
A 渠道	5436	46%	39%	32%	29%	25%	23%
B 渠道	2131	55%	40%	35%	23%	21%	15%
C 渠道	2311	49%	42%	40%	35%	32%	28%
D 渠道	15687	31%	25%	22%	19%	15%	13%
E 渠道	1389	51%	46%	41%	38%	32%	25%
F 渠道	789	65%	61%	54%	51%	49%	47%

图 13-4　以渠道分组的同期群表

13.2　Pandas 同期群分析实战

13.2.1　数据概览

在同期群分析的实战中，为了聚焦于同期群实现和分析本身，我们直接使用在第 10 章中清洗好的主订单表。这里将其整理成了单独的文件，导入即可。

```
df = pd.read_excel('同期群分析实战案例数据.xlsx')
print('订单行数: ',len(df))

df.head()
```

数据预览如下：

```
订单行数: 289386
    品牌名      店铺名称    主订单编号         用户ID          付款时间         实付金额
0  阿粥（小z）  数据不吹牛  73465136654  uid135460366  2023-01-01 09:32:12    166
1  阿粥（小z）  数据不吹牛  73465136655  uid135460367  2023-01-01 09:11:50    117
2  阿粥（小z）  数据不吹牛  73465136656  uid135460368  2023-01-01 11:49:02    166
3  阿粥（小z）  数据不吹牛  73465136657  uid135460369  2023-01-01 12:20:24     77
4  阿粥（小z）  数据不吹牛  73465136658  uid135460370  2023-01-01 01:23:15    158
```

这份订单数据一共有 289 386 行，包含同期群分析会用到的关键字段——用户 ID、付款时间和实付金额。

13.2.2　实现思路剖析

如何用 Pandas 实现同期群分析呢？

"磨刀不误砍柴工"，我们再回顾一下要实现的留存表（见图 13-2）。

直接思考怎样一次性生成这张表，着实很费脑细胞，更合理的方式是用搭积木的思维来拆解这张表。

- 表的每一行代表一个同期群，而它们的计算逻辑本质上是一样的：首先，计算出当月新增的用户数，并记录用户 ID；然后，拿这部分用户分别去和后面每个月购买的用户 ID 进行匹配，并统计有多少用户出现复购，即留存。
- 只要计算出每个月的新增用户和对应的留存情况，再把这些数据合并在一起，就能得到我们梦寐以求的同期群留存表。

13.2.3 单月实现

循着上一步的思路，问题变得简单起来，我们先实现一个月的计算逻辑，其他月份沿用即可。

订单数据的时间维度和上面的留存表不太一样，因为不涉及时间序列，用字符串形式的"年-月"标签会更加方便：

```
df['时间标签'] = df['付款时间'].astype(str).str[:7]
df['时间标签'].value_counts().sort_index()
```

运行之后得到了按月统计的订单数：

```
2023-01    12039
2023-02     4114
2023-03    18172
2023-04    12320
2023-05    15738
2023-06    44265
2023-07    16102
2023-08    28817
2023-09    60376
2023-10    21639
2023-11    40204
2023-12    15600
Name: 时间标签, dtype: int64
```

订单源数据是从 2023 年 1 月开始，到 2023 年 12 月结束的。我们以 2023 年 2 月的数据为样板，实现单行的同期群分析。

```
month = '2023-02'
sample = df.loc[df['时间标签'] == month,:]
print('2月订单数量: ',len(sample))
sample_c = sample.groupby('用户ID')['实付金额'].sum().reset_index()
print('2月用户数量: ',len(sample_c))

sample_c.head()
```

运行结果如下：

```
2月订单数量: 4114
2月用户数量: 3313

     用户 ID        实付金额
0  uid135460385      390
1  uid135460420      196
2  uid135460422      188
3  uid135460448      551
4  uid135460471      237
```

显而易见，2023年2月一共有3313位用户，完成了4114笔订单。

接下来，我们要计算的是每个月的新增用户数，而这个数据是需要通过与之前的月份遍历匹配来验证的。在案例数据中，2023年2月之前的就是2023年1月用户的购买数据。

```
history = df.loc[df['时间标签'] == '2023-01',:]

history.head()
```

历史数据预览如下：

```
    品牌名    店铺名称      主订单编号           用户ID          付款时间         实付金额   时间标签
0  阿粥(小z)  数据不吹牛  73465136654  uid135460366  2023-01-01 09:32:12   166   2023-01
1  阿粥(小z)  数据不吹牛  73465136655  uid135460367  2023-01-01 09:11:50   117   2023-01
2  阿粥(小z)  数据不吹牛  73465136656  uid135460368  2023-01-01 11:49:02   166   2023-01
3  阿粥(小z)  数据不吹牛  73465136657  uid135460369  2023-01-01 12:20:24    77   2023-01
4  阿粥(小z)  数据不吹牛  73465136658  uid135460370  2023-01-01 01:23:15   158   2023-01
```

与历史数据进行匹配，验证并筛选出2023年2月新增的用户数：

```
sample_c = sample_c.loc[sample_c['用户ID'].isin(history['用户ID']) == False,:]
print('2023年2月新增用户: ',len(sample_c))

sample_c.head()
```

新增用户数据预览如下：

```
2023年2月新增用户: 2740

       用户 ID        实付金额
  6  uid135460486     237
106  uid135461885     390
110  uid135461902     196
113  uid135461924     235
114  uid135461927     235
```

然后，将这批新增用户和2月之后每个月的用户ID进行匹配，计算出每个月的留存情况：

```
re = []

for i in ['2023-03', '2023-04', '2023-05', '2023-06','2023-07','2023-08',
    '2023-09','2023-10','2023-11','2023-12']:
    next_month = df.loc[df['时间标签'] == i,:]
    target_users = sample_c.loc[sample_c['用户ID'].isin(next_month['用户ID']) ==
        True,:]
    re.append([i+'留存情况: ',len(target_users)])

print(re)
```

得到了留存用户数据结果:

```
[['2023-03 留存情况: ', 558],
 ['2023-04 留存情况: ', 340],
 ['2023-05 留存情况: ', 379],
 ['2023-06 留存情况: ', 587],
 ['2023-07 留存情况: ', 293],
 ['2023-08 留存情况: ', 317],
 ['2023-09 留存情况: ', 267],
 ['2023-10 留存情况: ', 205],
 ['2023-11 留存情况: ', 304],
 ['2023-12 留存情况: ', 112]]
```

把最开始的当月新增用户加入列表:

```
re.insert(0,['2023年2月新增用户: ',len(sample_c)])
re
```

运行便获得了2023年2月同期群的完整数据:

```
[['2023年2月新增用户: ', 2740],
 ['2023-03 留存情况: ', 558],
 ['2023-04 留存情况: ', 340],
 ['2023-05 留存情况: ', 379],
 ['2023-06 留存情况: ', 587],
 ['2023-07 留存情况: ', 293],
 ['2023-08 留存情况: ', 317],
 ['2023-09 留存情况: ', 267],
 ['2023-10 留存情况: ', 205],
 ['2023-11 留存情况: ', 304],
 ['2023-12 留存情况: ', 112]]
```

2023年2月新增用户2740位，次月留存558人，随后留存人数在起伏中有所下降。其他月份的新增和留存计算分析逻辑也是如此。

13.2.4 遍历合并和分析

上一步我们以2023年2月为样板，先根据历史订单匹配到当月纯新增用户，再以月的维度对后续每个月的用户进行遍历，验证用户留存数量。

为了便于循环，我们引入了月份列表:

```python
month_lst = df['时间标签'].unique()
print(month_lst)
```

```
['2023-01' '2023-02' '2023-03' '2023-04' '2023-05' '2023-06' '2023-07'
 '2023-08' '2023-09' '2023-10' '2023-11' '2023-12']
```

完整代码和关键注释如下：

```python
# 引入时间标签
month_lst = df['时间标签'].unique()
final = pd.DataFrame()

for i in range(len(month_lst) - 1):

    # 构造和月份一样长的列表，方便后续格式统一
    count = [0] * len(month_lst)

    # 筛选出当月订单，并按用户ID分组
    target_month = df.loc[df['时间标签'] == month_lst[i],:]
    target_users = target_month.groupby('用户ID')['实付金额'].sum().reset_index()

    # 如果是第一个月，则跳过（因为不需要和历史数据验证是否为新增用户）
    if i == 0:
        new_target_users = target_month.groupby('用户ID')['实付金额'].sum()
            .reset_index()
    else:
        # 如果不是，找到历史订单
        history = df.loc[df['时间标签'].isin(month_lst[:i]),:]
        # 筛选出未在历史订单中出现过的新增用户
        new_target_users = target_users.loc[target_users['用户ID']
            .isin(history['用户ID']) == False,:]

    # 将当月新增用户数放在第一个值中
    count[0] = len(new_target_users)

    # 以月为单位，循环遍历，计算留存情况
    for j,ct in zip(range(i + 1,len(month_lst)),range(1,len(month_lst))):
        # 下一个月的订单
        next_month = df.loc[df['时间标签'] == month_lst[j],:]
        next_users = next_month.groupby('用户ID')['实付金额'].sum().reset_index()
        # 计算在该月仍然留存的用户数量
        isin = new_target_users['用户ID'].isin(next_users['用户ID']).sum()
        count[ct] = isin

    # 格式转置
    result = pd.DataFrame({month_lst[i]:count}).T

    # 合并
    final = pd.concat([final,result])
```

```
final.columns = ['当月新增','+1月','+2月','+3月','+4月','+5月','+6月',
    '+7月','+8月','+9月','+10月','+11月']

print(final)
```

顺利得到我们预期的数据，如图 13-5 所示。

	当月新增	+1月	+2月	+3月	+4月	+5月	+6月	+7月	+8月	+9月	+10月	+11月
2023-01	8193	573	1601	1050	1079	1906	815	1102	863	628	1049	372
2023-02	2740	558	340	379	587	293	317	267	205	304	112	0
2023-03	8753	1176	1232	2112	799	1032	777	616	1064	360	0	0
2023-04	5859	828	1208	502	618	482	329	526	171	0	0	0
2023-05	6912	1575	626	747	464	392	569	198	0	0	0	0
2023-06	16458	1575	1775	1153	923	1482	496	0	0	0	0	0
2023-07	6514	801	404	257	390	144	0	0	0	0	0	0
2023-08	11781	1030	606	813	331	0	0	0	0	0	0	0
2023-09	30214	2206	2482	971	0	0	0	0	0	0	0	0
2023-10	11253	1147	452	0	0	0	0	0	0	0	0	0
2023-11	18540	870	0	0	0	0	0	0	0	0	0	0

图 13-5 同期群留存数据

不过，真实数据是以留存率的形式体现的，我们再稍作加工：

```
result = final.divide(final['当月新增'],axis = 0).iloc[:,1:]
result['当月新增'] = final['当月新增']

print(result)
```

divide() 方法用每列的复购人数除以对应的基期人数，得到期望的留存率表，放在 Excel 表中用条件格式美化一番，如图 13-6 所示。

月份	当月新增用户	+1月	+2月	+3月	+4月	+5月	+6月	+7月	+8月	+9月	+10月	+11月
2023年1月	8193	7.0%	19.5%	12.8%	13.2%	23.3%	9.9%	13.5%	10.5%	7.7%	12.8%	4.5%
2023年2月	2740	20.4%	12.4%	13.8%	21.4%	10.7%	11.6%	9.7%	7.5%	11.1%	4.1%	
2023年3月	8753	13.4%	14.1%	24.1%	9.1%	11.8%	8.9%	7.0%	12.2%	4.1%		
2023年4月	5859	14.1%	20.6%	8.6%	10.5%	8.2%	5.6%	9.0%	2.9%			
2023年5月	6912	22.8%	9.1%	10.8%	6.7%	5.7%	8.2%	2.9%				
2023年6月	16458	9.6%	10.8%	7.0%	5.6%	9.0%	3.0%					
2023年7月	6514	12.3%	6.2%	3.9%	6.0%	2.2%						
2023年8月	11781	8.7%	5.1%	6.9%	2.8%							
2023年9月	30214	7.3%	8.2%	3.2%								
2023年10月	11253	10.2%	4.0%									
2023年11月	18540	4.7%										

图 13-6 用条件格式美化过的留存数据

终于，实现了我们所期望的同期群分析表。根据同期群结果数据，我们可以做一些用户维度的分析。

品牌销售具有很强的电商特征，大促效果显著。新增用户数排名前三的月份分别是 9 月、11 月和 6 月，对应 99、双 11、618 大促，品牌借平台活动之势，投入了大量的资源来获取新用户。99 为什么拉新人数高于双 11 和 618 呢？领导一看活动日历恍然大悟："噢，原来当月产品上了 ××× 的直播间啊！"

同时，我们发现留存率趋势走势"诡异"，根本不像教科书和我们预想中的逐月降低，而是呈现出起伏中下降的趋势，如图 13-7 所示。

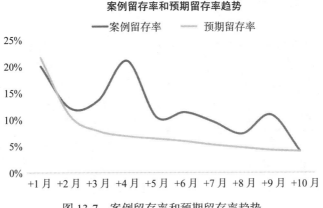

图 13-7　案例留存率和预期留存率趋势

例如 2023 年 2 月次月留存率 20.4%，随后下降到 12.4%，但在 +4 月的时候，竟然上升到了 21.4%，非常奇怪。不过，一旦结合电商大促节奏来看，就不再觉得奇怪了。2023 年 2 月对应的 +4 月，正好有 618 大促，有相当一部分新客在大促期间被唤醒（其他月份亦有大促唤醒的情况），这也是电商及大促爆发强的行业的特点。不过，如果拉长时间线来看，留存整体仍然是下降的趋势，且大促的唤醒效应逐渐减弱。

13.2.5　回购客单价的同期群实现

上面我们通过单月循环和遍历合并的方式实现了留存率的同期群分析，这一节我们来计算回购客单价的同期群表。

回购客单价等于回购用户的消费金额除以回购人数。以 2023 年 2 月为例，当月新增用户 2740 人，这群用户中有 558 人在 2023 年 3 月进行了回购，总共回购了 55 800 元，则他们 +1 月的回购客单价 =55800/558 元 =100 元。

刚才我们已经计算出每月新客在后续月份的回购人数，只需要再计算出这群人的回购金额，最终用回购金额除以回购人数，即可得到回购客单价。

因此，上面的代码几乎完全可以复用，把每个月新客在后续月份留存人数的统计改成金额即可：

```
# 引入时间标签
month_lst = df['时间标签'].unique()
# final 后面加了个 m，代表与金额相关
final_m = pd.DataFrame()

# 中间代码与上面计算留存率的代码相同
...
# 计算在该月仍然留存的用户的回购金额
        isin_m = next_users.loc[next_users['用户 ID'].isin(new_target_users[
            '用户 ID']) == True,'实付金额'].sum()
        count[ct] = isin_m

    # 格式转置
    result = pd.DataFrame({month_lst[i]:count}).T

    # 合并
    final_m = pd.concat([final_m,result])

final_m.columns = ['当月新增','+1月','+2月','+3月','+4月','+5月','+6月',
    '+7月','+8月','+9月','+10月','+11月']

final_m
```

调整几行代码，便得到了每个月新增用户在后续的回购金额数据，如图 13-8 所示。

	当月新增	+1月	+2月	+3月	+4月	+5月	+6月	+7月	+8月	+9月	+10月	+11月
2023-01	8193	152038	474019	321004	301462	616853	185251	292858	262933	180543	287445	93318
2023-02	2740	151328	94338	105943	189951	55792	77418	77279	59372	78433	28066	0
2023-03	8753	289928	284522	605839	162036	255507	228685	162398	275678	92286	0	0
2023-04	5859	179413	323887	103464	143104	141508	85408	144100	41001	0	0	0
2023-05	6912	395880	128426	160008	123942	94661	146627	46841	0	0	0	0
2023-06	16458	300293	383712	312063	233662	369007	108013	0	0	0	0	0
2023-07	6514	162437	97194	57777	84881	31884	0	0	0	0	0	0
2023-08	11781	276063	143451	186071	80948	0	0	0	0	0	0	0
2023-09	30214	555657	548818	277662	0	0	0	0	0	0	0	0
2023-10	11253	232308	124408	0	0	0	0	0	0	0	0	0
2023-11	18540	220271	0	0	0	0	0	0	0	0	0	0

图 13-8 金额同期群数据

再用回购金额除以刚才已经计算好的回购人数，得到回购客单价：

```
result_m = final_m / final
result_m['当月新增'] = final_m['当月新增']
result_m
```

将结果放在 Excel 表中用条件格式美化一下，如图 13-9 所示。

月份	当月新增	+1月	+2月	+3月	+4月	+5月	+6月	+7月	+8月	+9月	+10月	+11月
2023年1月	8193	265	296	306	279	324	227	266	305	287	274	251
2023年2月	2740	271	277	280	324	190	244	289	290	258	251	
2023年3月	8753	247	231	287	203	248	294	264	259	256		
2023年4月	5859	217	268	206	232	294	260	274	240			
2023年5月	6912	251	205	214	267	241	258	237				
2023年6月	16458	191	216	271	253	249	218					
2023年7月	6514	203	241	225	218	221						
2023年8月	11781	268	237	229	245							
2023年9月	30214	252	221	286								
2023年10月	11253	203	275									
2023年11月	18540	253										

图 13-9　客单同期群数据

回购客单价也表现出用户在大促期间囤货的特点：2023 年 1 月的新用户在 +5 月即 2023 年 6 月，回购客单价达到了最高的 324 元，且在 +8 月即 2023 年 9 月的 305 元是回购客单价的第二个高峰，其他月份也遵循类似的逻辑。

至此，我们用 Pandas 实现了留存率和回购客单价的同期群分析。

13.3　本章小结

在本章中，我们首先学习了同期群的概念，并结合案例对于它的核心逻辑有了进一步的认知，即"**将用户按初始行为的发生时间划分为不同的群组，进而分析相似群组的行为如何随时间变化**"。

通过同期群的横向与纵向对比分析，我们能够基于同一群组捕捉到趋势规律和异常问题。同时，**期限自由、行为灵活、分组自主是同期群的三大特点**，助它成为一个适用范围极广的分析模型，被广泛应用于用户、商品、渠道等质量与效果的评估。

之后，我们用 Pandas 实现了同期群分析，和之前章节中的批量处理操作类似，主线思路遵循"单月实现、遍历合并"，这也是用 Pandas 解决复杂问题的万能钥匙，把一个大问题拆解成若干个相似的小问题，集中力量解决好其中一个小问题，其他的小问题用类似的方法都能攻克。

第 14 章

指标波动归因分析

"为什么这个月的销售额提升了 30%？"

"转化率又降了，竟然同比降低了 42%，是什么原因导致的呢？"

这些都是数据分析师在工作中经常会遇到的问题，甚至有些基础岗的数据分析师要花 80% 以上的精力处理这类问题：指标降低或者提升了多少，以及波动的原因是什么。

这类问题可以概括为指标波动归因分析，很多时候数据分析师会用根据经验探索拆分的办法来处理它们，不仅非常花时间，而且数据分析师获得的价值感也不高。如果能够找到一些高效定位指标波动原因的方法，形成自动化判断机制，就能大大释放数据分析师的精力，使其能够把更多时间用在专题分析和推动业务上。

本章先讲解几种常见的计算指标波动贡献率的方法，量化波动来源，然后介绍一种自动化归因波动的算法。我会用 Pandas 来实现所有指标波动贡献率的计算，帮助大家摆脱指标波动原因探究的桎梏，向专题分析的方向迈进。

14.1 指标波动贡献率

14.1.1 什么是贡献率

当核心指标发生了波动，比如销售额从 100 万元上升到 1000 万元时，分析师的工作就来了。这个指标的波动可以从多个维度拆解。

- 渠道维度：天猫渠道、京东渠道、线下渠道等。
- 新老客维度：新客和老客。
- 用户属性维度：年龄、消费力、兴趣偏好、地区。

❑ 其他底层数据能够支持的维度。

能拆解的维度有很多，但一般来说，数据分析师根据自身经验，会选择一两个主要的维度优先进行拆解和验证。

例如从渠道维度进行拆解，可以进一步细分为 A 渠道、B 渠道、C 渠道这 3 个元素。我们实际关注的是，每一个渠道销售额的变化对于整体销售额波动到底有多大影响。

为了量化每一个元素对总体波动的影响程度，我们引入了"贡献率"的概念。贡献率主要回答**"每一个元素的变化对总体波动的贡献是多少"**这个问题。通常，各元素贡献率之和等于 100%，正好可以完全解释总体波动。

需要强调的是，为了避免概念产生歧义，**在本章的销售拆解中，渠道、用户、地区是指不同的维度，而渠道下面的具体渠道值 A、B、C 称为不同的元素。**

对于不同类型的指标，有与之对应的不同的贡献率计算方法。

14.1.2 可加型指标波动贡献率的计算

1. 计算逻辑

可加型指标是指那些数值可以直接相加的指标，例如访客数、销量、销售额。这里以一个简单的案例来介绍可加型指标的计算方法，案例数据如表 14-1 所示。

表 14-1 可加型指标案例数据

渠道	活动前销售额 / 元	活动后销售额 / 元	环比增长率
A	11 000	12 000	9%
B	500	1 500	200%
C	300	800	167%
总体	11 800	14 300	21%

总体销售额从活动前的 11 800 元上升到活动后的 14 300 元，环比增长 21%。总体又可以拆分成 A、B、C 三个渠道，每个渠道活动前后的销售、环比增长率我们已经计算好了。

从环比波动的角度来看，B 和 C 两个渠道波动较大。不过，由于 B、C 两个渠道体量和 A 差了很多，所以它们的波动对于总体波动的影响并不太大，其环比增长率并不能说清楚问题。所以，我们用贡献率来衡量每个渠道对于总体波动的影响。

要计算贡献率，我们先用活动后销售额减活动前销售额，计算出活动前后每个渠道销售额的波动值，如表 14-2 所示。

表 14-2 可加型指标计算波动值

渠道	活动前销售额 / 元	活动后销售额 / 元	环比增长率	波动值 / 元
A	11 000	12 000	9%	1000
B	500	1 500	200%	1000
C	300	800	167%	500
总体	11 800	14 300	21%	2500

然后用每个渠道的波动值除以总体波动值，得到每个渠道波动占总体波动的比重，即波动贡献率。A 渠道的波动贡献率 = A 渠道波动值 / 总体波动值 = 1000/2500 = 40%，B 渠道的波动贡献率也是 40%，C 渠道的是 20%。具体结果如表 14-3 所示。

表 14-3　可加型指标波动贡献率计算结果

渠道	活动前销售额 / 元	活动后销售额 / 元	环比增长率	波动值 / 元	波动贡献率
A	11 000	12 000	9%	1 000	40%
B	500	1 500	200%	1 000	40%
C	300	800	167%	500	20%
总体	11 800	14 300	21%	2 500	100%

从波动贡献率可以发现，A 和 B 渠道对于总体波动的贡献（也可以说影响程度）都很大，是主要的影响因素。而 C 渠道虽然环比增长率为 167%，但是受限于体量，其波动贡献率只有 20%。

2. Pandas 实现

构造上面的案例数据，before 和 after 分别指代活动前、活动后销售额：

```
d1 = pd.DataFrame({'渠道':['A','B','C'],
                   'before':[11000,500,300],
                   'after':[12000,1500,800]})
```

计算环比增长率、波动值和波动贡献率：

```
d1['环比增长率'] = (d1['after'] - d1['before']) / d1['before']
d1['波动值'] = d1['after'] - d1['before']
d1['波动贡献率'] = d1['波动值'] / d1['波动值'].sum()      #用每一行波动值除以总体波动值
                                                      #汇总得到贡献率
print(d1)
```

运行结果如下：

```
  渠道  before  after  环比增长率   波动值  波动贡献率
0  A   11000  12000  0.090909  1000   0.4
1  B     500   1500  2.000000  1000   0.4
2  C     300    800  1.666667   500   0.2
```

3. 问题延伸

可加型指标波动贡献率的优缺点都很明显：优点在于简单方便，数据分析师好计算，业务人员好理解，双方容易达成共识；缺点则是对于优先级的判定不够明确。拿上面的案例来说，我们的结论是 A 和 B 渠道是影响总体的两大渠道。如果精力有限，我们应该重点关注 A 渠道还是 B 渠道呢？既可以说 A 渠道体量大，更应该关注和优化，也可以说虽然两个渠道的波动贡献率相等，但是 B 渠道自身的波动远远大于 A 渠道，B 渠道发生异常的可能性更大。

至于应该如何改进，我们将在 14.2 节探讨。接下来，我们继续学习乘法型指标波动贡献率的计算。

14.1.3 乘法型指标波动贡献率的计算

1. 计算逻辑

还记得我们在电商理论部分提到的指标拆解的黄金公式吗？销售额 = 访客数 × 转化率 × 客单价。

如果销售额出现了异常波动，业务人员大概率会循着这个公式来定位问题，判断访客数、转化率、客单价中每个指标的波动情况及影响。

在这个场景下，可加型指标波动贡献率的计算方式是无法解决问题的，因为各指标之间是乘法关系，而且量纲不同，无法直接相加减。想要计算出各指标对于总体指标波动的影响，使用对数转换法是条思路。

下面我们一起来看案例数据，如表 14-4 所示。

表 14-4　乘法型指标案例数据

指标	活动前	活动后	环比增长率
访客数	10 000	15 000	50%
转化率	5%	8%	60%
客单价 / 元	350	330	-6%
销售额 / 元	175 000	396 000	126%

案例数据中，销售额增长了 126%，访客数和转化率分别提升 50%、60%，而客单价环比下降 6%。要计算这 3 个指标对于销售额的贡献率，可以使用对数转换法（LN 转换）对活动前后访客数、转化率、客单价的每个值进行转换，转换后的值就能够套用可加型指标贡献率的计算方法了。其中 LN 是以常数 e 为底数的对数。计算结果如表 14-5 所示。

表 14-5　乘法型指标 LN 转换

指标	活动前	活动后	环比增长率	活动前（LN 转换值）	活动后（LN 转换值）
访客数	10 000	15 000	50%	9.21	9.62
转化率	0.05	0.08	60%	-3.00	-2.53
客单价 / 元	350	330	-6%	5.86	5.80
销售额 / 元	175 000	396 000	126%	12.07	12.89

对活动前的访客数 10 000 用 LN(10000) 进行转换，得到 9.21；对活动后的访客数与其他指标也都进行这样的转换。经过转换之后，相关值的波动是可以直接计算的，我们计算 LN 波动值（某指标活动后的 LN 转换值 − 该指标活动前的 LN 转换值），如表 14-6 所示。

表 14-6 计算 LN 转换后的波动值

指标	活动前	活动后	环比增长率	活动前（LN 转换值）	活动后（LN 转换值）	LN 波动值
访客数	10 000	15 000	50%	9.21	9.62	0.41
转化率	0.05	0.08	60%	−3.00	−2.53	0.47
客单价/元	350	330	−6%	5.86	5.80	−0.06
销售额/元	175 000	396 000	126%	12.07	12.89	0.82

访客数、转化率、客单价的 LN 波动值之和正好等于销售额的 LN 波动值。到这一步，我们可以借用上面介绍的波动占比方法来计算贡献度，用每个元素的 LN 波动值除以总体 LN 波动值（销售额的 LN 波动值），如表 14-7 所示。

表 14-7 乘法型指标波动贡献率的计算

指标	活动前	活动后	环比增长率	活动前（LN 转换值）	活动后（LN 转换值）	LN 波动值	波动贡献率
访客数	10 000	15 000	50%	9.21	9.62	0.41	49.65%
转化率	0.05	0.08	60%	−3.00	−2.53	0.47	57.55%
客单价/元	350	330	−6%	5.86	5.80	−0.06	−7.21%
销售额/元	175 000	396 000	126%	12.07	12.89	0.82	100%[①]

①因为计算过程中存在四舍五入的关系，这里直接计算结果为 99.99%，但实际为 100%。

最终可以得到：首先是转化率的波动贡献率为 57.55%，排名第一；其次是访客数的波动贡献率，为 49.65%；而客单价是环比降低的，对应的是负的贡献率。贡献率的总体之和是 100%，逻辑自洽。

2. Pandas 实现

依然先构造数据，这次我们把销售额也直接构造出来：

```
d2 = pd.DataFrame({'指标':['访客数','转化率','客单价','销售额'],
                   'before':[10000,0.05,350,175000],
                   'after':[15000,0.08,330,396000]})
```

计算环比增长率、LN 波动值和波动贡献率：

```
import numpy as np #numpy 的 log 可以直接转换成对数

d2['环比增长率'] = (d2['after'] - d2['before']) / d2['before']
d2['LN_before'] = np.log(d2['before'])
d2['LN_after'] = np.log(d2['after'])
d2['LN 波动值'] =  d2['LN_after'] - d2['LN_before']
d2['波动贡献率'] = d2['LN 波动值'] / d2['LN 波动值'][3]    # 总体数据索引是 3，因此
                                                        # 这里用 3 来找到总体值


print(d2)
```

运行结果如下：

	指标	before	after	环比增长率	LN_before	LN_after	LN波动值	波动贡献率
0	访客数	10000.00	15000.00	0.500000	9.210340	9.615805	0.405465	0.496511
1	转化率	0.05	0.08	0.600000	-2.995732	-2.525729	0.470004	0.575542
2	客单价	350.00	330.00	-0.057143	5.857933	5.799093	-0.058841	-0.072053
3	销售额	175000.00	396000.00	1.262857	12.072541	12.889169	0.816628	1.000000

这样就得到了每个指标对于销售额的波动贡献率。

14.1.4 除法型指标波动贡献率的计算

1. 计算逻辑

像点击率、转化率这样的指标属于除法型指标，对它们的波动贡献率的计算相对复杂，我们以不同渠道的活动前后转化率数据为例，如表 14-8 所示。（表中，channel 代表渠道，before_cvr 和 after_cvr 分别代表活动前和活动后的支付转化率。）

表 14-8　活动前后转化率的变化

channel	before_cvr	after_cvr	环比增长率
A	20%	20%	0%
B	15%	15%	0%
C	50%	52%	4%
D	10%	4%	−60%
整体	27.5%	26.2%	−4.7%

由表 14-8 可知，整体转化率从活动前的 27.5% 下滑至活动后的 26.2%，环比降低 4.7%，其中 A 渠道和 B 渠道的转化率没有变化，C 渠道略微上涨，而 D 渠道降幅明显。我们能据此得出"D 渠道是造成整体转化率下降的唯一元素"的结论吗？

万万不可！因为转化率是一个衍生指标，单看转化率的高低趋势，很容易忽略体量的重要影响。同时，转化率的波动来源于访客数和购买人数两个指标的变化。只有看清楚背后访客数、购买人数的变化情况，才能量化各渠道转化率对总体波动的贡献率。所以，我们需要结合活动前后的访客数 uv 和购买人数 pay 来看，如图 14-1 所示。

channel	before_uv	after_uv	环比增长率
A	50 000	100 000	100.0%
B	10 000	10 000	0.0%
C	30 000	50 000	66.7%
D	10 000	25 000	150.0%
整体	100 000	185 000	85.0%

channel	before_pay	after_pay	环比增长率
A	10 000	20 000	100.0%
B	1500	1500	0.0%
C	15 000	26 000	73.3%
D	1000	1000	0.0%
整体	27 500	48 500	76.4%

channel	before_cvr	after_cvr	环比增长率
A	20%	20%	0.0%
B	15%	15%	0.0%
C	50%	52%	4.0%
D	10%	4%	−60.0%
整体	27.5%	26.2%	−4.7%

图 14-1　除法型指标相关数据

由访客数和购买人数可以发现，A、B 渠道虽然转化率都未发生变化，但这只是水面的平静。实际上 A 渠道活动后访客数和购买人数均是活动前的 2 倍，而 B 渠道的相关数据完全没有变化。

我们需要把镜头从平静的水面移到水底,看看波澜起于何方。

2. 波动贡献率剖析

要综合访客数、购买人数指标,更好地量化每个渠道转化率对整体转化率的影响,这里我们采用一种类似于**控制变量**的方法。

首先,我们研究 A 渠道波动对于整体的影响。假设只有 A 渠道的数据活动前后发生了变化,其他渠道均未发生任何变化,即活动后数据与活动前相等,如图 14-2 所示。

只有 A 渠道发生变化,其他渠道活动前后数据不变:

channel	before_uv	after_uv	环比增长率	channel	before_pay	after_pay	环比增长率	channel	before_cvr	after_cvr	环比增长率
A	50 000	100 000	100.0%	A	10 000	20 000	100.0%	A	20%	20.0%	0.0%
B	10 000	10 000	0.0%	B	1500	1500	0.0%	B	15%	15.0%	0.0%
C	30 000	30 000	0.0%	C	15 000	15 000	0.0%	C	50%	50.0%	0.0%
D	10 000	10 000	0.0%	D	1000	1000	0.0%	D	10%	10.0%	0.0%
整体	100 000	150 000	50.0%	整体	27 500	37 500	36.4%	整体	27.5%	25.0%	−9.1%

图 14-2 A 渠道变化、其他渠道不变的数据

结果显而易见:

- A 渠道访客数环比增长 100%,将整体访客数从 10 万提升到 15 万,环比上涨 50%。
- A 渠道的购买人数成倍增长,推动整体购买人数环比提升 36.4%。

访客数和购买人数变化一致,因此 A 渠道转化率不变,但 A 渠道访客数和购买人数对整体产生结构性的影响,造成整体转化率环比降低 9.1%,这 9.1% 的降幅可以看作 A 渠道活动前后数据变化对于整体的影响。

根据同样的逻辑,我们对其他渠道进行控制和计算,如图 14-3 所示。B 渠道活动前后数据均未发生变化,因此对于整体转化率的影响是 0.0%;C 渠道对于整体转化率有 16.7% 的正向影响;D 渠道自身转化率就有大幅下滑,对于整体转化率的影响则是 −13.0%。把各渠道的影响汇总一下,得到如表 14-9 所示的结果。

只有 B 渠道发生变化,其他渠道活动前后数据不变:

channel	before_uv	after_uv	环比增长率	channel	before_pay	after_pay	环比增长率	channel	before_cvr	after_cvr	环比增长率
A	50 000	50 000	0.0%	A	10 000	10 000	0.0%	A	20.0%	20.0%	0.0%
B	10 000	10 000	0.0%	B	1 500	1 500	0.0%	B	15.0%	15.0%	0.0%
C	30 000	30 000	0.0%	C	15 000	15 000	0.0%	C	50.0%	50.0%	0.0%
D	10 000	10 000	0.0%	D	1 000	1 000	0.0%	D	10.0%	10.0%	0.0%
整体	100 000	100 000	0.0%	整体	27 500	27 500	0.0%	整体	27.5%	27.5%	0.0%

图 14-3 其他渠道控制变量的结果

只有 C 渠道发生变化，其他渠道活动前后数据不变：

channel	before_uv	after_uv	环比增长率	channel	before_pay	after_pay	环比增长率	channel	before_cvr	after_cvr	环比增长率
A	50 000	50 000	0.0%	A	10 000	10 000	0.0%	A	20.0%	20.0%	0.0%
B	10 000	10 000	0.0%	B	1 500	1 500	0.0%	B	15.0%	15.0%	0.0%
C	30 000	50 000	66.7%	C	15 000	26 000	73.3%	C	50.0%	52.0%	4.0%
D	10 000	10 000	0.0%	D	1 000	1 000	0.0%	D	10.0%	10.0%	0.0%
整体	100 000	120 000	20.0%	整体	27 500	38 500	40.0%	整体	27.5%	32.1%	16.7%

只有 D 渠道发生变化，其他渠道活动前后数据不变：

channel	before_uv	after_uv	环比增长率	channel	before_pay	after_pay	环比增长率	channel	before_cvr	after_cvr	环比增长率
A	50 000	50 000	0.0%	A	10 000	10 000	0.0%	A	20.0%	20.0%	0.0%
B	10 000	10 000	0.0%	B	1 500	1 500	0.0%	B	15.0%	15.0%	0.0%
C	30 000	30 000	0.0%	C	15 000	15 000	0.0%	C	50.0%	50.0%	0.0%
D	10 000	25 000	150.0%	D	1 000	1 000	0.0%	D	10.0%	4.0%	−60.0%
整体	100 000	115 000	15.0%	整体	27 500	27 500	0.0%	整体	27.5%	23.9%	−13.0%

图 14-3　其他渠道控制变量的结果（续）

表 14-9　各渠道影响的汇总

channel	before_cvr	after_cvr	环比增长率	影响
A	20%	20%	0%	−9.1%
B	15%	15%	0%	0.0%
C	50%	52%	4%	16.7%
D	10%	4%	−60%	−13.0%
整体	27.5%	26.2%	−4.7%	—

通过控制变量，我们得到了每个渠道对于整体转化率的影响。不过，一般提到贡献率的计算，总是希望各渠道贡献率加总接近于 100%。所以，我们用各渠道的影响值除以汇总的影响值，计算对应的贡献率。以 A 渠道为例，用 −9.1% 除以各渠道影响值的汇总，等于 166.3%，其他渠道亦是如此，如表 14-10 所示。

表 14-10　各渠道的贡献率结果

channel	before_cvr	after_cvr	环比增长率	影响	贡献率
A	20%	20%	0%	−9.1%	166.3%
B	15%	15%	0%	0%	0.0%
C	50%	52%	4%	16.7%	−304.8%
D	10%	4%	−60%	−13.0%	238.6%
整体	28%	26%	−4.7%	—	100.0%

需要注意的是，由于整体转化率是负值，如 A 渠道贡献率为正，则意味着该渠道对整体转化率的负向变化是有贡献的，或者说拉低了整体转化率。反之，如 C 渠道贡献率为负，

则代表该渠道对于整体转化率是有拉升作用的。

3. Pandas 实现

下面用 Pandas 完成除法型指标波动贡献率的计算。首先依然是构造数据：

```
df_uv = pd.DataFrame({
    'channel':['A','B','C','D','ALL'],
    'before_uv':[50000,10000,30000,10000,100000],
    'after_uv':[100000,10000,50000,25000,185000]
})

df_pay = pd.DataFrame({
    'channel':['A','B','C','D','ALL'],
    'before_pay':[10000,1500,15000,1000,27500],
    'after_pay':[20000,1500,26000,1000,48500]
})

df_cvr = pd.DataFrame({
    'channel':['A','B','C','D','ALL'],
    'before_cvr':[0.2,0.15,0.5,0.1,0.28],
    'after_cvr':[0.2,0.15,0.52,0.04,0.26]
})
```

构造一张活动前后数据均不变的表，为后续的控制变量做准备：

```
df_uv_con = df_uv.copy()
df_uv_con['after_uv'] = df_uv['before_uv']

df_pay_con = df_pay.copy()
df_pay_con['after_pay'] = df_pay['before_pay']
```

df_uv_con 和 df_pay_con 分别对应访客数与购买人数，表的具体内容如下：

```
           df_uv_con
  channel    before_uv    after_uv
0       A        50000       50000
1       B        10000       10000
2       C        30000       30000
3       D        10000       10000
4     ALL       100000      100000

           df_pay_con
  channel   before_pay   after_pay
0       A        10000       10000
1       B         1500        1500
2       C        15000       15000
3       D         1000        1000
4     ALL        27500       27500
```

接着用控制变量的方式计算 A 渠道的影响，即其他渠道活动前后数据不变，计算 A 渠道数据的变化对整体的影响。

```
df_uv_con.loc[df_uv_con['channel'] =='A',:] = df_uv.loc[df_uv['channel'] ==
    'A',:]
df_pay_con.loc[df_pay_con['channel'] == 'A',:] = df_pay.loc[df_pay['channel'] ==
    'A',:]
```

把真实的 A 渠道数据用索引的方式进行替换，得到了控制后的表：

```
        df_uv_con
  channel    before_uv    after_uv
0       A        50000      100000
1       B        10000       10000
2       C        30000       30000
3       D        10000       10000
4     ALL       100000      100000

        df_pay_con
  channel    before_pay   after_pay
0       A        10000       20000
1       B         1500        1500
2       C        15000       15000
3       D         1000        1000
4     ALL        27500       27500
```

只有 A 渠道发生变化的数据产生了，但是由于用的是索引替换，汇总行的数据并未自动发生变化。在后续计算中我们需要注意重新求汇总。

```
# 对活动前后的访客数进行汇总并重新计算
before_uv_sum = df_uv_con['before_uv'][:-1].sum()
after_uv_sum = df_uv_con['after_uv'][:-1].sum()

# 对活动前后的购买人数进行汇总并重新计算
before_pay_sum = df_pay_con['before_pay'][:-1].sum()
after_pay_sum = df_pay_con['after_pay'][:-1].sum()

# 计算A渠道对整体的影响，活动后整体转化率和活动前的环比增长率
before_cvr_all = before_pay_sum / before_uv_sum
after_cvr_all = after_pay_sum / after_uv_sum
result_a = (after_cvr_all - before_cvr_all) / before_cvr_all

# 显示4位小数的结果，避免小数位太多
print(result_a)
```

最终得到了结果 −0.0909，和我们在 Excel 中计算的一致。如果要按照同样的逻辑分别计算其他渠道的影响，可以采用循环遍历的方式：

```
result_dic = {}

for channel in df_uv['channel'][:-1]:

    # 构造控制变量的原始表，活动前后数据相等
    df_uv_con = df_uv.copy()
    df_uv_con['after_uv'] = df_uv['before_uv']
```

```python
    df_pay_con = df_pay.copy()
    df_pay_con['after_pay'] = df_pay['before_pay']

    #用索引替换对应渠道的数据
    df_uv_con.loc[df_uv_con['channel'] == channel,:] = df_uv.loc[df_uv['channel']
        == channel,:]
    df_pay_con.loc[df_pay_con['channel'] == channel,:] = df_pay.loc[
        df_pay['channel'] == channel,:]

    #对活动前后的访客数进行汇总并重新计算
    before_uv_sum = df_uv_con['before_uv'][:-1].sum()
    after_uv_sum = df_uv_con['after_uv'][:-1].sum()

    #对活动前后的购买人数进行汇总并重新计算
    before_pay_sum = df_pay_con['before_pay'][:-1].sum()
    after_pay_sum = df_pay_con['after_pay'][:-1].sum()

    #计算渠道对整体的影响,活动后整体转化率和活动前的环比率
    before_cvr_all = before_pay_sum / before_uv_sum
    after_cvr_all = after_pay_sum / after_uv_sum
    result_x = (after_cvr_all - before_cvr_all) / before_cvr_all

    result_dic[channel] = result_x

#构造最终的影响结果
result = pd.DataFrame(result_dic,index = ['value']).T

print(result)
```

运行结果如下:

```
      value
A  -0.090909
B   0.000000
C   0.166667
D  -0.130435
```

计算最终贡献率,只需增加一列求占比即可:

```
result['贡献率'] = result['value'] / result['value'].sum()

print(result)
```

运行结果如下:

```
      value      贡献率
A  -0.090909   1.662651
B   0.000000  -0.000000
C   0.166667  -3.048193
D  -0.130435   2.385542
```

通过遍历循环,我们计算出了所有渠道对整体转化率波动的贡献率。

14.2 Adtributor 算法

14.2.1 Adtributor 介绍

面对数据波动类问题,我们可以从各种维度来拆解数据。例如,本章开头提到了渠道、新老客、消费力、年龄等维度,每个维度下又有具体的元素,如新老客下有新客和老客,消费力下有低、中、高消费力。

如此多的维度,可谓是"波动拆解深似海,从此分析是路人"。有没有一种方法可以告诉我们最终的指标波动从哪个维度拆解最合适,并明确这个维度下的哪几个元素对整体波动的贡献率最高呢?

Adtributor 算法解决的就是"如何自动归因指标波动"这个问题。该算法由微软研究院提出,通过一套自动化判定的逻辑,拨云见雾,帮助数据分析师快速找到数据异常波动的根本原因。

Adtributor 算法的核心逻辑如图 14-4 所示。

```
1   Foreach m ∈ M // Compute surprise for all measures
2     Foreach E_ij // all elements, all dimensions
3       p = F_ij(m)/F(m)
4       q = A_ij(m)/A(m)
5       S_ij(m) = D_JS(p,q)
6   ExplanatorySet = { }
7   Foreach i ∈ D
8     SortedE = E_i.SortDescend(S_ij(m)) //Surprise
9     Candidate = { }, Explains = 0, Surprise = 0
10    Foreach E_ij ∈ SortedE
11      EP = (A_ij(m) − F_ij(m))/(A(m) − F(m))
12      if(EP > T_EEP) // Occam's razor
13        Candidate.Add += E_ij
14        Surprise += S_ij(m)
15        Explains += EP
16      if (Explains > T_EP) // explanatory power
17        Candidate.Surprise = Surprise
18        ExplanatorySet += Candidate
19        break
20   //Sort Explanatoryset by Candidate.Surprise
21   Final = ExplanatorySet.SortDescend(Surprise)
22   Return Final.Take(3) // Top 3 most surprising
```

计算每个维度下每个元素的 S 值(惊讶度)

把每个维度下各元素按照 S 值降序排列
计算每个元素的 EP 值(波动贡献率),并确定 T_{EEP} 值(单个元素贡献阈值),当对应元素 EP 值 > T_{EEP} 值时,该元素加入根因集合

确定 T_{EP} 值(整体贡献阈值),并计算每个维度汇总 EP 值,当汇总 EP 值 > T_{EP} 值时,停止筛选维度按 S 值排序,筛选出前 N 个影响最大的维度和对应元素

图 14-4 Adtributor 算法的核心逻辑

(图片来源:论文"Adtributor:Revenue Debugging in Aolvertising Systems",作者为 BHAGWAN R、KUMAR R 和 RAMJEE R 等人)

看不太懂?没关系,我们来一步步拆解。

14.2.2 单个维度的基础案例

下面先介绍一个基础案例,带大家了解算法的基本思路以及每个指标的意义。

1. 计算活动前后基本占比

我们拿到了一份数据,它包含每个渠道的活动前、活动后销售额数据,也有汇总数据,如表 14-11 所示。

表 14-11 案例数据

渠道	活动前销售额 / 元	活动后销售额 / 元
A	500 000	780 000
B	30 000	230 000
C	180 000	450 000
D	40 000	40 000
汇总	750 000	1 500 000

先计算活动前和活动后每个渠道的销售额占总体的比重。

设**活动前销售额占比为** p,如渠道 A 的 p = 500 000/750 000 ≈ 67%。

设**活动后销售额占比为** q,如渠道 B 的 q = 230 000/1 500 000 ≈ 15%。

计算结果如表 14-12 所示。

表 14-12 计算得到 p 和 q 的值

渠道	活动前销售额 / 元	活动后销售额 / 元	p	q
A	500 000	780 000	67%	52%
B	30 000	230 000	4%	15%
C	180 000	450 000	24%	30%
D	40 000	40 000	5%	3%
汇总	750 000	1 500 000	100%	100%

计算活动前占比 p 和活动后占比 q,是为后续计算惊讶度做准备。

2. 计算惊讶度

通过计算指标波动贡献率,能够较好地衡量每个元素对于总体波动的贡献率,但是却忽略了不同元素自身波动所包含的信息。一个体量小但成倍增长的渠道与一个体量大但波动小的渠道相比,前者或许隐藏着更多的机会。

惊讶度(Surprise,用 S 表示)是一个用来衡量指标结构前后变化程度的指标,回答的是"哪个元素的波动最让人惊讶"的问题。

惊讶度主要考虑前后占比的结构变化,因此上一步的 p 和 q 值是计算的基础。惊讶度的计算一般采用 JS 散度[注],计算公式如下:

[注] 一种用于衡量概率分布相似性的方法,这里用 JS 散度衡量 p 和 q 的变化程度。

$$S_{ij}(m) = 0.5\left(p\log\left(\frac{2p}{p+q}\right) + q\log\left(\frac{2q}{p+q}\right)\right)$$

S 值越高,表示该维度的变化惊讶度越高,越有可能是主要的影响因素。
我们把公式用在案例数据上,如表 14-13 所示。

表 14-13 计算得到惊讶度 S 值

渠道	活动前销售额 / 元	活动后销售额 / 元	p	q	S
A	500 000	780 000	67%	52%	0.20%
B	30 000	230 000	4%	15%	0.77%
C	180 000	450 000	24%	30%	0.07%
D	40 000	40 000	5%	3%	0.10%
汇总	750 000	1 500 000	100%	100%	1.14%

可以看到,B 渠道销售额增长 20 万元,而 A 渠道增长 28 万元,A 渠道的销售额增长要高于 B 渠道的销售额增长。但由于 B 渠道的销售额从 3 万元增长到 23 万元,占比从活动前的 4% 提升到活动后的 15%,变化最为剧烈,所以 B 的惊讶度 0.77% 是所有渠道中最高的,需要重点关注。

3. 计算贡献率 EP

EP 是 Explanatory Power 的缩写,在很多地方被翻译成"解释力",但从衡量的内容及其计算逻辑来看,它就是前几节所讲的贡献率,即每个元素波动对于总体波动的贡献,所以后文中统一将它理解成贡献率。

以 A 渠道为例,A 渠道的 EP =(A 渠道活动后销售额 − A 渠道活动前销售额)/(总体活动后销售额 − 总体活动前销售额)。

把这个公式应用在案例数据上,计算结果如表 14-14 所示。

表 14-14 计算得到 EP 值

渠道	活动前销售额 / 元	活动后销售额 / 元	p	q	S	EP
A	500 000	780 000	67%	52%	0.20%	37%
B	30 000	230 000	4%	15%	0.77%	27%
C	180 000	450 000	24%	30%	0.07%	36%
D	40 000	40 000	5%	3%	0.10%	0%
汇总	750 000	1 500 000	100%	100%	1.14%	100%

很容易得到每个渠道的变化对于整体波动的贡献率。

4. 结果筛选

要筛选出渠道维度里对整体波动影响最大的两个元素,Adtributor 应该如何操作呢?
- 按照惊讶度 S 从高到低对数据进行排序,即数据排序为 B、A、D、C。
- 单个元素 EP(波动贡献率)的筛选。如果某个维度存在非常多的元素,为了避免有些元素量级和波动都太小，需要设置一个贡献率的阈值，此处我们设置为10%，表示单个元素的波动贡献率EP超过10%时才会通过筛选。案例中渠道D的EP等于0%，会被剔除，保留B、A、C这3个符合条件的渠道。
- **整体EP（波动贡献率）的控制**。在进行单个波动贡献率筛选的同时，可以设置一个整体贡献率的阈值，如60%，这意味着只要选中元素贡献率之和超过60%，就已经能够解释大部分波动原因了，可以停止筛选。

在案例数据中，尽管C渠道通过了单个波动贡献率超过10%的筛选，但由于B渠道和A渠道的EP值相加等于64%，已经超过整体贡献率的阈值，所以停止遍历。最终，筛选出影响最大的两个元素是B和A。

14.2.3 多个维度的算法逻辑和Pandas实现

上面的案例只考虑了单个渠道，相当于已经选定渠道维度，只需要找出渠道下影响较大的元素。在实际工作中，我们可能会遇到几十、几百甚至上千个维度。面对多维度问题，Adtributor又是如何解决的呢？

我们用Pandas来实现。仍然从案例入手，案例数据包含渠道、新老客、产品三个维度。

```
data = pd.DataFrame({'维度':['渠道','渠道','渠道','渠道','新老客','新老客','产品','产品','产品','产品','产品','产品'],
    '元素':['A','B','C','D','新客','老客','C001','C002','C003','C004','C005','C006'],
    'before':[50,3,18,4,35,40,20,15,10,8,12,10],
    'after':[78,23,45,4,60,90,40,38,15,20,17,20]})
```

为了使案例数据更加具象，我们用Excel展示一下，如图14-5所示。

各维度活动前后销售额统计 单位：万元			
维度	元素	before	after
渠道	A	50	78
渠道	B	3	23
渠道	C	18	45
渠道	D	4	4
新老客	新客	35	60
新老客	老客	40	90
产品	C001	20	40
产品	C002	15	38
产品	C003	10	15
产品	C004	8	20
产品	C005	12	17
产品	C006	10	20

图14-5 案例数据的Excel展示

1. 计算惊讶度并排序

和单维度处理逻辑类似，我们先根据上一节中的公式计算出每个维度下各元素的 p、q 和 S 的值，并在每个维度下按照 S 降序排列。

p 和 q 的计算非常简单，用 Pandas 实现时考虑一下维度数量即可：

```
#计算活动前销售额汇总和活动后销售额汇总
#因为有3个大维度，直接汇总得到的是3倍的销售额，需要除以维度数量，这里
#len(data['维度'].unique())等于3
pre_sum = data['before'].sum() / len(data['维度'].unique())
aft_sum = data['after'].sum() / len(data['维度'].unique())

#计算p和q值
data['p'] = data['before'] / pre_sum
data['q'] = data['after'] / aft_sum
```

用 len() 和 unique() 结合统计维度的数量，是为了增强代码的可扩展性，这样无论对于多少个维度，以上代码都是适用的。

惊讶度 S 涉及 math 库的 log 计算，这里我们采用遍历的方式来计算并排序：

```
import math
#创建一个列表用于收集每个s值
surprises = []

#遍历计算每一行数据的s值
for p,q in zip(data['p'],data['q']):
    #用JS散度公式
    s = 0.5 * (p * math.log10(2 * p / (p + q)) + q * math.log10(2 * q / (p + q)))
    surprises.append(s)

#把计算好的s列表赋值给data
data['surprise'] = surprises

#每个维度下按照s值排序
data.sort_values(['维度','surprise'],ascending = False,inplace = True)

data
```

运行结果如下：

	维度	元素	before	after	p	q	surprise
1	渠道	B	3	23	0.040000	0.153333	0.007697
0	渠道	A	50	78	0.666667	0.520000	0.001973
3	渠道	D	4	4	0.053333	0.026667	0.000984
2	渠道	C	18	45	0.240000	0.300000	0.000725
4	新老客	新客	35	60	0.466667	0.400000	0.000557
5	新老客	老客	40	90	0.533333	0.600000	0.000426
10	产品	C005	12	17	0.160000	0.113333	0.000869
7	产品	C002	15	38	0.200000	0.253333	0.000683
8	产品	C003	10	15	0.133333	0.100000	0.000519

	维度	元素					
9	产品	C004	8	20	0.106667	0.133333	0.000322
6	产品	C001	20	40	0.266667	0.266667	0.000000
11	产品	C006	10	20	0.133333	0.133333	0.000000

这一步我们得到了所有数据的 S 值,并在每个维度下按照 S 值做了降序排列。

2. 计算贡献率并根据阈值筛选元素

先计算每个维度下所有元素 EP(贡献率)的值,然后根据单个 EP 阈值和总 EP 阈值筛选元素,筛选逻辑和单维度一致。

我们用 Pandas 先计算每一行数据的 EP 值:

```
# 计算出总销售波动,3 个维度都在一起,因此也需要除以维度数量
sum_dif = (data['after'].sum() - data['before'].sum()) / len(data['维度']
    .unique())

# 计算每一行数据的 EP
data['EP'] = (data['after'] - data['before']) / sum_dif

data.head()
```

运行结果如下:

	维度	元素	before	after	p	q	surprise	EP
1	渠道	B	3	23	0.040000	0.153333	0.007697	0.266667
0	渠道	A	50	78	0.666667	0.520000	0.001973	0.373333
3	渠道	D	4	4	0.053333	0.026667	0.000984	0.000000
2	渠道	C	18	45	0.240000	0.300000	0.000725	0.360000
4	新老客	新客	35	60	0.466667	0.400000	0.000557	0.333333

进行筛选前,我们先设定单个元素 EP 阈值 teep 和总 EP 阈值 tep,这里将 teep 和 tep 分别设置为 0.2 与 0.8。筛选逻辑和单维度相似:

❑ 根据设定的单个元素 EP 阈值 teep,遍历所有元素的 EP 值是否高于 0.2,如果高于,则通过筛选;

❑ 每一次遍历的同时,把每个维度下通过筛选的元素 EP 值累加,如果某维度下累加的 EP 值大于 0.8,则该维度停止筛选。

用 Pandas 实现筛选操作,代码如下:

```
# 假设单个 EP 阈值 teep = 0.2,总 EP 阈值 tep = 0.8
teep = 0.2
tep = 0.8

# 筛选出 EP 值大于单个 EP 阈值 teep 的元素
data_fil = data.loc[data['EP'] >= teep,['维度','元素','surprise','EP']]

# 新建一个 EP_sum 列,即对每个维度下的 EP 值进行累加,作为与总阈值 tep 对比的辅助列
data_fil['EP_sum'] = data_fil.groupby('维度')['EP'].cumsum()
data_fil
```

剔除掉了 EP 值小于 0.2 的数据，并计算出了每个维度下累加的 EP 值 EP_sum 列，运行结果如下：

```
  维度    元素   surprise       EP      EP_sum
1 渠道     B    0.007697   0.266667   0.266667
0 渠道     A    0.001973   0.373333   0.640000
2 渠道     C    0.000725   0.360000   1.000000
4 新老客   新客   0.000557   0.333333   0.333333
5 新老客   老客   0.000426   0.666667   1.000000
7 产品    C002  0.000683   0.306667   0.306667
6 产品    C001  0.000000   0.266667   0.573333
```

由于总体阈值 tep 的限制，我们需要剔除掉 EP_sum 大于总 EP 阈值 tep 的数据。

这里可能有读者会认为，用 Pandas 直接剔除累加 EP 值大于 0.8（总阈值）的数据即可。但需要注意的是，这里总 EP 阈值 tep 被设置为 0.8，假如某维度有 5 个元素，EP 值分别是 0.2、0.2、0.3、0.2、0.1，那么对应的累加 EP 值依次是 0.2、0.4、0.7、0.9、1。

我们会发现当累加的 EP 值等于 0.9 时，满足大于 80% 的总阈值条件，因而停止累加。这个时候，返回的数据包含前 4 个元素，对应的 EP_sum 是 0.9，即包含第一个大于总 EP 阈值的元素。也就是说，在根据总 EP 阈值批量筛选时，要剔除的是第二个及之后累加值大于总 EP 阈值的元素。

最后两句话有点拗口，结合 Pandas 代码会更好理解。

```
# 先筛选出大于总阈值的数据
bri = data_fil.loc[data_fil['EP_sum'] >= tep,:]

# 每个维度下，把超过总阈值的第一个累加 EP 值作为接下来的筛选门槛
bri_dim = bri.groupby('维度').head(1)[['维度','EP_sum']]

# 把经过单个阈值 teep 筛选后的数据和每个维度筛选门槛相匹配，用于下一步计算，空缺值用总阈值 tep 填充
result = pd.merge(data_fil,bri_dim,left_on = '维度',right_on = '维度',how =
    'left').fillna(tep)
result.columns = ['维度','元素','surprise','EP','EP_sum','EP_thres']

# 剔除大于筛选门槛的数据，即筛选出小于或等于筛选门槛的数据
result = result.loc[result['EP_sum'] <= result['EP_thres'],:]

result
```

运行结果如下：

```
  维度    元素   surprise       EP      EP_sum    EP_thres
0 渠道     B    0.007697   0.266667   0.266667       1.0
1 渠道     A    0.001973   0.373333   0.640000       1.0
2 渠道     C    0.000725   0.360000   1.000000       1.0
3 新老客   新客   0.000557   0.333333   0.333333       1.0
4 新老客   老客   0.000426   0.666667   1.000000       1.0
5 产品    C002  0.000683   0.306667   0.306667       0.8
6 产品    C001  0.000000   0.266667   0.573333       0.8
```

案例数据由于没有多个累加值大于总阈值的情况，因此数据变化不大。实际上，经过阈值筛选操作，返回了通过单个维度阈值和总阈值筛选的结果。

3. 返回最终结果

到上一步，我们已经获得了每个维度下通过筛选的元素，接下来在每个维度下汇总各元素的 S 值，得到各维度 S 值的汇总结果。

```
result_gp = result.groupby('维度')['surprise'].sum().reset_index()
print(result_gp)
```

运行结果如下：

```
     维度    surprise
0    产品    0.000683
1    新老客   0.000983
2    渠道    0.010395
```

假设我们最终的目标是筛选出影响最大的维度。要实现这个目标，我们只需要按照计算好的各维度 S 汇总值从大到小排序，取排名第一的维度和对应元素的数据：

```
# 筛选出影响前 n 的维度
n = 1

# 每个维度按照 surprise 排序，并返回前 n 个维度
top_n = result_gp.sort_values('surprise',ascending = False).iloc[:n,:]

# 根据选择的前 n 个维度，返回维度对应的元素的具体数据
result.loc[result['维度'].isin(top_n['维度']),:]
```

如此一来，便得到了影响最大的维度和具体的元素，结果如下：

```
     维度   元素    surprise      EP        EP_sum    EP_thres
0    渠道   B     0.007697    0.266667   0.266667    1.0
1    渠道   A     0.001973    0.373333   0.640000    1.0
2    渠道   C     0.000725    0.360000   1.000000    1.0
```

渠道是影响最大的维度，渠道内元素对整体波动的影响从大到小依次是 B、A、C。通过整合上述代码，把阈值设置成参数，用 Pandas 实现的 Adtributor 算法能够帮助我们从成百上千个维度中找到最有可能的根因，并且可以多维度、多元素、交叉探究。

14.3 本章小结

在这一章，我们先学习了贡献率的概念，并用贡献率来衡量每个元素变化对总体波动的影响程度，然后分别熟悉了可加型指标、乘法型指标、除法型指标贡献率的计算方法并用 Pandas 进行实践。

在此基础上，我们还进一步了解了 Adtributor 算法，结合惊讶度、贡献率和对应的阈值筛选，非常高效地定位到影响最大的维度及其元素。

受限于篇幅，Adtributor 的相关内容解决的只是可加型指标的波动定位，比率型指标的计算逻辑也类似，只是贡献率和惊讶度的计算有所差异。相关的 Pandas 代码已经放在本书配套资料中，你只需要设置好筛选用的阈值并确认返回的维度数量，就能定位到对总体波动影响最大的维度及其元素。

Chapter 15 第 15 章

一份全面的品牌分析报告

面对一份陌生的数据，如何在较短的时间内摸清关键业务信息，做一份全面的数据分析报告？探索性数据分析是条不错的思路。探索性数据分析就像一台加热器，它让冰冷、枯燥的数据变得有温度，帮助我们快速了解数据的结构和内在规律。

本章将详细介绍探索性数据分析的方法，并结合电商实战案例，带大家学习数据预处理、数据总览分析、用户数据分析、商品数据分析和购物篮关联分析等方面的技巧，做一份全面的品牌分析报告。

15.1 探索性数据分析简介

15.1.1 常规的探索性数据分析

探索性数据分析（Exploratory Data Analysis，EDA）是一种通过描述性统计、可视化等技巧对数据集进行分析的方法。"探索性"这三个字很好地总结了这种分析方法的特点，即通过对数据各指标、多维度的分析和观察，发现数据本身的结构与规律。

15.1.2 探索性数据分析的价值

探索性数据分析有两方面的价值：一方面，可以让我们快速了解数据集的质量并进行相关的处理，如调整字段格式、填补缺失值等；另一方面，让我们通过对指标进行分布与交叉分析，熟悉各指标的分布特征。例如，是否存在异常值，指标之间关联性如何。

15.1.3 不一样的探索性数据分析

除了具有上面两方面对于数据处理和统计建模分析的价值，探索性数据分析也是我们加深对数据认识的过程，更是我们熟悉数据背后的业务逻辑和商业逻辑的过程。

在探索中不断思考数据的业务逻辑，才能发挥它的最大价值。因此，本章介绍的探索性数据分析不只是指标分布、统计和关联上的探索，更侧重于业务层面的探索分析。

接下来，我们结合一个完整的电商实战项目，在巩固 Pandas 常用操作的同时，领略探索性数据分析的魅力。

15.2 数据预处理

通过前面的学习，我们对数据清洗和预处理操作已经有了初步认知。本章的项目分析将会带大家走一遍更完整的数据预处理流程，以期"温故而知新"。

15.2.1 数据导入

本章的电商实战项目案例数据是某品牌 2021~2023 年的年度交易数据。虽然数据横跨三年，但品牌真正开始体系化运营是从 2022 年 1 月 1 日开始的，所以主要分析 2022 年之后的数据。

数据导入非常简单，大家把 Python 切换到对应的路径并导入即可。

```python
import pandas as pd
import os

# 避免以科学记数法显示
pd.set_option('display.float_format',lambda x:'%.2f'%x)
os.chdir(r'C:\ 本书配套资料 \ 第 15 章 品牌订单数据 .xlsx')
df = pd.read_excel(' 第 15 章 品牌订单数据 .xlsx')
```

15.2.2 数据预览

使用 head()、info() 和 describe() 数据预览三件套，可以快速得到数据集的基础信息。

先是 head()，它默认获取前 5 行数据，结果如图 15-1 所示。

	品牌名称	店铺名称	主订单编号	子订单编号	用户ID	付款时间	子订单状态	商品ID	类目	购买数量	实付金额
0	阿粥（小z）	数据不吹牛	34881213497	135460223541	u123382341	2021-01-02 00:10:16	交易成功	P1105	NaN	4	126
1	阿粥（小z）	数据不吹牛	34881213497	135460223542	u123382341	2021-01-02 00:10:16	交易成功	P1106	NaN	4	126
2	阿粥（小z）	数据不吹牛	34881213498	135460223543	u123382342	2021-01-02 12:53:15	交易成功	P1105	NaN	4	126
3	阿粥（小z）	数据不吹牛	34881213499	135460223544	u123382343	2021-01-02 13:06:47	交易成功	P1105	NaN	1	32
4	阿粥（小z）	数据不吹牛	34881213499	135460223545	u123382343	2021-01-02 13:06:47	交易成功	P1106	NaN	1	32

图 15-1 前 5 行数据样例

这份子订单数据乍看下来结构还挺完整,包含主订单编号、子订单编号、用户ID、付款时间、子订单状态、商品ID、类目、购买数量和实付金额等与交易相关的字段,但具体有多完整,还得进一步扫描。

```
print(df.info())
print(df.describe())
```

运行结果如下:

```
                    df.info()
<class 'pandas.core.frame.DataFrame'>
RangeIndex: 77598 entries, 0 to 77597
Data columns (total 11 columns):
 #   Column    Non-Null Count  Dtype
---  ------    --------------  -----
 0   品牌名称      77598 non-null  object
 1   店铺名称      77598 non-null  object
 2   主订单编号     77598 non-null  int64
 3   子订单编号     77598 non-null  int64
 4   用户ID      77593 non-null  object
 5   付款时间      77598 non-null  object
 6   子订单状态     77598 non-null  object
 7   商品ID      77591 non-null  object
 8   类目        68725 non-null  object
 9   购买数量      77598 non-null  int64
 10  实付金额      77598 non-null  int64
dtypes: int64(4), object(7)
memory usage: 6.5+ MB
```

```
                    df.describe()
              主订单编号            子订单编号         购买数量        实付金额
count         77598.00         77598.00     77598.00    77598.00
mean      34894520827.21   135461257002.43      1.73      445.86
std           4778485.95       370077.67       4.26      679.05
min       34881213497.00   135460223541.00      1.00        0.00
25%       34896219414.00   135461365411.25      1.00      150.00
50%       34896233058.50   135461385206.50      1.00      299.00
75%       34896248387.75   135461405017.75      1.00      467.00
max       34896262115.00   135461424826.00    500.00    72054.00
```

由上面的结果可以发现以下问题。

❑ 订单数据一共有77 598行,用户ID、商品ID有极少量的缺失值,而"类目"字段的缺失值较多。

❑ 格式方面,由于订单编号都是数字,Pandas读取时默认设置为int格式,这导致describe()也把订单编号都当作数值进行了分析,而这部分可以忽略。

❑ 数据存在异常值,单笔最大购买数量高达500,最高实付金额竟然有72 054元,绝对不是正常用户的购买行为。

整体看下来,订单数据还是比较规整的,只需解决上面几个问题即可。

15.2.3 重复项检验

在处理问题之前,要养成先校验重复项的好习惯。这里,我们通过以下代码来检查重复项。

```
# 检查重复项
duplicate_rows = df.loc[df.duplicated() == True]
print('重复项: \n', duplicate_rows)

# 对于存在重复项的数据集,直接将其删除
#df.drop_duplicates(inplace=True)
```

上面的几行代码能够快速找到订单数据中完全重复的行,将其打印出来。这里订单数据不存在重复行,因此打印不出任何结果。

15.2.4 缺失值处理

1. 少量缺失值的处理

整体数据共计 77 598 行,用户 ID 有 77 593 行非空,商品 ID 有 77 591 行非空,也就是说,实际用户、商品 ID 分别有 5 个和 7 个缺失值,占总体数据比重极低,直接把有缺失值的行删掉就行。

```
df = df.loc[(df['用户ID'].isnull() == False) & (df['商品ID'].isnull() ==
    False),:]

# 统计数据集中每列缺失值的数量
print(df.isnull().sum())
```

我们用"&"来连接判断条件,要求用户 ID 和商品 ID 都不为空,再统计每个字段的缺失值数量,结果如下:

```
品牌名称          0
店铺名称          0
主订单编号        0
子订单编号        0
用户 ID          0
付款时间          0
子订单状态        0
商品 ID          0
类目            8866
购买数量          0
实付金额          0
dtype: int64
```

2. 大量缺失值的处理情况

目前还有类目字段存在数量庞大的缺失值，贸然删掉可能会影响数据的结构，我们应该先诊断一下缺失值出现的原因。

一般情况下，出现如此多的缺失值，很有可能是由于系统性的因素，要验证问题是否出现在某一个明确的时间节点。我们从时间维度上看类目缺失是否存在规律：

```
# 构造一个年份的字段
df['年份'] = df['付款时间'].str[:4]

# 定义一个函数，判断传入的列有多少个缺失值
def ifnull(x):
    return x.isnull().sum()

# 统计不同的年份有多少类目字段为空
df.groupby(['年份'])['类目'].apply(ifnull)
```

得到各年份类目字段为空的统计结果如下：

```
年份
2021    8866
2022       0
2023       0
Name: 类目, dtype: int64
```

无一例外，类目字段的 8866 个缺失值都出现在 2021 年，之后的都是正常的。对于这种情况，直接与相关的业务人员沟通，往往能够最快地找到原因。

果然，业务人员的说法是，因为 2021 年完全是以"散养"的状态运营的，没有人维护对应的类目表，从 2022 年开始到现在，都是正常维护的。

由于我们的分析主要聚焦在 2022 年和 2023 年，因此对于只出现在 2021 年的类目空缺值可以先不管。

15.2.5 异常值清洗

刚才我们发现购买数量和实付金额这两个字段存在异常值，从分析的角度来看，这两个指标存在较高的关联性，购买数量越多，实付金额往往就越大。要清洗异常值，这次我们先从购买数量入手，看看整体的分布情况。

```
# 把购买数量切分成不同的分组
num_group = pd.cut(df['购买数量'],bins = [1,2,3,4,5,6,7,8,9,10,11,500],right = 
    False).value_counts().reset_index()

# 计算不同购买数量占总体的比重
num_group['数量占比'] = num_group['购买数量'] / num_group['购买数量'].sum()
num_group.columns = ['购买数量','订单数量','订单数占比']

num_group
```

运行结果如下：

```
    购买数量    订单数量  订单数占比
0   [1, 2)      60586     0.78
1   [2, 3)       7900     0.10
2   [3, 4)       2232     0.03
3   [4, 5)       1966     0.03
4   [5, 6)       1943     0.03
5   [10, 11)      993     0.01
6   [6, 7)        866     0.01
7   [11, 500)     516     0.01
8   [9, 10)       239     0.00
9   [8, 9)        220     0.00
10  [7, 8)        123     0.00
```

从购买数量占比分布来看，绝大部分订单的购买数量为1，同时，有516笔订单的购买数量大于或等于11，占总订单数的1%，不太正常。

在处理异常值的过程中，我们在与业务人员沟通后引入业务常识：在这个场景中，根据以往经验，单笔购买数量超过10的用户，刷单或"薅羊毛"的概率较大，且在此案例中的比例不大，可以当作异常值剔除。

```
df = df.loc[df['购买数量'] <= 10,:]
df[['购买数量','实付金额']].describe()
```

剔除后我们再次描述统计结果：

```
        购买数量    实付金额
count   77068.00  77068.00
mean        1.56    438.63
std         1.50    525.80
min         1.00      0.00
25%         1.00    150.00
50%         1.00    299.00
75%         1.00    467.00
max        10.00   6719.00
```

在剔除购买数量的异常值时，之前高达72 054元的实付金额最大值也被同时剔除，目前实付金额最高为6719元，虽然偏高，但在业务人员认为的可控范围内。

异常值的处理还有其他方法，例如前文介绍过的四分位数法，还有基于3sigma原则判断等。之所以这里采用"看分布，和业务人员沟通"的方式，是因为在实际分析工作中，分析是为了解决业务和商业问题，最终策略建议的执行也要靠业务人员，及时沟通并达成共识极其重要。

15.2.6　字段格式规整

格式方面没有太大的问题，数值型的订单号并不会影响后续的分析。不过，细心的读者可能已经注意到了，上面预览数据时，付款时间字段的格式是字符串，并非我们常用的 datetime，需要进行转换：

```
df['付款时间'] = pd.to_datetime(df['付款时间'])
df['付款时间']
```

同时，考虑到付款时间是精确到时、分、秒的，而在后续分析时，常用的时间分组是年份、年月、年月日，为了方便，在这里加上这几个时间字段：

```
#年份前面其实已经构造过了
df['年份'] = df['付款时间'].dt.year            #返回年份，如2023
df['年月'] = df['付款时间'].astype(str).str[:7]   #返回年月，如2023-01
df['年月日'] = df['付款时间'].astype(str).str[:10] #返回年月日，如2023-01-01
```

15.2.7 订单状态筛选

对于订单类数据，订单状态的筛选会影响最终的结果。统计一下订单状态分布：

```
df['子订单状态'].value_counts()
```

得到如下结果：

```
交易成功                              76877
付款以前,卖家或买家主动关闭交易               123
付款以后用户退款成功,交易自动关闭              68
Name: 子订单状态, dtype: int64
```

数据集中有3种订单状态，以交易成功为主，这里只针对交易成功的订单进行分析，做个筛选即可：

```
df = df.loc[df['子订单状态'] == '交易成功',:]
```

接下来，我们正式开启探索性数据分析之旅。数据分析有一定的探索性，但并不意味着漫无目的。对于这份订单数据，**我们将采取先总后分的大逻辑，围绕电商核心指标展开**。

15.3 数据总览分析

品牌体系化运营是从2022年开始的，因此我们的分析也主要聚焦在2022年和2023年。下面先从年的维度对数据进行总览分析。

15.3.1 年度销售额变化

销售额是电商的核心指标之一。要看两年销售额的变化，可以直接分组统计。

```
#筛选出2022年和2023年的订单
data = df.loc[df['年份'].isin([2022,2023]),:]
```

```python
# 按年统计销售额
payments_year = data.groupby('年份')['实付金额'].sum().reset_index()

print(payments_year)
print('销售年环比增长: %.4f' % ((payments_year.iloc[1,1] - payments_year.iloc[0,1])
    / payments_year.iloc[0,1]))
```

按年份分组得到两年的销售额，并计算 2023 年销售额相较于 2022 年的环比变化情况。

```
   年份   实付金额
0  2022   8614418
1  2023  23233046

销售年环比增长: 1.6970
```

从年度来看，品牌销售额可谓飙升，从 2022 年的 861 万元提升到 2023 年的 2323 万元，环比增长 169.7%。

15.3.2 年度用户数和客单价变化

从宏观视角分析用户交易数据变化，可以分为用户数、客单价两部分，代码直接参考年度销售变化的逻辑。

```python
# 年度用户数变化
buyers_year = data.groupby('年份')['用户ID'].nunique().reset_index()
buyers_year.columns = ['年份','用户数']

# 销售额 / 人数，得到客单价
buyers_year['客单价'] = payments_year['实付金额'] / buyers_year['用户数']

print(buyers_year)
print('用户数环比变化: %.4f' % ((buyers_year.iloc[1,1] - buyers_year.iloc[0,1]) /
    buyers_year.iloc[0,1]))
print('客单价环比变化: %.4f' % ((buyers_year.iloc[1,2] - buyers_year.iloc[0,2]) /
    buyers_year.iloc[0,2]))
```

分别得到了年度用户数、客单价及对应的倍数，其中 nunique() 跟在分组后面，统计的是年度去重用户数，运行结果如下：

```
   年份    用户数     客单价
0  2022    5913  1456.86
1  2023   30403   764.17

用户数环比变化: 4.1417
客单价环比变化: -0.4755
```

结果显而易见，销售额增长背后的核心驱动力是用户数环比 414% 的飞速增长，同期客单价则从 1457 元下降至 764 元，降低了一半，拖了增长的后腿。

看完了总览，我们再从用户和商品的角度做更细致的探索性数据分析。

15.4 用户数据分析

15.4.1 销售额和用户数月度趋势

通过数据总览分析，我们知道了销售额和用户数的快速增长态势，那么年度的增长对应到月份是怎样的趋势？是每个月都有差不多的提升，还是在某几个月集中爆发？

因此，我们要做月度趋势分析。先按月统计相关的指标：

```
# 按月统计用户数和实付金额
monthly_buyers = data.groupby(['年月']).agg({'用户ID': 'nunique', '实付金额':
    'sum'}).reset_index()
monthly_buyers['客单价'] = monthly_buyers['实付金额'] / monthly_buyers['用户ID']
monthly_buyers.columns = ['年月','用户数','实付金额','客单价']

monthly_buyers.head()
```

运行上述代码，得到 2022~2023 年按月统计的结果（这里仅列出前 5 项）。

	年月	用户数	实付金额	客单价
0	2022-01	376	211299	561.97
1	2022-02	248	163072	657.55
2	2022-03	485	632687	1304.51
3	2022-04	440	548360	1246.27
4	2022-05	435	512457	1178.06

然后绘制销售额和用户数的月度趋势图。

```
# 这里重温一下进行数据可视化需要导入的内容
import matplotlib.pyplot as plt
import numpy as np # 这里只会用到 NumPy 生成 1~12 的序列

# 解决中文显示错误的问题
plt.rcParams['font.sans-serif'] = 'SimHei'
# 让 Matplotlib 在 Jupyter Notebook 中输出高清矢量图
%config InlineBackend.figure_format = 'svg'
# 使画图可以直接在 Jupyter Notebook 中显示
%matplotlib inline

# 柱子宽度
bar_width = 0.4

# 提取 2022 年相关的数据
monthly_buyers_2022 = monthly_buyers.loc[monthly_buyers['年月'].str[:4] ==
    '2022',:]
# 提取 2023 年相关的数据
monthly_buyers_2023 = monthly_buyers.loc[monthly_buyers['年月'].str[:4] ==
    '2023',:]

fig = plt.figure(figsize = (10,7))

# 在上面的子图中绘制销售额趋势图
```

```python
ax1= plt.subplot(2,1,1)
# 2022 年每月的销售额柱状图
plt.bar(np.arange(1, 13) - bar_width / 2, monthly_buyers_2022['实付金额'] /
    10000,
        width = bar_width,color = 'k',alpha = 0.6,label='2022 年销售额')
# 2023 年每月的销售额柱状图
plt.bar(np.arange(1, 13) + bar_width / 2,monthly_buyers_2023['实付金额'] / 10000,
        width = bar_width,color = 'r',alpha = 0.5,label='2023 年销售额')
plt.ylabel('销售额:万元')
plt.title('2022~2023 年销售额月度趋势',size = 13)
plt.xticks(np.arange(1, 13))
plt.legend()

# 在下面的子图中绘制用户数趋势图
ax2= plt.subplot(2,1,2)
# 2022 年每月的用户数柱状图
plt.bar(np.arange(1, 13) - bar_width / 2, monthly_buyers_2022['用户数'],
        width = bar_width,color = 'k',alpha = 0.6,label='2022 年用户数')
# 2023 年每月的用户数柱状图
plt.bar(np.arange(1, 13) + bar_width / 2,monthly_buyers_2023['用户数'],
        width = bar_width,color = 'r',alpha = 0.5,label='2023 年用户数')
plt.xlabel('月份')
plt.ylabel('用户数')
plt.title('2022~2023 年用户数月度趋势',size = 13)
plt.xticks(np.arange(1, 13))
plt.legend()
```

结果如图 15-2 所示。

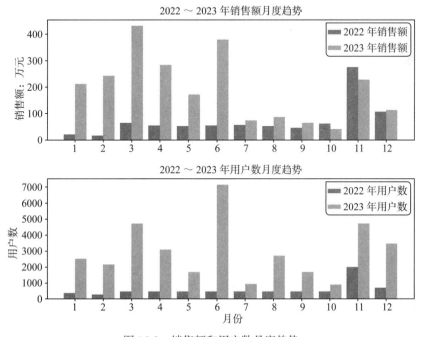

图 15-2 销售额和用户数月度趋势

销售额方面，2022 年销售额（黑色柱子）前期波澜不惊，全年只有 11 月销售大爆发，高达 277 万元，12 月迅速回落。2023 年开年即高歌猛进，前 6 月销售额均远远甩开去年同期，尤其是 3 月份达到了全年最高。但下半年略显疲态，7～10 月销售额下降至 2022 年同期水平，11 月较 10 月虽有成倍的增长，但不及 2022 年同期。

用户数月度趋势表现出和销售额较高的关联性，总体呈现出正向相关的关系。奇怪的是，2023 年 3 月的销售额高于 2023 年 6 月，但用户数则却远低于 2023 年 6 月，呈同样趋势的还有 2022 年 11 月与 2023 年 11 月。

15.4.2 客单价月度趋势

结合客单价的趋势数据，我们能建立对数据集所代表业务逻辑的更深的认识。按照同样的逻辑绘制客单价月度趋势图：

```
fig = plt.figure(figsize = (10,4))

# 2022 年每月的客单价趋势图
plt.plot(np.arange(1, 13),monthly_buyers_2022['客单价'],linestyle = '--',marker
    = '*',color = 'k',alpha = 0.7,label='2022 年客单价')

# 2023 年每月的客单价趋势图
plt.plot(np.arange(1, 13),monthly_buyers_2023['客单价'],marker = 'o',
        color = 'r',alpha = 0.5,label=,2023 年客单价')

plt.ylim(0,1500)    #y 轴刻度调整为 0~1500
plt.xlabel('月份')
plt.ylabel('客单价')
plt.title('2022~2023 年客单价月度趋势',size = 13)
plt.xticks(np.arange(1, 13))
plt.legend()
```

两年的客单价趋势如图 15-3 所示。

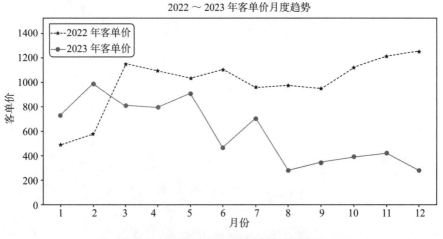

图 15-3　2022～2023 年客单价月度趋势

图 15-3 清楚地刻画了两年的客单走势，除 2023 年前两个月客单价高于 2022 年同期外，其他月份均低于 2022 年同期，且客单价差距有不断拉大的趋势。

看上去 2023 年尤其是下半年品牌销售策略倾向于"薄利多销"，但从图 15-2 可以看到，2023 年品牌销售增长主要归功于上半年的爆发，下半年销售十分疲软，品牌低价策略并未达到预期效果。

等一下，我们下这个定论是否过于轻率了？因为客单价并不是最细粒度的指标，客单价不断走低，既可能是用户买得更少了，也可能是用户买得更便宜了。

15.4.3 客单价细拆

为了更好地回答刚才提出的问题，我们可以进一步把客单价拆分为人均件数和件单价。人均件数是指每个用户平均购买几件商品，件单价则是平均每件商品的价格。

```
# 每月用户人数，购买数量（件数），消费金额
monthly_nums = data.groupby(['年月']).agg({'用户ID': 'nunique', '购买数量':
    'sum','实付金额':'sum'}).reset_index()
monthly_nums.columns = ['年月','用户数','购买件数','实付金额']

# 计算人均件数
monthly_nums['人均件数'] = monthly_nums['购买件数'] / monthly_nums['用户数']

# 计算件单价
monthly_nums['件单价'] = monthly_nums['实付金额'] / monthly_nums['购买件数']

monthly_nums.head()
```

运行之后，得到月度的人均件数和件单价数据（仅列出前 5 项）。

	年月	用户数	购买件数	实付金额	人均件数	件单价
0	2022-01	376	1434	211299	3.81	147.35
1	2022-02	248	1025	163072	4.13	159.09
2	2022-03	485	2047	632687	4.22	309.08
3	2022-04	440	1952	548360	4.44	280.92
4	2022-05	435	1842	512457	4.23	278.21

可视化一下，结果如图 15-4 所示。可视化代码和前面的画图逻辑基本一致，将变量微调一下即可。为了更关注分析本身，这里省略了后续可视化的代码。

件单价月度趋势整体分成两个阶段：

❑ 2023 年 1～5 月件单价远高于 2022 年同期，最高达到 607 元，这个阶段商品卖得更贵了。

❑ 2023 年 6 月开始，件单价阶梯式大幅下滑，且维持在低位直到年末，件单价在 200 元左右徘徊。更低的件单价理应换来更多的购买数量，我们预期下半年的人均件数有较高的增长。

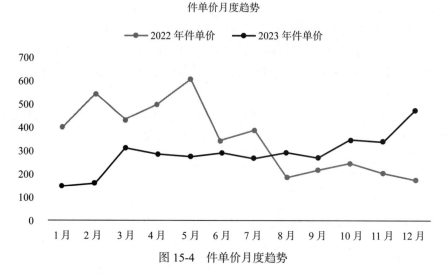

图 15-4　件单价月度趋势

结合人均件数来看，如图 15-5 所示。

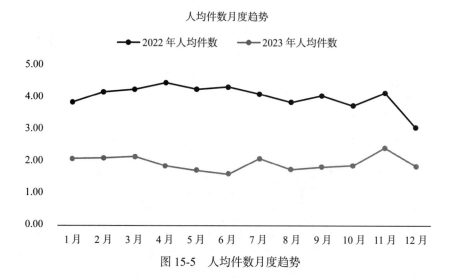

图 15-5　人均件数月度趋势

两年的购买件数有一种互不理睬的疏离感。2023 年人均件数稳定在 2 件上下，下半年件单价的降低并未带来预期中的人均件数的增长。"薄利"并未带来"多销"，件价（人均件数与件单价）齐降，这导致了 2023 年下半段客单价的明显下降。

15.4.4　新老用户分析

上述关于销售额、用户数、件单价及人均件数的拆解分析都是基于总体而言的，而在实际场景中，新老用户的购买行为和价值经常有很大差异，需要单独分析。

以 2022 年新老用户为例来分析。
- 2022 年新用户：2022 年 1 月 1 日前从未下过单，第一次下单是在 2022 年的用户。
- 2022 年老用户：2022 年 1 月 1 日前已经购买过，且又在 2022 年下单的用户。

其中新老用户之和即总用户数。

我们分别筛选出 2022 年和 2023 年的用户，并判断他们在之前是否购买过。

```
# 筛选出 2022 年和 2023 年的订单
data_2022 = df.loc[df['年份'] == 2022,:]
data_2023 = df.loc[df['年份'] == 2023,:]

# 判断用户在之前是否购买过，返回 True 则表示之前购买过，为老用户
data_2022['用户类型'] = data_2022['用户ID'].isin(df.loc[df['付款时间'] <
    '2022-01-01','用户ID'])
data_2023['用户类型'] = data_2023['用户ID'].isin(df.loc[df['付款时间'] <
    '2023-01-01','用户ID'])

data_com = pd.concat([data_2022,data_2023])
```

判断完成之后，把对应的 True 和 False 转换成新老用户标签：

```
def if_new(x):
    if x == True:
        return '老用户'
    else:
        return '新用户'

data_com['用户类型'] = data_com['用户类型'].apply(if_new)

data_com.head()
```

如果为 True，则表示用户 ID 在之前出现过，是老用户，反之则是新用户。我们定义了一个简单的 if_new 函数并将其与 apply() 方法结合，得到如图 15-6 所示的新老用户的判断结果。

品牌名称	店铺名称	主订单编号	子订单编号	用户ID	付款时间	子订单状态	商品ID	类目	购买数量	实付金额	年份	年月	年月日	用户类型
阿粥（小z）	数据不吹牛	34896213465	135461354688	u123496170	2022-01-01 09:46:41	交易成功	P3170	精油	2	1172	2022	2022-01	2022-01-01	新用户
阿粥（小z）	数据不吹牛	34896213465	135461354689	u123496170	2022-01-01 09:46:41	交易成功	P3171	精油	1	510	2022	2022-01	2022-01-01	新用户
阿粥（小z）	数据不吹牛	34896213465	135461354690	u123496170	2022-01-01 09:46:41	交易成功	P3172	身体乳	2	1186	2022	2022-01	2022-01-01	新用户
阿粥（小z）	数据不吹牛	34896213464	135461354687	u123496169	2022-01-01 09:58:22	交易成功	P3169	面膜	3	112	2022	2022-01	2022-01-01	新用户
阿粥（小z）	数据不吹牛	34896213466	135461354691	u123386722	2022-01-01 11:51:18	交易成功	P3173	精油	1	593	2022	2022-01	2022-01-01	老用户

图 15-6 新老用户的判断结果

然后统计 2022 年和 2023 年新老用户对应的关键指标：

```
# 统计不同年份下新老用户的实付金额、用户数和购买数量
customers = pd.pivot_table(
    data_com,index = ['年份','用户类型'],
    values = ['用户ID','实付金额','购买数量'],
    aggfunc = {'用户ID':'nunique','实付金额':'sum','购买数量':'sum'})
# 客单价、人均件数、件单价
customers['客单价'] = customers['实付金额'] / customers['用户ID']
customers['人均件数'] = customers['购买数量'] / customers['用户ID']
customers['件单价'] = customers['实付金额'] / customers['购买数量']

customers
```

运行之后便得到图 15-7 所示的结果，包含年份和新老用户交叉下的销售额（实付金额）、用户数、购买数量、客单价、人均件数、件单价等指标。

年份	用户类型	实付金额	用户数	购买数量	客单价	人均件数	件单价
2022	新用户	7517926	5495	25473	1368.14	4.64	295.13
	老用户	1096492	418	2600	2623.19	6.22	421.73
2023	新用户	20367695	28903	61477	704.69	2.13	331.31
	老用户	2865351	1500	6962	1910.23	4.64	411.57

图 15-7　基于年度的新老用户数据

这种形式下计算环比不太方便，转置之后计算各项指标的变化趋势：

```
customers = customers.T
customers['新用户指标年环比/%'] = (customers[2023]['新用户'] - customers[2022]
    ['新用户'])/customers[2022]['新用户'] * 100
customers['老用户指标年环比/%'] = (customers[2023]['老用户'] - customers[2022]
    ['老用户'])/customers[2022]['老用户'] * 100

customers
```

新老用户对应的环比一目了然，如图 15-8 所示。

年份	2022		2023		新用户指标年环比/%	老用户指标年环比/%
用户类型	新用户	老用户	新用户	老用户		
实付金额	7517926.00	1096492.00	20367695.00	2865351.00	170.92	161.32
用户ID	5495.00	418.00	28903.00	1500.00	425.99	258.85
购买数量	25473.00	2600.00	61477.00	6962.00	141.34	167.77
客单价	1368.14	2623.19	704.69	1910.23	−48.49	−27.18
人均件数	4.64	6.22	2.13	4.64	−54.12	−25.38
件单价	295.13	421.73	331.31	411.57	12.26	−2.41

图 15-8　新老用户关键指标对比

新老用户共同推动了总体销售额的增长，新老用户销售额分别环比增长171%和161%，且新老用户销售增长背后的推动力都是人数的增长，其中新用户人数飙升426%，老用户提升259%。不过，结合新老用户人数规模来看，新用户是最核心的驱动力，对总体有着决定性的影响：2023年新用户28 903人，占总用户数的95%。

15.4.5 复购率分析

复购率指统计时间范围内购买2次及以上用户的占比，是电商中衡量用户忠诚度的一个重要指标。

不过，现在很多品牌都有追单策略，即在用户下单之后的很短时间内给用户优惠券，引导用户再次下单。还有很多用户喜欢散漫性购买，上午10点下一单，下午4点逛了逛又下一单。从数据上看，有不少用户连续两单的购买时间间隔极短，甚至在一天之内，这种行为严格来说不能算作复购（前面我们就采用的是这种处理逻辑）。

所以，这里我们还是按照"天"来计算复购率，即用户一天内购买多次只算一次。要实现这个效果，我们需要按天对用户购买进行合并：

```
repur_day = data_com.groupby(['用户ID','年月日'])['实付金额'].sum().reset_index()
repur_day.head()
```

通过按用户ID和年月日字段分组，我们把1天内的用户购买行为合并，得到每个用户每天的实付金额。

	用户ID	年月日	实付金额
0	u123382345	2022-09-01	3158
1	u123382345	2023-02-28	467
2	u123382346	2023-02-25	264
3	u123382353	2022-11-11	1568
4	u123382353	2023-11-11	379

复购率的计算通常涉及较大的时间范围。接下来我们计算两年度的复购率，计算前先统计每年每个用户的购买天数：

```
# 为复购数据增加年份字段
repur_day['年份'] = repur_day['年月日'].str[:4]
# 计算每个用户每年的购买天数
repur_year = repur_day.groupby(['年份','用户ID'])['实付金额'].count()
    .reset_index()
repur_year.columns = ['年份','用户ID','购买天数']
repur_year.head()
```

运行结果如下：

	年份	用户ID	购买天数
0	2022	u123382345	1
1	2022	u123382353	1

```
2  2022  u123382358  1
3  2022  u123382364  1
4  2022  u123382368  1
```

然后统计两年度购买天数大于或等于 2 的用户数：

```
# 统计每年总购买用户，上面的代码其实已经计算过，结果和这里的一样
buyers = repur_year.groupby(['年份'])['用户 ID'].count()
# 计算每年购买天数大于或等于 2 的用户数
repur_count = repur_year.loc[repur_year['购买天数'] >= 2,:].groupby(['年份'])
    ['用户 ID'].count()

print(buyers)
print(repur_count)
```

得到如下结果：

```
年份
2022     5913
2023    30403
Name: 用户 ID, dtype: int64


年份
2022     942
2023    4462
Name: 用户 ID, dtype: int64
```

用购买天数大于或等于 2 的用户数除以总体用户：

```
repur_count / buyers
```

运行之后便得到最终的两年复购率数据：

```
年份
2022    0.1593
2023    0.1468
Name: 用户 ID, dtype: float64
```

相比于 2022 年，2023 年的复购率有所降低，可知整体用户忠诚度略有下降。

15.4.6　用户购买时间间隔

通过分析用户的购买时间间隔，找到用户的购买时间规律，可以有效支持 CRM（客户关系管理）做更精准的用户运营动作。

这里我们计算每个用户首次购买和第二次购买的间隔天数，并观察它们的分布。先把每个用户的购买时间进行天内合并，即一天的购买记录只取最早的一笔，和上一小节一样，以避免出现天内复购的情况。

```
# 每个用户天内合并，取当天最早一次购买时间，并按照升序排列
data_times = data_com.groupby(['用户ID','年月日'])['购买时间'].min()
    .reset_index().sort_values(['用户ID','购买时间'])

# 获取每个用户前两次购买的时间
data_times = data_times.groupby('用户ID').head(2)
data_times.head()
```

分组、排序，筛选出每个用户前两次的购买时间：

```
   用户ID          年月日          购买时间
0  u123382345   2022-09-01   2022-09-01 21:59:24
1  u123382345   2023-02-28   2023-02-28 14:12:27
2  u123382346   2023-02-25   2023-02-25 12:55:32
3  u123382353   2022-11-11   2022-11-11 00:17:47
4  u123382353   2023-11-11   2023-11-11 00:12:55
```

如果用户购买了多次，会返回前两次的购买时间；如果用户只购买了一次，则只能获取该用户的单次购买记录。而要计算购买时间间隔，是需要用户至少购买两次的，因此需要做一轮筛选：

```
# 统计每个用户的购买次数
users_count = data_times['用户ID'].value_counts().reset_index()
users_count.columns = ['用户ID','购买频次']

# 只留下复购的用户
users_count = users_count.loc[users_count['购买频次'] == 2,:]

# 筛选出复购用户的购买时间
data_times_fil = data_times.loc[data_times['用户ID'].isin(users_count['用户
    ID']),:]
data_times_fil.head(6)
```

运行之后，得到所有复购用户的购买时间。

```
   用户ID          年月日          购买时间
0  u123382345   2022-09-01   2022-09-01 21:59:24
1  u123382345   2023-02-28   2023-02-28 14:12:27
3  u123382353   2022-11-11   2022-11-11 00:17:47
4  u123382353   2023-11-11   2023-11-11 00:12:55
7  u123382368   2022-04-17   2022-04-17 00:32:19
8  u123382368   2023-12-28   2023-12-28 14:00:41
```

在此基础上，筛选出每个用户首次购买时间和第二次购买时间，并计算时间间隔：

```
# 从筛选出的复购用户购买时间中，找到每个用户的首次购买时间和第二次购买时间
users_first = data_times_fil[['用户ID','购买时间']].groupby('用户ID').head(1)
users_second = data_times_fil[['用户ID','购买时间']].groupby('用户ID').tail(1)

# 把首次购买时间和第二次购买时间分别置于两列
```

```
users_com = pd.merge(users_first,users_second,left_on ='用户ID',right_on = '用户
    ID',how = 'inner')
users_com.columns = ['用户ID','首次购买时间','第二次购买时间']
users_com['首次和第二次购买的间隔天数'] = (users_com['第二次购买时间'] -
users_com['首次购买时间']).dt.days

users_com.head()
```

代码运行后，得到了每个用户的首次购买时间、第二次购买时间和它们之间的间隔天数：

	用户ID	首次购买时间	第二次购买时间	首次和第二次购买的间隔天数
0	u123382345	2022-09-01 21:59:24	2023-02-28 14:12:27	179
1	u123382353	2022-11-11 00:17:47	2023-11-11 00:12:55	364
2	u123382368	2022-04-17 00:32:19	2023-12-28 14:00:41	620
3	u123382416	2022-01-19 16:16:28	2022-03-19 15:36:52	58
4	u123382445	2022-05-24 09:45:02	2022-07-20 17:16:58	57

有了这些数据，再做统计和分析就很容易了。统计首次和第二次购买间隔天数的分布：

```
users_com['首次和第二次购买的间隔天数'].value_counts().reset_index()
```

运行结果是不同间隔天数对应的人数：

	index	首次和第二次购买的间隔天数
0	0	159
1	1	121
2	6	105
3	5	101
4	7	95
...	...	...

把数据按照间隔天数分组统计并可视化，得到图15-9所示的结果。

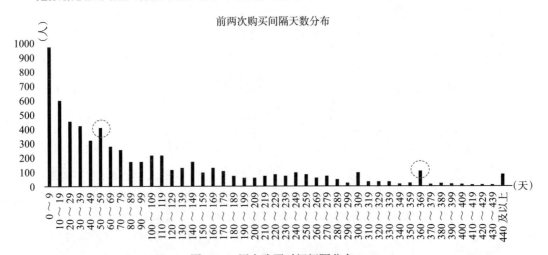

图15-9 用户购买时间间隔分布

有很大一部分用户的第二次购买是在首次购买后 40 天内完成的，且 10 天内用户复购人数最多。值得注意的是，尽管我们对用户购买行为做了天内合并，但还是有 159 个用户的两次购买时间间隔归为 0 天，这是因为在 Pandas 计算中，间隔时间不足 24 小时（例如在 1 日 20 点首次购买，在 2 日 7 点第二次购买）算作 0 天。

50～59 天是另一个高峰区间，显著高于后续的区间人数，这个区间可以作为用户二次唤醒的时间节点。有意思的是，在后续的分布中，360～369 天的区间人数给人以"鹤立鸡群"之感，说明有一群人第二次购买和第一次隔了整整一年，他们很可能是价格敏感型用户甚至"薅羊毛"用户，等待最低价出手。

15.5 商品数据分析

基于用户关键指标月度趋势、客单价细拆、新老客分析、复购率和购买时间间隔分析，我们对于品牌用户有了一定的认知，下面切换视角，从商品维度进一步加深对于品牌业务的理解。

15.5.1 品类销售结构

品牌销售的是一个个具体的商品，这一个个商品属于不同的类目，例如精油、身体乳类目等。我们先从品类的维度看看店铺两年品类结构发生了怎样的变化。

```
cate_sales = pd.pivot_table(
    data_com,index = '类目',columns = '年份',values = ['实付金额','用户ID'],
        aggfunc = {'实付金额':'sum','用户ID':'nunique'})
# 把"用户ID"列名改成"用户数"
cate_sales = cate_sales.rename(columns={'用户ID':'用户数'})

cate_sales.head()
```

用数据透视表 pivot_table 交叉类目和年份这两个字段，看不同类目在两年间的用户数和销售变化情况，如图 15-10 所示。

对于几万、几百万的数值，大部分人是缺乏感知的，需要结合占比才能更清楚地看出不同品类的重要度。但 Pandas 透视表结果的 columns 是多层索引，进行占比和排序计算有点麻烦。

年份	实付金额		用户数	
	2022	2023	2022	2023
类目				
代餐	147299	39132	254	57
卸妆液	25180	2371	49	8
套装	61874	913510	90	2071
沐浴露	29407	104775	47	318
洗面奶	318244	348374	641	872

```
IN: print(cate_sales.columns)

----------------------------------------

MultiIndex([('实付金额', 2022),
            ('实付金额', 2023),
```

图 15-10　品类维度两年数据对比

```
                ('用户数',2022),
                ('用户数',2023)],
        names=[None,'年份'])
```

可以通过先采用 reset_index() 方法再改变 columns 名称来将索引转换成我们熟悉的索引：

```
cate_sales = cate_sales.reset_index()

# 把多层索引转换为单层
cate_sales.columns = ['类目','2022年实付金额','2023年实付金额','2022年用户数','2023
    年用户数']

# 计算对应类目的销售额占比
cate_sales['2022年金额占比%'] = (cate_sales['2022年实付金额'] / cate_sales['2022年
    实付金额'].sum()) * 100
cate_sales['2023年金额占比%'] = (cate_sales['2023年实付金额'] / cate_sales['2023年
    实付金额'].sum()) * 100
cate_sales['2023年销售增速%'] = (cate_sales['2023年实付金额'] - cate_sales['2022年
    实付金额']) / cate_sales['2022年实付金额'] * 100

cate_sales = cate_sales.sort_values('2023年实付金额',ascending = False)
cate_sales
```

代码运行后，得到图 15-11 所示的结果。

类目	2022年实付金额	2023年实付金额	2022年用户数	2023年用户数	2022年金额占比 %	2023年金额占比 %	2023年销售增速 %
面膜	1784156	7173885	3530	15793	20.71	30.88	302.09
精油	1454044	4451295	1018	3957	16.88	19.16	206.13
精华液	525647	3271369	719	5202	6.10	14.08	522.35
面霜	1800456	2522120	1246	2437	20.90	10.86	40.08
爽肤水	1275112	2169503	868	3551	14.80	9.34	70.14
套装	61874	913510	90	2071	0.72	3.93	1376.40
眼膜	380505	889700	824	2901	4.42	3.83	133.82
身体乳	445150	849916	331	754	5.17	3.66	90.93
眼霜	366850	496623	443	952	4.26	2.14	35.37
洗面奶	318244	348374	641	872	3.69	1.50	9.47
沐浴露	29407	104775	47	318	0.34	0.45	256.29
代餐	147299	39132	254	57	1.71	0.17	-73.43
卸妆液	25180	2371	49	8	0.29	0.01	-90.58
活动	494	473	20	3771	0.01	0.00	-4.25

图 15-11 分品类的两年金额和人数对比

在上述数据的基础上进行可视化，结果如图 15-12 所示。

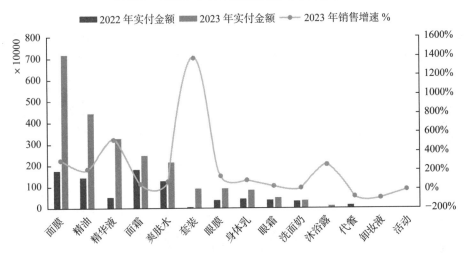

图 15-12　2022～2023 年各类目销售分布及增速

由图 15-12 可知，品牌两年的商品结构发生了显著变化。
- 2022 年多类目齐头并进，面膜、面霜是两大主力，销售占比为 20%，随后是精油和爽肤水，销售占比分别为 16.9% 和 14.8%。这 4 个类目的销售占比相对均衡，差异不大。
- 2023 年类目策略调整，面膜成为绝对主力，一骑绝尘，销售占比提升至 30.9%，足足领先排名第二的精油 11.7 个百分点。精华液则从 2022 年 6.1% 的销售占比增长到 2023 年的 14.1%，成为第三大品类。面霜和爽肤水"失宠"，销售占比均明显下滑。
- 从增速来看，（护肤）套装销售额年环比增速高达 1376%，不过由于 2022 年只有 6 万元销售额，如此高的销售增速下，（护肤）套装 2023 年销售额还是未破百万元。排名前三的面膜、精油和精华液增长迅猛，增速分别是 302%、206% 和 522%。

15.5.2　价格带分析

我们常说的价格带是指一个范围，即对于某一分类下的商品，由其最低价格和最高价格形成的区间，如图 15-13 所示。

分类	A 款	B 款	C 款	价格带
衬衣	100 元	250 元	500 元	100～500 元
洗衣粉	20 元	50 元	120 元	20～120 元

图 15-13　价格带示例

在订单数据中，由于没有直接可用的价格字段，我们可以用实付金额除以购买数量，得到每件商品的实际成交金额并将其作为价格来辅助计算。这个实际成交金额是扣除了优惠之后，用户最终支付的金额。

同一商品的实际成交金额会随着时间浮动，例如某商品的日常价是 10 元，而在 618 大促期间的价格是 8 元。这里我们以 2023 年为例，用每个商品的实付金额汇总除以购买数量汇总，得到一个平均的金额并将其作为价格。

```
data_23 = data_com.loc[data_com['年份'] == 2023,:].groupby(['类目','商品ID'])
    ['购买数量','实付金额'].sum().reset_index()
data_23['成交价'] = data_23['实付金额'] / data_23['购买数量']

data_23.head()
```

代码运行后，得到每个类目下每件商品的成交价：

	类目	商品ID	购买数量	实付金额	成交价
0	代餐	P3282	12	3623	301.92
1	代餐	P3311	1	337	337.00
2	代餐	P3791	9	2718	302.00
3	代餐	P4178	16	4591	286.94
4	代餐	P4244	96	27863	290.24

在价格带数据的基础上，我们能够进行价格带的宽度、深度和广度分析。

1. 价格带的宽度

价格带的宽度指最高价格和最低价格的差值。宽度越大，表明价格范围越大，可能满足越多不同价格偏好的用户。

```
#统计每个类目的最低和最高成交价
data_23_width = data_23.groupby('类目').agg({'成交价':['min','max']})
    .reset_index()
data_23_width.columns = ['类目','最低成交价','最高成交价']

#用最高价格减去最低价格，得到宽度
data_23_width['价格带宽度'] = data_23_width['最高成交价'] - 
    data_23_width['最低成交价']
data_23_width.sort_values('价格带宽度',ascending = False)
```

上述代码算出了 2023 年所有类目的价格带宽度，结果如下：

	类目	最低成交价	最高成交价	价格带宽度
10	精油	203.62	4407.00	4203.38
13	面霜	106.88	4197.00	4090.12
9	精华液	18.52	3486.00	3467.48
2	套装	4.00	3275.00	3271.00
12	面膜	0.00	2798.00	2798.00
8	眼霜	212.90	2152.00	1939.10
11	身体乳	138.69	1965.00	1826.31
4	洗面奶	76.00	1801.00	1725.00

6	爽肤水	83.66	1680.00	1596.34
7	眼膜	13.23	969.00	955.77
3	沐浴露	129.50	442.02	312.52
0	代餐	286.94	337.00	50.06
1	卸妆液	270.00	300.14	30.14
5	活动	0.00	14.25	14.25

不同类目的价格带宽度差异极大。例如：精油类目下，最便宜的商品成交价203.62元，最高竟然达到4407元，价格带宽度达4203.38元。价格带宽度最低的活动类目下，价格带宽度只有14.25元，商家以极低的价格吸引用户购买。

2. 价格带的深度

价格带的深度可以理解为价格带中有多少款商品，越深表示这个价格带有越多的产品可供选择。价格带深度的计算更加容易：

```
data_23_depth = data_23.groupby('类目')['商品ID'].count().reset_index()
data_23_depth.columns = ['类目','价格带深度']
data_23_depth.sort_values('价格带深度',ascending = False)
```

以上代码按照商品分组，统计了每个分组下的商品数量，结果如下：

	类目	价格带深度
12	面膜	249
10	精油	109
13	面霜	74
6	爽肤水	71
4	洗面奶	42
7	眼膜	38
9	精华液	34
11	身体乳	34
8	眼霜	20
2	套装	13
5	活动	7
3	沐浴露	6
0	代餐	5
1	卸妆液	2

面膜价格带宽度不如精油，但价格带深度却是精油的2倍多，有非常丰富的商品线。沐浴露、代餐和卸妆液只是品牌的长尾品类，商品数量不足10个。

3. 价格带的广度

价格带的广度看的是价格带中不同价格的数量。例如，A品类价格带是10～100元，宽度为90元，其中10元的商品有4个，50元的商品有6个，100元的商品有30个。从价格带的广度能够很快发现，A品类100元左右的商品有很多选择。

广度的计算用一行代码就可以完成：

```
data_23_breadth = data_23.groupby(['类目','成交价'])['商品ID'].count()
    .reset_index()
data_23_breadth
```

运行之后得到我们想要的结果：

```
       类目      成交价    商品ID
0      代餐    286.94      1
1      代餐    290.24      1
2      代餐    301.92      1
3      代餐    302.00      1
4      代餐    337.00      1
...    ...      ...     ...
468    面霜    1750.00     4
469    面霜    1783.00     2
470    面霜    2236.00     1
471    面霜    3846.00     2
472    面霜    4197.00     1
473 rows × 3 columns
```

刚才计算价格的时候我们精确到了两位小数，所以价格会比较散，在实际分析中，我们可以根据情况对价格进行分组，例如面霜 0 ～ 500 元、500 ～ 1000 元等对应的商品数量，作为广度的考量。

15.5.3　商品销售集中度分析

商品的销售集中度分析能够帮助我们进一步明确品牌的商品销售策略。**所谓销售集中度分析，是把商品按销售额进行降序排列，计算前 N 个商品的销售额占总销售额的比重，以观察销售额的集中情况。**例如，计算发现 2023 年销售额前 10 的商品合计销售额占比 50%，而 2022 年这一占比只有 30%，说明销售额在进一步向头部商品集中。

不过，如果品牌两年的商品数量发生了巨大变化，假如 2022 年有 100 款商品，2023 年有 1000 款商品，只筛选各自排名前 10 的商品对比，从数量上看对 2023 年是不太公平的。这时候可以借鉴分位数的概念，把两年的商品按照前 10%、前 20% 分位对数据进行切分，通过对比对应分组的数据变化，观察品牌增长来源于头部还是长尾，是向头部商品集中还是更加分散。

用 Pandas 来实现的逻辑是先按商品 ID 聚合，排序再切分：

```
#2022年商品的处理逻辑
data_prod_22 = data_com.loc[data_com['年份'] == 2022,:]
data_prod_22 = data_prod_22.groupby('商品ID')['实付金额'].sum().reset_index()
    .sort_values('实付金额',ascending = False)
data_prod_22['累计金额占比'] = data_prod_22['实付金额'].cumsum() /
    data_prod_22['实付金额'].sum()

labels = ['90%~100%', '80%~90%', '70%~80%', '60%~70%', '50%~60%', '40%~50%',
    '30%~40%', '20%~30%', '10%~20%', '前10%']
```

```
data_prod_22['商品分组排名'] = pd.qcut(data_prod_22['实付金额'],q = 10,labels = 
    labels)

data_prod_22
```

金额降序排列后，用 qcut() 方法把数据分成了 10 等份，并打上对应的分组排名标签：

```
     商品ID    实付金额   累计金额占比   商品分组排名
205  P3376   329348      0.04        前10%
 38  P3207   303730      0.07        前10%
213  P3384   295677      0.11        前10%
307  P3479   267924      0.14        前10%
237  P3408   217562      0.16        前10%
 ..    ...      ...       ...          ...
287  P3458       29      1.00      90%~100%
219  P3390       29      1.00      90%~100%
212  P3383       29      1.00      90%~100%
457  P3629       13      1.00      90%~100%
166  P3336       11      1.00      90%~100%
```

刚才处理的是 2022 年商品的数据，对于 2023 年的数据采用完全一样的处理逻辑，我们把结果保存在变量 data_prod_23 中，然后分别把两年的数据按商品分组排名，统计对应的销售额及占比：

```
# 按商品分组排名后统计
prod_gp_22 = data_prod_22.groupby('商品分组排名')['实付金额'].sum().reset_index()
    .sort_values('实付金额',ascending = False)
prod_gp_23 = data_prod_23.groupby('商品分组排名')['实付金额'].sum().reset_index()
    .sort_values('实付金额',ascending = False)

# 计算对应的累计占比
prod_gp_22['累计金额占比'] = prod_gp_22['实付金额'].cumsum() / prod_gp_22['实付金
    额'].sum()
prod_gp_23['累计金额占比'] = prod_gp_23['实付金额'].cumsum() / prod_gp_23['实付金
    额'].sum()

# 两年数据合并
prod_gp_com = pd.merge(prod_gp_22,prod_gp_23,left_on = '商品分组排名',right_on = 
    '商品分组排名',how = 'inner')
prod_gp_com.columns = ['商品分组排名','2022年金额','2022年累计金额占比','2023年金
    额','2023年累计金额占比']

prod_gp_com
```

代码运行之后，返回了两年不同分组排名的商品的对应金额及占比：

```
   商品分组排名  2022年金额  2022年累计金额占比  2023年金额  2023年累计金额占比
0   前10%      549131         0.64        17531205       0.75
1   10%~20%   1427228        0.80         2709950       0.87
2   20%~30%    772921        0.89         1306955       0.93
```

3	30%~40%	394952	0.94		710195	0.96
4	40%~50%	227241	0.97		434120	0.98
5	50%~60%	138981	0.98		263477	0.99
6	60%~70%	85684	0.99		150393	0.99
7	70%~80%	45977	1.00		74472	1.00
8	80%~90%	23199	1.00		38540	1.00
9	90%~100%	6924	1.00		13739	1.00

用可视化的方式展示，如图 15-14 所示。

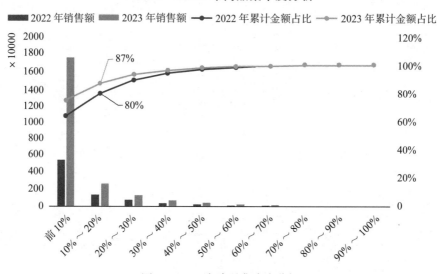

图 15-14 两年商品集中度分析

品牌的商品集中效应显著，且这一集中趋势还在增强。2022 年前 20% 的商品占总体销售额的 80%，完美对应了二八法则。到了 2023 年，从图 15-14 中可以明显看出，前 10% 和前 20% 的商品集中度都有进一步的提升，前 20% 的商品占总体销售比重增加到 87%。

15.6 购物篮关联分析

15.6.1 什么是购物篮关联分析

我们把用户单次购买的一系列商品想象成一个购物篮，就像平时逛超市提的购物篮那样。通过分析所有用户购物篮中商品组合购买情况，找到不同商品之间的关系，从而为组合促销、关联推荐提供精准的指导。

实现购物篮关联分析有很多种算法，这里我们对常见的关联算法做了基于实践的改良，提炼出最核心的指标，构建起品牌的关联分析模型。

15.6.2 购物篮关联分析的三大核心指标

购物篮关联分析的三大核心指标分别是支持度、置信度和提升度。

1. 支持度

支持度衡量的是某商品组合同时出现的概率，计算公式如下：

$$支持度 = \frac{同时买A商品和B商品的订单数}{总订单数}$$

例如，假设同时购买 A 和 B 两种商品的订单有 100 单，对应时间范围内的总订单数是 1000 单，则 A 商品和 B 商品的支持度就等于 100/1000 = 10%。

2. 置信度

置信度计算的是在买 A 商品的基础上买 B 商品的概率，计算公式如下：

$$置信度 = \frac{同时买A商品和B商品的订单数}{A商品的订单数}$$

某段时期 A 商品相关的订单一共有 125 单，里面有 100 单是 A 和 B 两种商品同时出现，则 A 商品和 B 商品的置信度等于 100/125 = 80%。

需要注意的是，置信度的计算有一个视角问题，这里我们是从 A 商品的视角看 A 和 B 两种商品的置信度，如果从 B 商品的视角来看，就需要用 A 和 B 两种商品同时出现的订单数除以 B 商品相关的订单数。

如果置信度很高，则表示同时购买的概率很大。上面例子中，A 商品和 B 商品的置信度达到了 80%，也就是说，10 个买 A 商品的人里面就有 8 个人同时购买了 B 商品。这个时候，应该马上把 A 商品和 B 商品摆在一起，进一步促进用户关联购买吗？

千万不要操之过急，从置信度看 A 和 B 两种商品同时购买的概率大，可能仅仅是因为 B 商品本身过于畅销。试想一个极端情况，总订单数是 1000，这 1000 单里面有 900 单都含有 B 商品，在这种情况下，无论是哪款商品，和 B 商品同时出现的概率都很大。因此，仅仅看置信度是不够的，还需要结合提升度来分析。

3. 提升度

提升度的作用是帮助我们找到更真实的商品连带购买关系，我们用一个更具体的案例来加强理解，如图 15-15 所示。

1）计算用户购买精华液的可能性。总订单 100 单，精华液相关的订单有 60 单，用户购买精华液的可能性是 60/100 = 60%。

2）计算购买面膜的同时购买精华液的可能性。用在购买面膜的基础上购买精华液的订单数 30 除以面膜相关的订单数 70，得到 43%。

3）计算提升度。用购买面膜的同时购买精华液的可能性除以用户购买精华液的可能性，得到一个相对数值 0.72。**只有提升度大于 1，才说明关联购买的情况真实存在，且提**

升度越大，这种关联情况越显著。

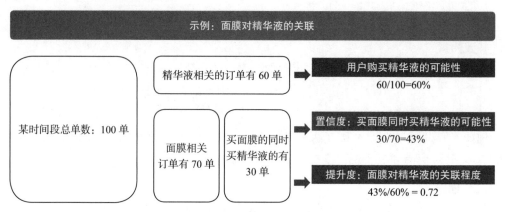

图 15-15　置信度和提升度图解

15.6.3　购物篮关联分析实战

购物篮关联分析的应用非常灵活，既可以是商品层面，如 A 商品和 B 商品的关联，也可以是品类层面，如面膜和精华液的关联。同时，关联规则既有常见的两个商品之间的关联，也有多个商品规则之间的关联。

对于多品类的品牌来说，到商品颗粒度的关联过于细致，品牌更关注不同类目之间可以怎样搭配。受限于人员和资源，做好两两类目关联运营就已经很难得了。所以，我们用 Pandas 进行购物篮关联分析，**主要解决的是"类目层面，两两类目之间"的关联分析问题**。

1. 构造购物篮数据

进行购物篮分析之前，首先需要构造购物篮数据。这里我们把用户单次同时购买的商品看作一个购物篮，按照主订单号进行分组统计，因为一个主订单包括用户同一时间购买的一种或多种商品。

由于我们的分析目标是类目层面，所以统计的是每一个主订单涉及的类目：

```
# 自定义一个函数，用来构造每个订单的购物篮
def get_sets(x):
    s = []
    for i in x:
        s.append(i)
    return set(s)

# 统计每个主订单涉及的品类，品类会去重
item_data = data_com.groupby('主订单编号')['类目'].apply(get_sets).reset_index()

# 增加一个辅助判断类目，该类目为字符串格式，用于后续统计订单数
```

```
item_data['辅助判断类目'] = item_data['类目'].astype(str)

item_data.head()
```

这里定义了一个 get_sets 函数，它把一个主订单内涉及的多个商品所对应的类目，利用 Python 里集合的特性做了去重处理（集合 set 的元素要求是唯一的）。代码运行结果如下：

	主订单编号	类目	辅助判断类目
0	34896213464	{面膜}	{'面膜'}
1	34896213465	{精油, 身体乳}	{'精油','身体乳'}
2	34896213466	{精油}	{'精油'}
3	34896213467	{面膜}	{'面膜'}
4	34896213468	{面霜}	{'面霜'}

得到了购物篮表，记录了每个购物篮所涉及的类目数据，同时为了后续的统计分析，增加了字符串格式的辅助判断类目列。

2. 构造类目两两组合

最终我们希望得到两两类目组合下对应的关联数据，这一步，先构造两两类目组合，为后续的循环分析做准备。

```
from itertools import product

lst = data_com['类目'].unique()

# 这里我们要统计两两类目组合, 作为后续遍历分析的基础, 用 itertools 的 product 实现 (类似于生成笛
# 卡儿积)
as_rule_data = pd.DataFrame(list(product(lst,repeat = 2)),columns = ['类目A','类
    目B'])          # 变量 as_rule_data 中的 as 是 association 的缩写

# 我们关注的是两个不同类目之间的组合, 因此剔除掉自己和自己的组合
as_rule_data = as_rule_data.loc[as_rule_data['类目A'] != as_rule_data['类目B']]

as_rule_data.head()
```

我们用 itertools 的 product 实现了笛卡儿积，即每两个类目之间进行组合，并剔除掉和自己组合的结果，得到两两类目组合的数据：

	类目A	类目B
1	精油	身体乳
2	精油	面膜
3	精油	面霜
4	精油	爽肤水
5	精油	代餐

为了后续的统计分析，还需要构造集合形式的类目组合列和字符串形式的匹配列：

```
# 定义函数来组合两列的值, 把它变成 set 集合类型
def combine_values(row):
```

```
    return set([row['类目A'],row['类目B']])

# 类目组合列,用于判断每个类目组合出现的次数
as_rule_data['类目组合'] = as_rule_data.apply(combine_values,axis=1)

# 辅助匹配列,该列用于匹配数据,因为 Pandas 中集合形式不能用作匹配列
as_rule_data['辅助匹配类目'] = as_rule_data['类目组合'].astype(str)

as_rule_data.head()
```

两两类目组合表已经构造完成,代码运行后返回如下结果:

	类目A	类目B	类目组合	辅助匹配类目
1	精油	身体乳	{精油,身体乳}	{'精油','身体乳'}
2	精油	面膜	{精油,面膜}	{'精油','面膜'}
3	精油	面霜	{精油,面霜}	{'精油','面霜'}
4	精油	爽肤水	{精油,爽肤水}	{'精油','爽肤水'}
5	精油	代餐	{精油,代餐}	{'精油','代餐'}

之所以用这种类型来承载类目组合,是因为后续我们要循环判断各种类目组合在购物篮中出现了多少次。集合中的 issubset() 方法可以有效判断集合是否为子集,帮助我们完成后续的统计。

集合中 issubset() 方法的简单示例如下。

输入:{'面膜','精油'}.issubset({'面膜','爽肤水','精油'})

返回结果:True

3. 必备基础指标的计算

以面膜和精油的组合为例,要得到支持度、置信度和提升度的值,需要哪些数据呢?根据它们的计算公式,计算这 3 个指标只需要 4 个字段:购物篮总订单数、面膜相关订单数、精油相关订单数、面膜和精油同时购买的订单数。

(1) 购物篮总订单数

购物篮总订单数最容易计算,直接统计购物篮订单数即可:

```
order_num_sum = len(item_data)
```

order_num_sum 返回了结果,共计 47 707 笔订单。

(2) 单类目相关订单数

单类目相关订单数用循环遍历的方式计算。判断类目组合表中每一个类目组合在购物篮订单中出现了多少次:

```
# 用 item_count 统计各类目对应订单数
item_count = pd.DataFrame()

# 遍历类目
```

```python
for item in as_rule_data['类目A'].unique():
    # 统计类目出现的次数,用字符串的 find() 方法实现
    order_num = len(item_data.loc[item_data['辅助判断类目'].str.find(item) !=
        -1,:])
    
    # 构造 DataFrame
    order_df = pd.DataFrame({'类目':[item],'相关订单数':[order_num]})
    
    # 汇总统计
    item_count = pd.concat([item_count,order_df])
```

得到每个单类目订单数 item_count 后,为了方便计算,将其与两两类目组合表 as_rule_data 关联:

```python
as_result = pd.merge(as_rule_data,item_count,left_on = '类目A',right_on =
    '类目',how = 'inner')
as_result = pd.merge(as_result,item_count,left_on = '类目B',right_on = '类目',
    how = 'inner')
as_result = as_result[['类目A','类目B','类目组合','辅助匹配类目','相关订单数_x',
    '相关订单数_y']]
as_result.columns = ['类目A','类目B','类目组合','辅助匹配类目','类目A的订单数','类
    目B的订单数']

as_result.head()
```

运行之后,完成了类目对应订单数的计算,结果如下:

	类目A	类目B	类目组合	辅助匹配类目	类目A的订单数	类目B的订单数
0	精油	身体乳	{身体乳,精油}	{'身体乳','精油'}	5803	1197
1	面膜	身体乳	{面膜,身体乳}	{'面膜','身体乳'}	23153	1197
2	面霜	身体乳	{身体乳,面霜}	{'身体乳','面霜'}	4272	1197
3	爽肤水	身体乳	{身体乳,爽肤水}	{'身体乳','爽肤水'}	4954	1197
4	代餐	身体乳	{身体乳,代餐}	{'身体乳','代餐'}	371	1197

(3)类目组合相关订单数

计算两两类目同时购买的订单数,我们用类目组合表中的两两类目组合,依次去遍历购物篮订单表中的每一个购物篮所包含的组合,判断这个类目组合在购物篮表中出现了(作为子集)多少次,如图15-16所示。

上述逻辑用代码实现如下:

```python
# 统计类目组合出现的次数
com_item = pd.DataFrame()

# 从类目组合表中依次循环对应的类目组合
for item_subset in as_result['类目组合']:
    count = 0
    # 统计类目组合表中对应类目组合在购物篮订单中出现的次数
    for item_set in item_data['类目']:
        # 如果类目是购物篮订单组合的子集,则计数加1
```

```
            if item_subset.issubset(item_set) == True:
                count += 1
    # 构造中间表用于下一步的汇总
    dt = pd.DataFrame({'类目':[item_subset],'订单数':[count]})
    
    # 汇总统计
    com_item = pd.concat([com_item,dt])

com_item['辅助匹配类目'] = com_item['类目'].astype(str)

# 由于集合是无序的，原有商品组合表的面膜和精华液、精华液和面膜在集合中是一样，实际上它们的结果也
  是一样的，需要对结果进行去重
com_item = com_item.loc[com_item.duplicated('辅助匹配类目') == False,:]

com_item.head()
```

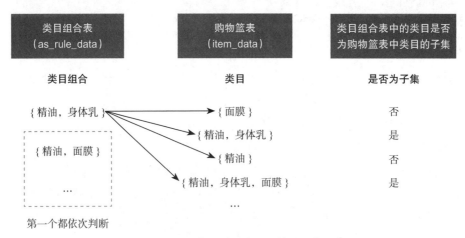

图 15-16　两两类目同时购买订单的判断逻辑

上述代码循环计算了类目组合表中每一种组合的订单数，结果如下：

```
              类目      订单数           辅助匹配类目
0      {身体乳，精油}       221      {'身体乳', '精油'}
0      {面膜，身体乳}       276      {'面膜', '身体乳'}
0      {身体乳，面霜}       160      {'身体乳', '面霜'}
0      {身体乳，爽肤水}      189     {'身体乳', '爽肤水'}
0      {身体乳，代餐}        8       {'身体乳', '代餐'}
```

依然是为了计算便利，我们把这部分数据和类目组合表匹配整合：

```
as_result = pd.merge(as_result,com_item[['辅助匹配类目','订单数']],
    left_on = '辅助匹配类目',right_on = '辅助匹配类目',how = 'left')
as_result.rename(columns = {'订单数':'关联订单数'},inplace = True)

as_result.head()
```

返回的结果的类目组合表包含了关联分析所有的基础指标。

	类目A	类目B	类目组合	辅助匹配类目	类目A的订单数	类目B的订单数	关联订单数
0	精油	身体乳	{身体乳，精油}	{'身体乳'，'精油'}	5803	1197	221
1	面膜	身体乳	{面膜，身体乳}	{'面膜'，'身体乳'}	23153	1197	276
2	面霜	身体乳	{身体乳，面霜}	{'身体乳'，'面霜'}	4272	1197	160
3	爽肤水	身体乳	{身体乳，爽肤水}	{'身体乳'，'爽肤水'}	4954	1197	189
4	代餐	身体乳	{身体乳，代餐}	{'身体乳'，'代餐'}	371	1197	8

4. 购物篮结果分析

（1）核心指标计算

有了前几步的数据准备，购物篮分析核心指标支持度、置信度、提升度的计算变得十分简单，代码如下：

```
# 支持度 = 共同出现的订单数 / 总订单数
as_result['支持度'] = as_result['关联订单数'] / order_num_sum

#A-B 的置信度 = 共同出现的订单数 / A的订单数
as_result['置信度'] = as_result['关联订单数'] / as_result['类目A的订单数']

#A-B 的提升度 = (共同出现的订单数 / A的订单数) /(B的订单数 / 总订单数) = A-B的置信度 / 
    (B的订单数 / 总订单数)
as_result['提升度'] = as_result['置信度'] / (as_result['类目B的订单数'] / 
    order_num_sum)

# 现在可以剔除掉匹配用的不相关的列了
as_result.drop('辅助匹配类目',axis = 1,inplace = True)
as_result.head()
```

代码运行之后，得到所有两两类目组合的三大核心指标，如图 15-17 所示。

	类目A	类目B	类目组合	类目A的订单数	类目B的订单数	关联订单数	支持度	置信度	提升度
0	精油	身体乳	{精油,身体乳}	5803	1197	221	0.00	0.04	1.52
1	面膜	身体乳	{身体乳,面膜}	23153	1197	276	0.01	0.01	0.48
2	面霜	身体乳	{身体乳,面霜}	4272	1197	160	0.00	0.04	1.49
3	爽肤水	身体乳	{身体乳,爽肤水}	4954	1197	189	0.00	0.04	1.52
4	代餐	身体乳	{代餐,身体乳}	371	1197	8	0.00	0.02	0.86

图 15-17 所有两两类目组合的三大核心指标

（2）根据核心指标进行分析

先看看对两年销售额贡献最高的面膜关联情况。

```
as_result.loc[as_result['类目A'] == '面膜',:].sort_values('支持度',ascending = 
    False)
```

面膜关联数据如图 15-18 所示。

	类目A	类目B	类目组合	类目A的订单数	类目B的订单数	关联订单数	支持度	置信度	提升度
106	面膜	精华液	{精华液, 面膜}	23153	6806	1667	0.03	0.07	0.50
80	面膜	眼膜	{面膜, 眼膜}	23153	4419	1378	0.03	0.06	0.64
170	面膜	精油	{精油, 面膜}	23153	5803	1271	0.03	0.05	0.45
28	面膜	面霜	{面膜, 面霜}	23153	4272	950	0.02	0.04	0.46
41	面膜	爽肤水	{面膜, 爽肤水}	23153	4954	926	0.02	0.04	0.39
67	面膜	洗面奶	{面膜, 洗面奶}	23153	1594	539	0.01	0.02	0.70
93	面膜	眼霜	{面膜, 眼霜}	23153	1503	387	0.01	0.02	0.53
132	面膜	套装	{套装, 面膜}	23153	2285	311	0.01	0.01	0.28
1	面膜	身体乳	{面膜, 身体乳}	23153	1197	276	0.01	0.01	0.48
54	面膜	代餐	{面膜, 代餐}	23153	371	131	0.00	0.01	0.73
158	面膜	沐浴露	{面膜, 沐浴露}	23153	388	80	0.00	0.00	0.42
145	面膜	卸妆液	{面膜, 卸妆液}	23153	61	22	0.00	0.00	0.74
119	面膜	活动	{活动, 面膜}	23153	3796	1	0.00	0.00	0.00

图 15-18 面膜关联数据

支持度作为购物篮关联算法的守门员指标，主要作用是剔除关联规则中出现频次较低的组合，筛选出高频组合。高频组合在一些算法中称为频繁项集。面膜相关订单有 23 153 单，但在面膜组合品类中，支持度最高只有 0.03，对应 1667 笔订单。为了保证筛选出来的类目组合订单数具备一定规模，我们以关联订单数 200 为门槛，筛选出 200 及以上的品类组合。

```
as_result = as_result.loc[as_result['关联订单数'] >= 200,:]
```

和面膜同时出现频次最高的品类是精华液，置信度为 0.07，即 100 笔买面膜的订单中会有 7 笔订单同时购买精华液。值得注意的是，结合提升度我们发现，面膜相关的所有品类提升度均小于 1，最大的也只有洗面奶的 0.7。这说明了面膜品类虽然畅销，但绝大部分订单并非连带购买。

```
item_data['购买品类数'] = item_data['类目'].apply(len)
item_data.loc[item_data['辅助判断类目'].str.find('面膜') != -1,'购买品类数']
    .value_counts()
```

增加一列计算每个购物篮购买的品类数，然后统计面膜相关的购物篮品类数分布：

```
1    18118
2     3163
3     1193
4      441
5      153
6       58
```

```
7      25
9       1
8       1
Name: 购买品类数, dtype: int64
```

果然,面膜相关订单中有 18 118 单只购买了面膜品类,占比接近 80%。

我们再来看看精油的情况,代码如下,结果如图 15-19 所示。

```
as_result.loc[as_result['类目A'] == '精油',:].sort_values('提升度',ascending = False)
```

	类目A	类目B	类目组合	类目A的订单数	类目B的订单数	关联订单数	支持度	置信度	提升度
26	精油	面霜	{精油, 面霜}	5803	4272	1332	0.03	0.23	2.56
91	精油	眼霜	{精油, 眼霜}	5803	1503	353	0.01	0.06	1.93
39	精油	爽肤水	{精油, 爽肤水}	5803	4954	945	0.02	0.16	1.57
0	精油	身体乳	{精油, 身体乳}	5803	1197	221	0.00	0.04	1.52
65	精油	洗面奶	{精油, 洗面奶}	5803	1594	260	0.01	0.04	1.34
104	精油	精华液	{精油, 精华液}	5803	6806	750	0.02	0.13	0.91
78	精油	眼膜	{精油, 眼膜}	5803	4419	373	0.01	0.06	0.69
13	精油	面膜	{精油, 面膜}	5803	23153	1271	0.03	0.22	0.45

图 15-19 精油关联类目分析

精油类目表现出较好的关联特征,按照提升度排序,精油和面霜的提升度高达 2.56,置信度也有 23%,具有强关联购买关系,值得用运营活动进一步加强关联,例如在页面端进行关联展示、发放买精油送面霜的定向优惠券,等等。眼霜、爽肤水、身体乳、洗面奶与精华液都有一定的关联性,我们用另一种方式来分析。

(3)进阶形式的分析

我们把精油相关的数据转换成图 15-20 所示的形式。

横坐标是提升度,纵坐标是置信度,气泡大小代表关联订单数(和支持度强相关)。同时,我们加了两条辅助线,一条是置信度均值(横线),另一条则在提升度等于 1 的位置(竖线)。

通过这张气泡图,可以一眼看出精油相关购物篮的关联秘密。

- 后续应考虑将面霜和爽肤水与精油强捆绑运营。它们兼具三高特征——高支持度、高置信度、高提升度,具有很强的连带关系。
- 眼霜、身体乳、洗面奶为第二梯队关联品类。这 3 个品类与面膜的置信度不高,没能达到均值,但提升度表现亮眼,尤其是眼霜的提升度达到 193%。置信度不高主要是由于这 3 个品类本身体量较小。
- 面膜独占气泡图的左上角,它与精油的支持度和置信度都很高,不过提升度不足

100%暴露了它们之间虚伪的关系。实际上，面膜之所以支持度和置信度高，是因为它本身就是品牌的主力销售品类。

☐ 精华液和眼膜因为提升度不达标，不在与精油的关联推荐之列。

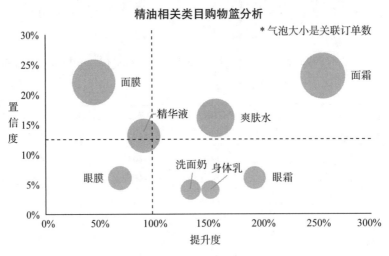

图 15-20　购物篮分析气泡图

用气泡图结合四象限的方法，把品类关联指标平铺开来，帮助我们快速找到有关联机会的品类和体量不够大但有提升空间的品类。当然，更可以用 BI 作为数据的载体，选择任何一个类目，都可以呈现出上述的关联分析气泡图。

15.7　本章小结

在这一章，我们首先了解了不一样的探索性数据分析，这种探索性分析更侧重于业务实际，帮助我们把握数据背后隐藏的机会。随后，基于订单数据，重温由数据预览、重复值校验、缺失值处理、异常值清洗和订单时间筛选构成的完整的数据预处理流程。

处理完数据后，用总览视角看年度销售和用户变化，再从用户出发，更细致地分析了用户核心指标变化趋势，并做了新老客维度、复购率、购买时间间隔的分析，刻画用户购买行为变迁。商品维度分析主要集中在类目销售结构变化，价格带的宽度、深度和广度以及商品的集中度趋势。

最后，我们用购物篮关联分析收尾，从实用的角度介绍了最关键的支持度、置信度和提升度三个指标，同时用两两类目关联分析实例，逐步讲解了关联分析模型的计算过程和分析方法。